浙江省哲学社会科学重点研究基地
浙江省信息化与经济社会发展研究中心
The Research center of information technology & economic and social development

资助信息：

浙江省信息化与经济社会发展研究中心（16XXHJD14）

浙江省高校人文社科重点研究基地"管理科学与工程"（GK130202204001/013）

浙江省社会科学联合会研究课题（2015N009）

杭州电子科技大学人文社会科学研究基金项目（2015B010）

知识型企业智力资本对知识创新绩效的影响研究

Intellectial

CAPLTAL

KNOWLEDGE INNOVATION

RERFORMANCE

闫 帅　陈月艳　著

人民出版社

序

随着人类社会进步,全球经济一体化、科技革命、技术创新、信息化、数字科学等一系列变革机遇,企业在机遇与挑战并存的今天,市场竞争环境日益恶劣。作为社会微观经济载体的企业为了适应竞争环境的变化,必须依据网络、信息集成、大数据等技术平台为手段,开始向知识型企业转变。知识型企业被认为是知识经济条件下最具生命力和推动知识经济发展的核心经济单元细胞,它利用知识管理代替原有的科学管理方法,使知识和创新成为企业投资的主体,通过投资创新衡量企业是否具备成功的标志。

信息技术的应用使经济中的知识性日益明显,知识已经成为最重要的生产要素和资源,企业中最关键的资产并不是资本而是智力。由于智力资本具有稀缺性、难以模仿性与功能的创造性等特点,智力资本在企业中发挥着越来越重要的生力军的作用,拥有某项专利、拥有某些领域的专家或高水平的管理人员及高素质的企业员工都是增强企业长远竞争力的关键。由于创意、信息和技术越来越成为产品的构成成分,产品和服务中的知识含量增大。国家的经济发展和繁荣在很大程度上将不依赖于自然资源和劳动力的数量与价格,而取决于所拥有的创造知识的能力和技术水平。因此,如何获得智力资本并更好地发挥其作用,已成为企业获得持续核心竞争力的首要条件。在知识经济时代的信息服务业,智力资本作为一种独特而无限的资源将成为企业发展的核心要素。知识经济时代的企业竞争将是围绕争夺高智商头脑、高知识人才的激烈角逐。企业资源排序无疑将把最稀缺的智力资本放在第一位。

智力资本作为在知识型企业的价值创造中能够发挥作用的知识,其增值、管理及价值实现问题已经受到企业管理者和管理理论界的广泛重视,而近年

1

来创造奇迹的跨国公司，其核心竞争力都来源于智力资本。实际上，知识经济是智力资源消耗型经济，它主要依赖于知识、智力的投入，带动研发创新绩效，获取企业核心竞争力。可以说，知识经济是以智力资本的投入为主的经济，智力资本是知识经济的发展基础，智力资本必须通过知识创新来实现价值增值。知识创新的目的是追求新发现、探索新规律、创立新学说、创造新方法、积累新知识，它是技术创新的基础，是新技术和新发明的源泉，是促进科技进步和经济增长的革命性力量。

本书作者通过多年的研究和努力，撰写了研究专著《知识型企业智力资本对知识创新绩效的影响研究》。该专著着眼信息化的平台构建和创新驱动的动力论证，探究知识型企业的智力资本对知识创新绩效的影响，分析知识型创新企业在现代市场经济如何利用信息化平台强化创新驱动，并力图说明：只有通过创新思维，加强智力投资，实现智力资本保值增值，不断提升企业的核心竞争力，提高经济效益，才能达到企业技术创新引领效应。该书可为企业、机关、科研院所，以及相关专家学者提供基本资料和理论参考，值得一读。

武 博

二〇一六年九月十七日

前　　言

　　20世纪末,以知识、信息、创新为核心的经济发展模式在美国取得巨大成功。在美国经验的带动下,知识信息经济也逐渐成为世界各国争相探索和实践的经济发展新模式。以知识信息经济为主轴的新经济,呈现出如下多元面貌:加速生产要素的全球流动性;决定全球竞争优势的因素为"知识"、"创新"、"速度"、"改革"等;出现了"知识"独领风骚、"创新"主宰发展、"速度"决定成败、"改革"影响盈亏等一连串的新观念,挑战着传统经济与经营模式。新经济形态下新的生产方式与新的经济运行规律对世界目前处于工业化中的企业主要带来两个方面的重大挑战。第一个方面的挑战是传统企业必须对目前企业的生产方式进行改革,必须尽快地向世界新经济发展的新生产方式转变,变大规模机械化生产为智能化生产,变大批量标准化生产为大批量定制生产,以避免被新经济时代淘汰。第二个方面的挑战是传统企业在转变自己的生产方式时还必须在环境变动加快的条件下,调整自己的生产经营方式以适应新经济条件下新的经济运行规则。

　　传统企业在资源配置过程中,决定要素是资本,尽管信息和知识的重要性越来越受到重视,但依然是资本拥有者享受企业的剩余收益。新经济中的新生产方式已经使资本变得不再重要,重要的是创新的知识。知识成为财富的新来源,而非劳动、土地或资本。可以说,在知识信息经济时代,企业的资源基础、管理模式以及竞争关系都趋于知识化,从当前和今后经济发展的特征来看,研究企业知识创新是以知识发展为特征的经济形态的必然要求。

　　知识信息经济时代,对于以知识创新为生存和发展灵魂的知识型企业而言,其知识创新的竞争优势从何而来? 以波特的竞争战略理论为代表的传统

1

管理理论认为企业的竞争优势来自行业结构和市场机会,也就是企业的竞争优势外生论。随着时代发展,这种理论逐渐暴露其不足,同一行业的企业面临同样的市场机会,但其盈利能力相差很大,而且差距还有变大的趋势。

为了解释上述问题,资源学派认为企业的竞争优势来源于其拥有或能支配的资源,如土地、设备、资本、人力等,不同企业占有不同规模、不同组合的资源,就产生了不同的经营模式和效益,这从一定程度上弥补了传统竞争战略理论的不足。但市场发展越来越完善,土地、设备、原材料等有形要素都可借助资金通过等价交换从市场上获得,由此可见竞争优势和对企业具有普遍意义的资源之间并不存在直接的因果关系。透过资源这个表面现象可以发现实际上给企业带来竞争优势的是企业配置和利用资源的能力,尤其是对"知识"这一新的财富来源要素的吸收能力、共享能力和整合能力。但是,企业配置和利用资源能力的产生、发展和完善意味着智力资本的发展和完善。而企业已有的智力资本是这些能力发挥的基础和支持。知识创新所要求的创新性和差异性,取决于企业是否拥有能够进行创造并具有差异性的智力资本。所以,追根溯源智力资本是知识型企业打造知识创新竞争优势的来源,而能力只是智力资本的一种外在表现。

企业现有的智力资本存量决定了企业当前发展市场和配置资源的能力;企业智力资本的增长、更新速度、作用发挥的程度则决定了企业创新成果的竞争力。本研究正是围绕知识型企业知识创新活动所需的智力资本和知识创新绩效展开研究,打开智力资本作用于知识创新绩效的"黑箱",探索知识型企业智力资本对知识创新绩效的影响机制,揭示组织学习能力即知识吸收能力、知识共享能力、知识整合能力等在此影响过程中的中介作用,补充并完善智力资本研究的相关理论,为知识型企业智力资本的有效开发与管理提供借鉴和思考,不断激发企业更高的知识创新绩效。

目　　录

表 目 录

图 目 录

第一章　绪　　论

第一节　知识创新、智力资本与知识型企业的发展

一、信息化与创新驱动发展

世界经济的大势,正在从投资驱动增长,转向创新驱动发展。在经济学中,对应着从凯恩斯式增长,转向熊彼特式增长。党的十八大报告指出,要实施创新驱动战略,着力构建以企业为主体,市场为导向,产学研相结合的技术创新体系。技术创新是提高企业核心竞争力、促进企业发展壮大的有效手段。为了实现创新目标,企业必然会形成对特定信息的需求,因此开发利用信息资源成为满足企业技术创新信息需求的根本途径。随着知识经济和信息产业的发展,信息已成为一种重要的经济资源,并与物质资源发生作用,提高物质资源的使用效率。许多学者都对技术创新与信息获取的关系进行了研究,并强调信息资源已成为一国或企业的竞争优势所在,掌握了信息资源,就意味着掌握了创新先机,因此企业的技术创新活动必然会越来越依赖信息和知识资源。

世界经济史证明,世界经济的发展就是靠创新引领的发展,是创新促使经济发展。根据经济发展的周期性,我国经济已经进入重大转型期,企业原先熟悉的投资驱动、规模扩张、出口导向的发展模式已经发生了重大转变。原有的经济发展方式已难以为继,必须改弦更张,从创新中找出路,让有限的资源产生更大的效益。转型发展就是从要素投入驱动转为创新驱动,优化经济增长的动力结构,实现又好又快发展。因此,中国企业发展要从规模扩张为主转向提升质量和效益为主,必须依靠创新。

二、知识创新是知识型企业发展的灵魂

随着知识信息经济时代的到来和世界经济一体化进程的逐步深入，知识正在逐步取代资本、劳动和土地等传统的生产要素，成为企业最主要的资源，企业核心能力的体现也从一种产品和技术转变为综合掌握多种产品和技能。所谓知识信息经济，按经济合作与发展组织（OECD）《以知识为基础的经济》报告中的定义，是指建立在知识和信息的生产、分配和使用之上的经济。知识信息经济正在实质性地改变着发达国家内和发达国家之间的经济竞争，并对发展中国家产生深远的影响。知识信息经济的迅速发展使知识直接实现价值成为可能，将为人类社会带来前所未有的繁荣。但是，知识作为一种无形资源，它虽然在使用中不会消失，但却仍然在不断折旧，这种折旧不是知识的物理折旧，而是源于知识的精神折旧。所谓知识的精神折旧是指由于时间流逝而使知识技术等不再先进而产生的折旧，知识的这种折旧是无法避免的，也正是因为知识的快速折旧才有了知识的日新月异，而知识技术的飞速发展对社会经济的积极推动发挥了巨大作用。因此，知识需要不断生产来弥补其快速的折旧并以解决社会对知识的渴求。而知识的创新就是知识的生产，既是知识信息经济的必然要求，也是知识信息经济下企业赖以生存的基础。

在以知识驱动经济发展的大背景下，知识型企业在整个国民经济中扮演着至关重要的角色，是知识创新的主要企业主体。作为知识信息经济与企业嫁接的产物，知识型企业在我国得到了快速发展，知识型企业的成长问题日益引起理论界和企业界的关注。中国企业要生存和发展，必须解决三个基本问题。一是竞争力源泉问题，二是成长动力问题，三是发展道路问题。对于知识型企业来说，这三个问题的解决更为重要和迫切。其中，竞争力源泉来自企业可持续的知识创新体系；成长动力来自以知识资本化为中心的分配和激励机制；发展道路是重视知识的道路。对知识型企业而言，最重要的资本不再是传统的物质资本，而是知识。知识型企业的发展目标是通过知识的积累、增值和运营，最终通过知识价值的实现来提升企业的整体价值，而知识价值的实现则需要通过创新来维持和增值。知识型企业的创新，归根结底都是围绕着知识

展开的,企业的知识创新能力将决定企业能否及时抢占市场先机,获得绝对竞争优势,并保持良好的长期发展态势。因此知识创新成为知识型企业创新活动的核心,成为知识型企业发展的灵魂。

三、智力资本为知识型企业知识创新的原动力

在农业经济时代,社会生产最重要的生产要素是土地,没有土地就没有一切。到了工业经济时代,资本成为生产过程中最重要的生产要素,资本决定一切,资本可以雇佣劳动力、购进机器设备和生产原料来组织生产。但是,随着经济的发展、社会财富的增加,社会中的资本越来越充裕,相对于现实消费需求的投资资本已经不再稀缺。新经济条件下,生产过程中最重要的生产要素已经是知识,即创造性的知识以及拥有这些知识和创新能力的人。在产业环境的动态化和企业二次创新革命浪潮的推动下,智力资本正作为一种潜在的应用和聚合知识载体创造价值的智能,成为企业创新活动的主要驱动因素。正如洛克维尔公司副总裁及知识产权首席法律顾问奥舒奈西所言:"智力资本将很快取代金融资本成为新经济时代企业获得成功的基础"。智力资本作为企业创造价值的重要手段,是企业创新性、前瞻性和预测性的综合体现,更是企业持续保持竞争优势的关键,对企业发展起着不可替代的促进作用,是企业进行创新的重要资源依托。

知识型企业,是指主要依靠智力资源的投入与开发,通过知识的生产、传播和应用来获取经济利益的微观经济组织。这里的知识专指能够作为资源投入到生产过程中并在生产过程中起主要作用的现代知识和智能。简言之,知识型企业是一种以知识和能力为主要投入,以高科技为主要产品,追求持续创新的新型智力密集型企业。由于知识型企业的资源配置是以知识资源为核心的新生产函数,因此,知识、能力不再是外生变量,而是内生于企业组织之中,它们不但直接决定企业产出,而且影响其他要素的边际贡献。研究与开发(Research and Development,R&D)、知识产权、关键技术诀窍等创新资本,决定了知识型企业配置与协调内部生产资源,研发新技术和新产品、开拓新市场的技术能力。知识创新的高风险、高复杂性,要求企业必须拥有为保证创新活动

效率最大化而设计的各种规制保证能力。管理风格、组织流程和企业文化等结构资本所产生的制度能力将为知识型企业的创新活动提供一定的环境保障。各利益相关者对知识型企业生存与发展的影响也不可忽视,企业的关系资本越丰富,与利益相关者之间的关系越融洽,开展创新活动所需要的信息、知识、资金等方面的积累就越多。而人力资本是智力资本的基石,具有本源性和技术性,各种组织资本资源都来自于员工头脑中的知识、经验和价值体系等。智力资本作为企业有价值的、稀缺的、不可完全模仿的异质资源是知识型企业进行知识创新并实现知识增值的原动力。

四、组织学习能力在知识型企业创新过程中发挥着重要作用

目前,世界经济环境变化日益剧烈,知识更新速度越来越快,企业要维持生存和发展,必须具有快速的组织学习能力。组织学习能力是组织学习速度、学习质量的保证,决定组织学习效率的高低。所以,知识型企业的知识创新活动,除了依靠智力资本为其提供源源不断的资源动力之外,还需要一定的组织学习能力,以保证对组织内外各信息、知识等资源消化吸收、传播共享、整合运用。

以知识为基础的当代企业理论认为,企业作为一个知识的集合体,其知识存量决定了其配置资源等创新活动的能力,从而最终在其产出及市场中体现出竞争优势。其内在机理实质上是企业要通过自身独特的知识创新活动,不断产出增量知识,保持知识增长。同时,知识创新活动具有难以模仿性,它只有通过具有路径依赖性的学习积累过程才能获得,成为企业决定未来知识积累的重要力量,使得竞争优势得以持续。因此,由企业知识决定的组织学习能力是企业知识增长的不竭源泉和核心动力,在知识创新活动中发挥着重要作用。

第二节 智力资本、知识创新与组织
学习能力的关系问题

对于知识型企业而言,知识创新是其发展的灵魂,是知识型企业发展的理

想动力。同时,智力资本也逐渐成为企业获取长期收益和维持可持续成长的至关重要的因素。并且越来越多的企业也意识到智力资本作为一种无形资产相对于有形资产而言,在提高企业知识创新绩效方面,扮演着更为重要的角色。Nonaka 和 Takeuchi 指出,未来的社会将是一个知识社会,知识储备和知识应用是促进社会经济发展和资本积累的基础。随之,企业的竞争力将不能单纯依赖于传统的生产要素,而逐渐取决于企业的知识管理水平与知识创新能力。在这个过程中,组织学习能力的重要性也日渐凸显出来,通过持续不断高质量地学习实现智力资本的有效开发、管理和增值,进而提高企业的知识创新绩效。那具体而言,知识型企业的智力资本、组织学习能力、知识创新绩效之间存在怎样的关系模式? 知识型企业的智力资本如何影响企业的知识创新绩效? 组织学习能力在智力资本影响知识创新绩效的关系中扮演怎样的角色? 基于存在的几个疑问,笔者展开本书的主体研究。

尽管智力资本和组织学习能力对知识型企业发展的重要性已成为不争的事实,但是对于知识型企业智力资本和组织学习能力的相互作用及它们如何共同影响知识型企业的知识创新绩效,在已有的研究中并不多见。在研究智力资本影响组织绩效的文献中,大多数采用智力资本三维度的划分,即人力资本、结构资本、关系资本。但笔者认为一般意义上的智力资本维度划分并不能有效地反映知识型企业智力资本的内在结构,因为智力资本各构成要素在不同类型的企业所发挥的作用是存在较大差异的。尤其是知识型企业,非常重视创新资本的投入和新知识的创造与应用,所以有必要根据知识型企业的特征划分其结构维度,研究它们与组织学习能力对知识创新绩效的影响路径。同时,在提及组织学习的相关文献中,虽然有少数研究指出智力资本通过组织学习对企业创新绩效产生重要影响,但是这些研究中并未将"组织学习"的概念清晰化,而实质上"组织学习"与"组织学习能力"是两个不同的概念,形式上的组织学习不能体现本质上的组织学习能力。更为重要的是,通过查阅相关文献,发现我国学者对知识型企业智力资本、组织学习能力及知识创新绩效关系的研究一方面多停留在理论研究阶段,缺少实证研究;另一方面对组织学习能力在它们关系中究竟扮演的是调节角色还是中介角色也存在分歧。基于此,本研究通过分析知识型企业智力资本对知识创新绩效的影响路径,以及组织学习能力在这一影响过程中所起的作用,以期揭示知识型企业智力资本对知识创新绩效的作用机理,具有重要的研究意义。

一、以往对知识型企业的研究

国内外学者对"知识型企业"的研究最早起源于"知识信息经济"这一新型社会经济形态的出现。知识信息经济的萌芽可以追溯到 20 世纪 60 年代。20 世纪 60 年代,未来学家所预言的一个依赖知识和信息甚于依赖劳动力、土地和资本等传统要素的经济形态已经在一些发达国家初见雏形,"知识信息经济"的概念正是当时对工业化社会以后所出现的一种新经济形态的描述和预测,即一种继农业经济和工业经济以后又一种新的社会经济形态。

弗里茨·马克卢普在 1962 年发表的《美国知识的生产与分配》一书中,首次比较明确地将知识和产业联系起来,并对知识产业在国民生产总值中所占的比例进行了估算。1973 年,社会学家丹尼尔·贝尔在其发表的《后工业社会的来临》一书中,对未来的后工业社会进行了更为理性的分析。他指出,在所谓的"后工业社会",经济将由制造业向服务业转移,并且专业科技人员将逐步取代企业主在未来社会中的作用。书中用大量的篇幅研究了知识在后工业社会的作用。贝尔预言,这样的社会在未来 30—50 年就会到来,后来被广泛称作"信息社会"。贝尔在 1980 年出版的《作为后工业社会的信息社会》一书中提到,1972 年日本的计算机应用开发研究向政府提交了一份题名为《情报社会(即信息社会)计划——国家 2000 年的目标》的报告,这可能是"信息社会"术语首次出现在报告里。1983 年,美国著名的经济学家保罗·罗默提出著名的"新经济增长"理论,从理论上概括了知识在经济发展中的作用。他认为,对知识的投资存在"收益递增"效应,知识可以被重复使用,并且在增长时,知识必须被直接放到生产体系中考虑才是完整的。"知识信息经济"和"以知识为基础的经济"两个术语都诞生于 20 世纪 80 年代。在 1996 年,经济合作与发展组织(OECD)在《1996 年科学、技术和产业展望》中明确定义了"以知识为基础的经济",指出知识信息经济就是建立在知识和信息的生产、分配和使用之上的经济,当知识对一个国家或地区经济增长的贡献率超过50%时,可以认为是知识信息经济。这一概念反映了世界新技术革命的本质特征是知识智力革命,反映了知识密集型产业代替资本密集型产业而在产业结构中居于主导地位这一根本转变,反映了智力因素在社会生产和生活中的作用日益加强的实际情况①。

随着知识信息经济时代的到来,这一新型社会经济形态对传统企业的生存和发展提出了全面的挑战,使得企业在管理理念、生产方式、经营方式、企业组织和运行方式等都逐渐由对经济资源的依赖转向对知识资源的依赖②。知识型企业正是在知识信息经济这种大的社会背景下出现的一种新的企业形态,之后学者们主要围绕其内涵、与传统企业的特征比较、知识型企业的分类等方面展开研究。

(一)知识型企业的内涵

美国企业权威评价机构 TELEOS 在最新的研究报告中指出,新经济时代的成功企业都可以被称之为"知识型企业"。在美国《财富》杂志评选出的世界500强企业中,有70%的企业自认为是知识型企业,而在同年新入选的几十家企业中,更有高达90%以上的企业将自身的成功归功于企业从传统发展模式向知识型企业的过渡③。

尽管人们对"知识型企业是知识信息经济发展的必然产物"这一观点已经达成广泛共识,但如何界定知识型企业在学术界至今仍处于百家争鸣的局面。大多数学者是从定性的角度来说明的,也有极少数学者从定量的视角对知识型企业进行界定。除了知识型企业这一术语之外,学术界还存在一些与知识型企业相类似的概念,主要包括智能型企业、学习型企业、创新型企业。以下概括了国内外学者对知识型企业的含义界定,如表1-1所示。

---

① 参见王兴成等:《知识经济》,中国经济出版社1998年版,第23—50页。

② 参见周江建、周运森:《知识信息经济对企业管理的挑战及其对策》,《现代管理科学》2004年第3期。

③ 参见杨运杰等:《知识型企业资本结构研究》,中国经济出版社2006年版,第11—30页。

表 1-1 知识型企业的界定

学者及时间	对知识型企业的含义界定
弗里茨·马克卢普	最早提出"知识产业"的概念,他认为"知识产业是为自身所消费或为他人提供消费而生产知识,或从事信息服务和生产信息产品的组织或机构",其主要代表是 IT 企业、咨询类企业。在马克卢普"知识产业"概念中,那些以知识为对象,对知识进行直接生产、加工和分配的企业就被称为知识型企业①。
野中郁次郎、竹内广隆	知识型企业是一个不断通过隐性知识和显性知识的相互转化来进行知识创造的组织②。
卡尔·爱瑞克·斯威比	知识型企业是个非常具有创新能力的、高度依赖企业员工的、知识密集型的组织,企业的产品是非标准化的问题解决方案,例如律师事务所、咨询公司等③。
查尔斯·萨维奇	知识型企业是一种知识对等联网的智能化组织,包括集成的过程、对话式的工作、建立虚拟组织和动态协作等④。
鲁迪·拉各斯	知识型企业是那些明确把知识运用贯穿其整个企业模式(从基层架构到流程,到产品,到战略)的企业,这些企业集聚资源,以它们所掌握的知识为根本创造最大的价值⑤。
彼得·德鲁克	知识型企业是由专家小组构成的。在这样的企业里,管理层级将减少一半,管理人员将减少 2/3,工作将由跨部门的专家小组来完成,协调与控制将更多依赖员工的自律意识⑥。
方统法、杨文学等	马克卢普提出的"知识产业"只是狭义的知识型企业,广义上的知识型企业是指以科学技术为基础对信息知识进行生产、存储、使用传播的企业,是知识信息经济的微观基础⑦。

---

① 参见 Machlup Fritz, *The Production and Distribution of Knowledge in the United States*, New Jersey: Princeton University Press, 1962, pp. 63-82.

② 参见[日]野中郁次郎等:《创造知识的企业》,李萌等译,知识产权出版社 2006 年版,第 19—39 页。

③ 参见[瑞典]卡尔·爱瑞克·斯威比:《知识型企业的分析与评价》,王锦等译,海洋出版社 2002 年版,第 101—124 页。

④ 参见 Charls M. Savage, *Fifth Generation Management: Co-Creating through Virtual Enterprising, Dynamic Teaming, and Knowledge Networking*, Boston: Butterworth-Heinemann, 1996, pp. 72-82.

⑤ 参见[美]鲁迪·拉各斯:《知识优势》,吕巍等译,机械工业出版社 2002 年版,第 73—90 页。

⑥ 参见 Peter F. Drucker, *HBR: On Knowledge Management HAR*, Boston: Harvard Business School Press, 1987, pp. 121-134.

⑦ 参见方统法等:《知识型企业初探》,《研究与发展管理》1999 年第 1 期。

续表

学者及时间	对知识型企业的含义界定
段伟文	知识型企业是以知识的选择、获取、应用和创新为首要活动的,实质上是知识工作者的自由联合体①。
牛德生	知识型企业这一概念是伴随着知识信息经济概念的提出而提出的,由此他根据知识信息经济的定义将知识型企业解释为:以知识信息经济为前提,从事知识和信息型产品的生产经营活动的经济组织②。
李东	知识型企业以知识作为它的第一资源,与土地、资本等传统资源相比,其流通性、无形性、共享性是它的突出特点③。
綦振法、王春涛	知识型企业是指企业最主要的价值来自知识,知识成为企业的投资主体,并以知识的投入、传播与创新为目的的新型企业④。
孙丽、梁战平	根据与知识型企业特点和智力资本相关的指标建立一个指标体系,然后利用加权分析方法判定企业是否属于知识型企业。具体的判定指标包括知识型员工比例、企业研发费用占企业产出的比例、知识型员工的开发能力、企业产出与组织结构硬件资本比、控制跨度、生产服务类型、管理过程的复杂性、集成性与动态性、信息架构类型、知识型员工的客户服务能力、固定客户占总平均客户数的比例、固定客户之外的收入占企业总收入的比例、客户服务收入占企业总收入的比例⑤。
张晓玲、王文平	知识型企业是以创造、传播和应用信息及知识为主的,具有自组织和自然进化功能,具有对自身健康的感知和诊断能力的生命有机体⑥。
金富盛	通过构建指标体系(知识资源指标、经营业务活动指标、管理结构指标)对知识型企业进行定量研究,认为知识型企业是相对于作坊式企业以及工业企业来说的,最主要的三个特点就是知识资源的大规模应用以及产品的某些特性和管理控制结构的变革⑦。

① 参见段伟文:《论知识型组织的结构再造和文化重建》,《系统辩证学学报》2000 年第 3 期。

② 参见牛德生:《知识型企业:一个更为特别的合约》,《经济学家》2001 年第 3 期。

③ 参见李东:《论知识型企业及其特征》,《上海企业》2001 年第 4 期。

④ 参见綦振法、王春涛:《略论知识型企业的组织模式创新》,《软科学》2002 年第 2 期。

⑤ 参见孙丽、梁战平:《论知识资本与知识型企业的界定》,《情报杂志》2003 年第 1 期。

⑥ 参见张晓玲、王文平:《知识型企业的组织与自组织管理》,《生产力研究》2004 年第 6 期。

⑦ 参见金富盛:《知识型企业的定量界定》,《统计与决策》2004 年第 6 期。

续表

学者及时间	对知识型企业的含义界定
邹德浩	知识型企业是指运用新知识、新技术、创造高附加值产品的企业;以知识产权战略和知识发展战略以及知识运营作为主要战略的企业①。
陈蓓蕾	综合文献后指出,从定量的角度认为企业员工中拥有大学学历以上员工的比例大于或等于50%即可视为知识型组织②。
杨运杰等	知识型企业指以知识为基础的企业,即以知识为主要投入要素,围绕知识创新为目的,对知识或信息进行生产、存储、使用或传播的经济组织,是相对于传统工业制造企业和服务型企业而言的新型企业,是知识信息经济重要的微观基础③。
彭文彬	知识型企业指运用新知识、新技术、创造高附加值产品的企业;进行企业知识管理、重视创新研发和学习的企业;以知识产权战略和知识发展战略以及知识运营作为主要发展战略的企业;以知识服务为导向,充分利用和组合国际国内现有成熟技术和管理工具,通过知识服务、创新和各种经营模式达到高附加值的知识产业,创造高附加值的产品和品牌及重视无形资产的企业;以高新技术和现代服务咨询业等知识产业为重点发展的企业④。
连小绮、郭东强	知识型企业是以知识为主要的投资主体,以知识的投入、知识的传播、知识的创新为目的的社会经济组织⑤。
霍国庆、康鑫	知识型企业就是以知识或知识型员工的智力劳动为输入,以知识加工、知识创新和知识传播为主要活动,通过提供知识产品或知识服务来满足顾客的需求,进而实现知识价值最大化和追求可持续发展的有机体⑥。
崔万田、马喆、于畅	知识型企业是以创新为根本特征、以知识为核心价值、从事知识和信息型产品的生产、流通、服务等活动,并实现知识价值最大化的企业,是企业家把知识转化为财富的载体。

除了上述知识型企业的称谓以外,学术界还存在一些与知识型企业相关的概念,主要包括智能型企业、学习型企业、创新型企业等。

---

① 参见邹德浩:《中国应打造世界级最佳知识型企业》,2004年12月27日,见 http://www.people.com.cn/GB/guoji/14549/3081119.html。

② 参见陈蓓蕾:《知识型企业智力资本计量方法评述》,《经济论坛》2005年第7期。

③ 参见杨运杰、谢瑞巧:《知识型企业资本结构研究》,中国经济出版社2006年版,第77—89页。

④ 参见彭文彬:《论组织智能与知识型企业的构建》,《经济论坛》2006年第3期。

⑤ 参见连小绮、郭东强:《知识型企业特征要素分析》,《企业经济》2006年第2期。

⑥ 参见霍国庆、康鑫:《知识型企业的生存与发展战略》,《管理评论》2007年第8期。

1. 智能型企业

芬兰学者彭特·赛德马兰卡(Pentti Sydanmaanlakka)认为,智能型组织是指那些能够持续革新、敏锐地预计到变化且学习速度很快的组织。一个真正的智能型组织能够适应变革的极速节奏,它不是机械的,而看起来更像一个活生生的有机体,能够控制自己的行动①。我国学者艾洪德、李东阳和张向达则认为,智能型企业是以积累的人力资本投资为主、以科学研究为主要特征、以高新技术产品为主要产出的企业②。

2. 学习型企业

彼得·圣吉(Peter M.Senge)认为,学习型组织必须能够不断创新和进步,"在其中,大家得以不断突破自己的能力上限,创造真心向往的结果,培养全新、前瞻而开阔的思考方式,全力实现共同的抱负,以及不断一起学习如何共同学习"③。以上是圣吉从学习型组织的特征方面对学习型组织进行的界定,而哈佛大学商学院加文(David Garvin)则对学习型组织给出了较严谨的定义,"学习型组织是一个能熟练地创造、获取和传递知识的组织,同时也要善于修正自身的行为,以适应新的知识和见解"④。

3. 创新型企业

张良认为,创新型企业就是在把有价值的技术变革成果转化为商业化产品的过程中,推动形成新产品、新市场、新产业和新增长的企业⑤。英国学者笛德等认为,创新型组织是一整套有利于创新的组成部分的有机结合,这些组成部分共同创造和强化一种使创新活动活跃的环境。创新型企业的主体是新技术企业,它们一般主要聚集在大型公司或大学孵化器周围,形成围绕某个专

---

① 参见[芬兰]赛德马兰卡:《智能型组织:绩效、能力和知识管理的整合》,佟博译,经济管理出版社2004年版,第33—54页。

② 参见艾洪德、李东阳、张向达:《发展智能型企业振兴辽宁经济》,《辽宁大学学报》1998年第5期。

③ 参见[美]彼得·圣吉:《第五项修炼》,张成林译,中信出版社2011年版,第11—25页。

④ 参见[美]戴维·A.加文:《学习型组织行动纲领》,邱昭良译,机械工业出版社2004年版,第1—10页。

⑤ 参见张良:《创新型企业发展的成功经验及其启示》,《华东理工大学学报》2000年第5期。

门技术领域的企业间网络结构①。中华人民共和国科技部、国务院国有资产监督管理委员会和中华全国总工会于 2006 年联合发布了《关于开展创新型企业试点工作的通知》,该通知规定了创新型企业的条件,主要包括具有持续创新能力、具有较强的盈利能力和较高的管理水平、具有行业带动性和自主品牌、具有创新发展战略和文化、具有自主知识产权的核心技术等,而这些本质上都是创新型企业的边界约束条件②。

(二)知识型企业的特征

为了更清晰地理解知识型企业,凸显知识型企业在每个细微之处的特征,部分学者通过将知识型企业与传统企业进行比较,以帮助更清楚把握对知识型企业的认识。对知识型企业和传统企业的比较认识,比较有代表性的主要有国内学者疏礼兵、贾生华和国外学者威廉·希曼等。疏礼兵、贾生华较系统地从资源、组织结构、员工、权威类型、生产方式、管理目的和目标、管理策略等角度对知识型企业和传统企业进行了比较,如表 1-2 所示③。相比而言,国外学者威廉·A.希曼(William A.Schiemann)对知识型企业和传统企业的比较更为深入详尽,如表 1-3 所示④。

表 1-2　知识型企业与传统企业的特征比较

特征	知识型企业	传统企业
主要资源	智力资本	劳动力、土地、资本
组织结构	扁平化、网络化、虚拟化	金字塔形的等级结构
员工主体	知识型员工	一般员工
权威类型	知识权威	职位权威

---

① 参见[美]乔·蒂德、约翰·贝赞特:《创新管理:技术变革、市场变革和组织变革的整合》,陈劲译,中国人民大学出版社 2012 年版,第 101—113 页。

② 参见科技部:《关于开展创新型企业试点工作的通知》,2006 年 4 月 13 日,见 http://www.most.gov.cn。

③ 参见疏礼兵、贾生华:《知识型企业特征及其对传统管理模式的挑战》,《价值工程》2004年第 6 期。

④ 参见[美]威廉·希曼:《企业量化管理实践》,吴维库译,机械工业出版社 2001 年版,第33—45 页。

续表

特征	知识型企业	传统企业
生产方式	柔性化、定制化	规模化
管理内容	创造知识	降低成本
管理目标	知识的识别、获取、内部化、创造	机器、设备和管理制度
管理策略	以信息化为基础、创新为纽带，强调关联和互动性	以分工为基础、资本为纽带，强调组织和纪律性

表 1-3 知识型企业与传统企业的特征比较

21 世纪的传统生产型企业	21 世纪的知识型企业
市场	
生产驱动型	市场驱动型
生产者是上帝	消费者是上帝
大规模生产	大规模定制
消费者是相对同质的	高度地细分，顾客多元化
基于公司标准的质量	基于消费者理解的价值质量
战略	
长期战略	适应战略，反映动态
稳定的商务环境	变化的商务环境
地理上的集中	地理上的分散
区域的竞争	全球的竞争
大就是好	适应就是好
合理的反应时间	极少的反应时间
结构	
等级制度的命令和控制结构	扁平的、有机的、低控制的结构
许多中层管理者和主管	自我指挥的工作团队
有限的控制幅度	宽泛的控制幅度
直线式的职能结构	松散地结合交叉职能的团队
按职能定义目标	在整个组织中职能、团队和个人目标相联系
系统	
通过管理实现	通过人和技术实现
由直接主管控制	由共享目标、价值和标准控制
有限的数据和信息	具有丰富信息的环境
管理层强加的战略、技术、行为	管理层推进战略

续表

21世纪的传统生产型企业	21世纪的知识型企业
有限的决策授权	员工推进技术、行为
"需要知道"的沟通	授权的员工
能力	
集中于劳动力和材料	集中于知识
劳动型员工	知识型员工
杰出的材料、资本和成本管理	杰出的信息、供应商和人员管理
为今天的需要培训技能	为明天建立知识
文化	
较窄的文化	适应的文化
种族优越感	价值多样化
通过命令和威胁承担义务	通过参与和发展承担义务
动力来自定位	动力来自知识和技能
为重复提供报酬	为革新提供报酬
回避风险	共同分担风险

（三）知识型企业的分类

对于知识型企业的分类，学者们普遍接受方统法等人的划分标准：根据知识在企业中不同作用和处理方式分为三种类型①。

1. 知识生产型企业

知识生产型企业指以信息和知识为对象，对知识进行生产、加工以及与信息硬件产品制造相关的企业，它包括三类：第一，信息产品制造业类（包括生产计算机硬件、网络通信系统、微电子产品等企业）；第二，信息处理产业类（包括计算机软件、代客加工信息、专用信息系统等）；第三，文本生产行业类（包括文学、艺术、科学技术、广告业等）；第四，专门从事研究与发展的企事业单位或部门。

2. 知识应用型企业

知识应用型企业指应用高科技和信息技术，使企业生产和管理软化的企

---

① 参见方统法、杨文学：《知识型企业初探》，《经济问题》1998年第8期。

业,这种软化并不是仅注入一些高新技术,而是科技和知识的成分大大提高,并且在企业财富创造中起主要作用,它又可分为两类:第一,知识软化型企业类(主要指部分高科技产业和由于科技特别是信息技术的注入而呈现软化特征的传统制造业);第二,知识服务型企业类(指经过知识改造或知识化经营从而服务产品中的知识含量和密度大大提高的传统服务业)。

3. 知识传播

知识传播型企业指对知识进行规范、传播、加速知识的流通和扩大知识的使用范围的企业,包括咨询业、教育业、培训业、出版业、职业介绍、新闻传播等。

从上述分类中可以看出,知识型企业大都分布在两大领域:生产领域和服务领域。比如生产领域的高新技术及软件企业,新产品或特别产品制造商等,服务领域的法律、金融服务企业、咨询公司、媒体公司等。

二、以往对智力资本的研究

"智力资本"作为一概念术语的提出可追溯到 1836 年,英国经济学家西尼尔(Senior)将其智力资本作为人力资本的同义词而提出,并将其界定为个人所拥有的知识和技能的总和①。早在 20 世纪中期,经济学家们就开始关注智力资本在企业和社会经济发展中的作用。奥地利裔英国经济学家哈耶克(Hayek)在其发表的《知识在社会中的作用》一文中阐述了智力在社会发展过程中所起的积极作用,认为智力对社会经济发展的贡献要远超过其他生产要素,并且这种推动作用越来越重要。1962 年,美国经济学家马克卢普(Machlup)在题名为《智力:它的创造、分配和经济意义》的研究中发现,1958 年美国 GDP 中信息部门的贡献达到了 34.5%,这一数字说明了以信息为代表的无形资本的重要性②。

1969 年,美国经济学家加尔布雷思(J.K.Galbrainth)在《权利的分析》一书

---

① 参见 Bontis, N. , "Assessing knowledge asserts: A review of the models used to measure intellectual capital", *International Journal of Management Review*, Vol. 3, No. 1(March 2001), pp. 41-60.

② 参见 Fritz Machlup, *The Production and Distribution of Knowledge*, in the United States, New Jersey: Princeton University Press, 1962, pp. 111-123.

中首次使用了智力资本一词。书中指出,智力资本中的智力不能再作为单纯的纯粹智力来理解,而要将其理解为一种智力活动的体现。智力资本的本质不仅仅是一种静态的无形资产,而且还是有效利用知识的过程,一种实现目标的手段①。尽管加尔布雷思对智力资本的阐述只停留于此,既没有进一步给智力资本下一个完整的定义,也没有深入研究与界定智力资本的内涵与结构,但其理论仍可视为智力资本研究迈出的一大步,为智力资本的后续研究奠定了坚实的基础。

20 世纪 80 年代,随着信息技术、媒体、通信等重要领域的迅猛发展,智力资本作为一种重要的战略性商业资产,受到世界各地企业界和学术界的关注。到 20 世纪 90 年代,随着"知识信息经济"的出现,智力资本真正得到理论界的广泛关注,并掀起商业领域的热潮。可以说,到了 20 世纪末,智力资本已非新鲜事物。因为对企业而言,员工能力、组织结构及顾客忠诚历来是保证其生存与发展的基础。随着智力资本与市场价值关系的日益明晰化,使得智力资本有必要作为一单独的概念提出来,研究内容主要涉及其内涵界定、结构划分、量表测量、智力资本与组织绩效的关系等方面。

(一)智力资本的内涵

智力资本的含义之复杂和触角之广泛,使学术界对其定义比较多,存在一定的争议,始终没有在学术界形成统一。各学者在研究智力资本过程中都使用了对自己有利的解释,以服务于自己的研究范畴。智力资本这个词虽然是由"智力"和"资本"两个词组合而成,但其含义相对两词的原本含义却有不同,并非两词意思的简单叠加,而是两者相融后产生的新概念。

纵观国内外学者对智力资本内涵的界定,不同学者的理解各有差异,表1-4 汇总了有关智力资本的部分典型概念。将目前存在的智力资本概念界定进行大致归类,可以发现主要有以下四种取向。

第一种是无形资产论,认为智力资本是使组织得以运作,为组织提供附加

---

① 参见 Feiwal G R., *The Intellectual Capital of Michal Kalecki:A Study in Economic Theory and Policy*,Tennessee:The University of Tennessee Press,1975,pp. 78-89.

价值,并通过与相关环境的配合来实现卓越组织目标的无形资产的总和(可参见 R.霍尔〈Hall〉①,D.J.奈特〈Knight〉②,V.马思罗斯〈Maslous〉③,W.H.艾格〈Agor〉④等人的观点)。

第二种是信息科学技术论,认为智力资本是组织中的信息及信息管理技术的总和(可参见 L.爱德文森〈Edvinsson〉⑤,托马斯·A.斯图尔特〈Stewart〉⑥等人的观点)。

第三种是人力资源理论,认为智力资本与人力资源管理密切相关,是员工能力和员工对组织承诺的乘积,附着在员工的观念和工作态度之中(可参见 D.乌尔里希〈Ulrich〉⑦的相关观点)。

第四种是知识管理论,认为智力资本是在企业的生产及管理活动中由组织知识转化而来的能够使企业实现市场价值与现有资产增值的知识资源的总和(可参见 B.莱恩〈Lynn〉⑧,林文修⑨,陈美纯⑩,T.E.J.恩斯特龙

---

① 参见 Hall,R.,"The Strategic Analysis of Intangible Resources",*Strategic Management Journal*,Vol.13,No.2(February 1992),pp.135−144.

② 参见 Knight D.J.,"Performance Measure for Increasing Intellectual Capital",*Strategy and Leadership*,Vol.27,No.2(April 1999),pp.22−27.

③ 参见 Maslous,V,"Organizational Requirements Definition for Intellectual Capital management",*International Journal of Technology Management*,Vol.16,No.3(March 1998),pp.126−143.

④ 参见 Agor,W.H.,"The measurement,use and development of intellectual Capital to increase public sector Produetivity",*Public Personnel Management*,Vol.27,No.2(July 1997),pp.175−186.

⑤ 参见 Edvinsson L.&Sullivan P.H.(eds),"Developing a model for managing intellectual capital",*European Management Journal*,Vol.14,No.4(August 1996),pp.356−364.

⑥ 参见 Thomas A.Stewart & Nicholas Brealey(eds),"Intellectual capital:The New Wealth of Organizations",*Long Range Planning*,Vol.30,No.6(December 1997),pp.953−1219.

⑦ 参见 Ulrich,D.,"Intellectual Capital = Competence × Commitment",*Sloan Management Review*,Vol.39,No.2,(January 1998),pp.15−26.

⑧ 参见 Lynn,B.,"Intellectual Capital",*CMA Management*,Vol.72,No.1(February 1999),pp.10−15.

⑨ 参见林文修:《演化式类神经网络为基底的企业危机诊断模型:智力资本之应用》,博士学位论文,"国立中央大学"咨讯管理研究所,2000年,第1—3页。

⑩ 参见陈美纯:《资讯科技投资与智力资本对企业绩效影响之研究》,博士学位论文,"国立中央大学"咨讯管理研究所,2001年,第1—8页。

〈*Engstrom*〉①,S.亚历山大〈Alexander〉②,B.罗兰〈Roland〉③等人的观点）。

表 1-4　智力资本的部分典型概念

研究者	概念界定及观点
加尔布雷思	智力资本不仅包括知识,还包括相应的智力活动,即智力资本不仅仅是静态的无形资产,而且还是有效利用知识的过程,一个达到目的的方法。
霍尔	指出智力资本由企业的无形资产和无形资源组成。
马思罗斯	认为智力资本是无形资产的结合,能提供企业附加值,并致力达到卓越的目标。
奈特	智力资本是因使用者的智慧所组成的元素与创新所增加的财富,是一种无形资产;公司的市面价值相当于账面价值加上智力资本,也就是说智慧资产隐藏在公司内部,可以帮助企业创造价值及持续增长。
艾格	认为智力资本是技能、知识与资讯等无形资产。
爱德文森	智力资本指有价值的信息,是一种对专业知识、应用经验、组织技术、客户关系和专业技能的掌握,并在市场上享有竞争优势。
斯图尔特	能够用来创造财富的知识、信息、知识产权、经验等智力材料称为智力资本,具体包括组织所拥有的专利权和流程、员工的知识和技能、客户与供应商相关信息、经验总结等。
乌尔里希	智力资本是指员工能力与员工对组织承诺的乘积,主要强调人力资本与结构资本的互动。
莱恩	认为智力资本是将企业内部化的知识,经由系统化的整理后转为可以创造公司价值的知识。
林文修	认为智力资本重心在知识,包括知识的创造、扩散与累积,因此智力资本是知识管理的重心。
陈美纯	将智力资本界定为涵盖公司整体所呈现的技能、知识、资讯、经验与解决问题的能力及智慧,并融合于人力资本、结构资本与关系资本中。

---

① 参见 Engstrom,T.E.J.,"Evaluating intellectual capital in the hotel industry",*Journal of Intellectual Capital*,Vol. 4,No. 3(2003),pp. 287-303.

② 参见 Alexander,S.,"Meta-review of Knowledge management and IC literature:citation impact and research productivity rankings",*Knowledge and Process Management*,Vol. 11, No. 3 (2004), pp. 185-198.

③ 参见 Roland,B.,"The importance of intellectual capital in the hotel industry",*Journal of Intellectual Capital*,Vol. 4,No. 3(2003),pp. 287-303.

（二）智力资本的结构

对智力资本结构的探索与剖析不仅有助于更清晰地把握智力资本内涵的框架，同时也可以为智力资本测量工具的构建提供重要依据。但是，正如智力资本的定义一样，目前学者们对智力资本的结构也没有形成一个统一的划分标准，而仍然处于一种多因素研究范式的状态。

J.罗斯（Roos）等将公司价值分为财务资本和智力资本，根据智力资本在本质上能否进行主动思考将其划分为人力资本和结构资本两因子，又按外部与内部的区别将结构资本进一步划分为与外界互动的关系资本、提升内部运作效率的组织资本以及与未来密切相关的创新与开发资本。人力资本主要指员工的竞争能力、工作态度与智力机敏性；关系资本指组织与顾客、供应商、股东、联盟伙伴及其与利益相关者之间的关系；组织资本指组织的创新、流程、知识产权等；创新与开发资本指能在未来创造价值的任何活动，包括组织重构、新产品开发、流程再造等①。

L.爱德文森（Edvinsson）根据企业市场价值与账面价值差异的不同成因，将智力资本分为人力资本、顾客资本与结构资本。人力资本是指企业成员个人的能力、知识、技术、经验等的总和；顾客资本指企业的所有关键关系的总和；结构资本包括传达和储存智力资料的基础结构、信息技术系统、专利数据库、商标和版权等，简言之，结构资本就是指组织成员无法带走的组织内部稳定存在的资本②。此外，B.莱恩（Lynn）等将智力资本划分为人力资本、关系资本与组织资本③；N.邦迪斯（Bontis）等将智力资本划分为人力资本、结构资本

---

① 参见 Roos J.，Roos G.&Dragonetti N.C.（eds.），*Intellectual capital：Navigate in the New Business Landscape*，New York：New York University Press，1998，pp. 2–10.

② 参见 Edvinsson，L.，"Developing Intellectual Capital at Skandia"，*Long Range Planning*，Vol. 30，No. 3（June 1997），pp. 333–337.

③ 参见 Lynn，B.E.，"Performance Evaluation in The New Economy：Bringing the Measurement and Evaluation of Intellectual Capital into the Management Planning and Control System"，*International Journal of Technology Management*，Vol. 16，No. 3（1998），pp. 162–176.

与关系资本①；D.J.奈特（Knight）将智力资本划分为人力资本、结构资本和外部资本②。

A.布鲁金（Brooking）将智力资本界定为四个部分紧密结合的"混合物"，即人力资本、智力所有权、市场资本、基础设施。人力资本指组织成员所具有的专门知识、技能、创造性和领导能力等；智力所有权指保护组织资产与基础结构资产的法律机制，主要有专有技术、商业秘密、版权、专利与服务标识等；市场资本指组织潜在的、与市场相关联的无形资产，如商标、客户、分销渠道，以及特许权合同与协议；基础设施指那些能使组织发挥功能的技术、方法和过程，包括组织文化、销售管理方法、客户信息数据库以及沟通系统等③。此外，陈劲等将智力资本划分为人力资本、结构资本、顾客资本和创新资本④；王文英等将智力资本划分为人力资本、顾客资本、创新资本与流程资本⑤。

L.J.百思（Bassi）等依据 Kaplan 的平衡计分卡框架，把智力资本分为人力资本、结构资本、创新资本、流程资本和顾客资本。人力资本指企业员工与管理者的知识、技能以及经验；结构资本包含组织内信息科技的运用、公司声誉、知识库建立、组织思维、专利、著作权、系统、工具以及经营哲学；创新资本包括企业的创新能力、创新成果等；流程资本指工作流程与专业技术等方面；顾客资本指企业与顾客之间关系的总和⑥。此外，范布仑（Buren）将智力资本划分

---

① 参见 Bontis, N., "Managing organizational knowledge by diagnosing intellectual capital: framing and advancing the state of the field", *International Journal of Technology Management*, Vol. 18, No. 8(1998), pp. 433-462.

② 参见 Knight, D.J., "Performance Measures for Increasing Intellectual Capital", *Strategy and Leadership*, Vol. 27, No. 2(1999), pp. 10-15.

③ 参见 Brooking, A., *Intellectual capital: core asset for the third millennium enterprise*, London: International Thomson Business Press, 1996, pp. 22-31.

④ 参见陈劲、谢洪源、朱朝晖：《企业智力资本评价模型和实证研究》，《中国地质大学学报》（社会科学版）2004 年第 12 期。

⑤ 参见 Wang, W.Y., &Chang, C.F., "Intellectual Capital and Performance in Causal Models Evidence From the Information Technology Industry in Taiwan", *Journal of Intellectual capital*, Vol. 6, No. 2(2005), pp. 222-236.

⑥ Bassi.L J., & Van Buren, M E., "Valuing investment in intellectual capital", *International Journal of Technology Management*, Vol. 18, No. 8(1999), pp. 414-432.

为人力资本、结构资本、创新资本、流程资本以及顾客资本①。

从以上对智力资本划分维度的汇总可以看出,目前对智力资本组成要素的研究仍缺乏统一的标准,学者们都是根据各自的研究需要分别从不同的视角选择智力资本的维度划分。尽管 L. 爱德文森(Edvinsson)的智力资本三因素观点得到大多数研究者的认同,也是目前应用最广泛的一种分类方法,但也有学者认为在分析智力资本构成要素的时候,应该结合研究目的和背景,配合规范的理论分析和研究的实用性,有针对性地划分智力资本维度,不能一概而论。所以,在对智力资本结构维度的研究还有更为细致和深入的研究空间。

(三)智力资本的测量

目前,国内外学者对智力资本的测量方式主要有两类,即客观测量和主观测量。前者以财务指标评价为主,属于财务研究领域;后者则主要借鉴组织行为学的研究方法,以编制量表与调查为主,属于组织行为学的研究领域。

选取财务指标测量智力资本的方法主要包括单要素测量法和综合测量法两种。单要素测量法是指对智力资本的每个要素,各选取一种最恰当的方式进行测量。例如,以专利的价值来测量结构资本,以员工的平均教育水平来测量人力资本等。比较具有代表性的单要素测量法主要包括托宾 Q 比率法、经济增加值法、智力资本会计法、实物期权法(real option)和智力资本潜能增值法(value-added intellectual potential, VAIP)等。而综合测量法则指从组织发展、战略目标等宏观视角,对组织层面的智力资本水平进行全面测量的一种方法。比较具有代表性的智力资本综合测量法包括平衡计分卡法、斯堪迪亚导航仪法(Skandia navigator)、技术经济人法和无形资产监视器法等。

随着学者们对智力资本的特性和不确定性认识的深入,发现传统的财务测量法已不能满足智力资本测量的需要。这主要基于两个方面的原因:一方面由于财务指标的测量受到传统会计的限制,使得智力资本的互动性和协同性很难得到反映,同时智力资本的诸多要素无法采用财务指标来测量,无法说

---

① Van Buren&Mark E.A., "Yard Stick for Knowledge Management", *Training and Development*, Vol. 51, No. 3(1999), pp. 71-74.

明智力资本的内部组成及变化情况;另一方面由于不同企业存在性质、行业、环境等方面的差异,而财务指标只适用于特定类型的企业,无法用于跨行业企业智力资本测量和进行大规模的实证研究。所以,越来越多的研究者开始尝试借鉴组织行为学的研究方法,从智力资本的操作性定义入手,并结合以往研究者们关于智力资本结构的研究成果,通过编制量表或设计问卷的方式来进行智力资本测量。采用量表方式测量智力资本,其优点在于能够在很大程度上克服传统财务法的弊端,比较全面真实地反映企业智力资本的内部整体状态,帮助直观分析智力资本各要素的高低水平和互动特性。同时,所开发的统一测量量表可以用于组织间的相互比较,有利于加强组织智力资本的开发与管理。近年来,这种方法受到了广泛的应用和较快的发展,得到研究者们越来越多的认同。

(四)智力资本与组织绩效

关于智力资本与组织绩效关系的探讨一直是智力资本研究领域的热点问题,也是存在很大争议的焦点。研究者们分别从不同的角度出发,对这一问题进行了大量的理论探讨和实证研究。从文献研究结果来看,尽管大多数学者基本认同智力资本都会对组织绩效产生影响的观点,但在智力资本究竟以何种路径作用于组织绩效的问题上仍存在较大分歧。归纳学者们对智力资本影响组织绩效的分析模型,主要有以下三种:主效应模型(main effect model)、缓冲效应模型(buffering effect model)和调节效应模型(moderate effect model)。

在目前已有的智力资本影响效应研究中,主效应模型是一种主流研究范式。该模型认为,智力资本对组织绩效的提高具有直接增益作用,其效应独立于其他变量。例如:佩纳(Pena)以新创企业为研究对象,对智力资本与新创企业生存成长的关联度进行了探讨分析。研究结果显示:企业家人力资本(教育、经验和激励水平)、组织资本(环境应变能力和战略实施能力)、关系资本(发展企业网络、与利益相关者保持良好关系的能力)对企业的风险投资绩效都具有直接促进作用。菲勒(Firer)利用芬兰 72 家中小生物科技企业 2002年的数据,对智力资本与中小企业预期销售额之间的关系进行了探讨,发现智力资本可以有效促进提高企业的经营绩效,对企业连续五年的销售额贡献率达到 63.6%。艾哈迈德（Ahmed）对美国 81 家国际化程度最高的跨国制造业和服务业公司进行了实证调查，研究其智力资本与企业绩效的关系。该研究以 1987—1991 年企业的相对增值为自变量，以 1992—1996 年企业的相对增值为因变量，研究结果表明公司智力资本与财务绩效之间存在显著的正相关关系，智力资本是企业超额利润的直接来源。T.E.J.恩斯特龙（Engstrom）以酒店业为考察对象，研究了智力资本与组织绩效之间的关系，结果发现结构资本酒店财务绩效（客房利润和食品饮料销售利润）的提高有正向促进作用。国内学者陈劲、谢洪源以斯堪迪亚模型为基础，把智力资本划分为人力资本、结构资本、创新资本、客户资本四个维度，提出智力资本定性测量指标体系，设计智力资本各组成部分及企业业绩指标的调查问卷，并以浙江省内的高科技企业为调查对象，实证分析智力资本与企业绩效之间的关系，结果表明智力资本各要素与企业绩效之间有显著的正相关关系。

缓冲效应模型认为，智力资本对组织绩效的影响不是直接的，而通过某些中介变量间接地影响结果变量。例如，R.S.博尔特（R.S.Burt）的研究结果表明，智力资本中的关系资本是企业获取外界信息并建立网络关系的重要资源，但获取这类信息的过程离不开企业知识交流平台的搭建。知识交流平台有助于企业与信息拥有者之间的信息交换与共享，从中识别和获取最有价值的信息，提高组织市场绩效[1]。M.A.扬特（M.A.Youndt）等在其研究中指出，智力资本通过能够增加顾客利益的价值创造，对企业绩效产生显著的正面影响，从中表明价值创造是智力资本与企业绩效之间的重要中介变量[2]。伯纳德·马尔（Bernard Marr）等的研究结论显示：知识共享机制的建立，能够促进组织内部隐性知识与显性知识的相互转化，进而提高组织对知识的消化吸收能力，以更好地发挥智力资本对组织绩效的推动作用，表明知识共享在智力资本影响组

---

① 参见 Burt,R.S.,"The contingent value of social capital",*Administrative Science Quarterly*, Vol. 42,No. 2(1997),pp. 339–365.

② 参见 Youndt, M. A., "HR configurations, intellectual capital, and organizational performance",*Journal of Managerial Issues*,Vol. 16,No. 3(2004),pp. 337–360.

织绩效的过程中具有显著的中介作用①。

也有部分学者认为智力资本对组织绩效的影响是通过某些变量的调节作用实现的。例如,T.D.库兹玛斯科(T.D.Kuczmarsk)的研究结果表明创新战略在智力资本影响组织绩效的关系中具有调节作用,创新战略水平的高低会影响智力资本对组织绩效的正向促进作用②。卡玛斯·G.拜若思(Barathi G.Kamath)认为智力资本具有一定的动态性,其研究结果表明智力资本会随着企业性质不同和实践的变化而发生变化③。同时,其研究揭示人力资本、结构资本及关系资本不一定能推动组织绩效的提高,有些智力资本的投资也未必能够为组织带来更高的绩效。所以,在智力资本与组织绩效的关系模型中,还应该考虑一些调节变量的作用。

纵观国内外学者对智力资本与组织绩效的关系研究,其作用机制究竟符合主效应模型、缓冲效应模型还是调节效应模型,目前并没有一致的结论。研究结果的不一致说明智力资本与组织绩效的关系还有待进一步研究。从我国目前的智力资本研究现状来看,有关智力资本对组织绩效作用机制的研究还非常少,学者们对智力资本内涵与结构的认识也存在较大差异,多数都来自对国外学者研究结果的借鉴。因此,加强对智力资本与组织绩效关系的深入研究,进一步验证西方理论在我国社会情境下的适用性问题,是目前我国智力资本研究的一个重要方向。

三、以往对组织学习能力的研究

(一)组织学习能力的界定

心理学、教育学等学科对学习能力的研究侧重于以个人为学习主体,将学习能力界定为通过运用已有的知识和智力,最大限度地领会和掌握学习资料,

---

① 参见 Bernard Marr, *Perspectives on intellectual capital*, Netherlands: Elsevier, 2005, pp. 11–34.

② 参见 Kuczmarsk, T.D., "Fostering an innovation mindset", *Journal of Consumer Marketing*, Vol. 13, No. 6(1996), pp. 7–13.

③ 参见 Barathi G.Kamath., "The intellectual capital performance of Indian banking sector", *Journal of Intellectual Capital*, Vol. 8, No. 1(2007), pp. 96–123.

并将所获知识、经验和技能能够快速应用于实践的能力。从组织行为的视角讲,作为一个由多个成员构成的组织或集体也存在拟人化的学习能力,但是这种组织学习能力不是个人学习的简单加总,而是在个人学习基础上所形成的一种组织整体的学习能力。作为反映组织学习效率和效果的一个重要指标,尽管很多学者组织学习能力的内涵及其重要性进行了探索性研究,但是由于研究问题的侧重点不同,导致对组织学习能力内涵的界定存在差异。汇总国内外学者对组织学习能力的研究可以归纳为以下五个视角。

1. 学习知识的视角

学者金琳苏(Linsu Kim)认为,组织学习能力是组织在整合个人学习能力基础上形成的学习能力,具体表现为组织作为学习主体获取、传播、共享、转化知识的能力。有效的组织学习必须满足两个主要条件,即组织的知识库和学习的强度[1]。这一定义说明了学习能力内涵的本质。学习是学习型组织的灵魂,知识是学习的对象。学习和知识是研究学习型组织和组织学习能力的两个必不可少的关键要素。但是该定义对组织学习能力的界定过于宽泛,难以对组织学习能力的提升提供明确的实践指导意义。

2. 适应环境变化的视角

国内学者王振江从环境的角度对组织学习能力进行了研究,将其界定为组织内部的各成员在组织所处环境、面临情况、组织内部运作、战略方向等方面,通过对信息及时认知、全面把握、迅速传递、达成共识,进而做出快速正确的调整,以推动组织更好发展的能力[2]。这种能力能够帮助一个组织在知识信息经济时代比竞争对手更快地做出反应,适应环境变化。学者牛继舜认为组织学习能力是指组织的警觉变化、预估影响、做出反应、调整安排以自创未来的能力,是组织拥有的一种自我创新能力,反映组织作为一个整体对内外环

---

① 参见 Kim, Linsu, "Crisis construction and organizational learning: Capability building in catching-up at Hyundai molo", *A Journal of the institute of management sciences*, Vol. 9, No. 4 (1998), pp. 506−521.

② 参见王振江、汪盛强:《组织学习力测度》,《上海大学学报》(自然版)2000 年第 5 期。

境信息的认知与反应能力①。这种能力立足于整个组织甚至包括组织所处环境在内的全局层面，主要考察整个组织对各种信息的敏锐性、悟性、认知的全面统一程度以及应变协调能力。王育民等学者将组织学习能力界定为组织通过调整自己的内在结构以适应随时变化的外部环境的能力②。马力等学者，认为组织学习能力是组织对无先例可循的问题的处理能力，即组织运用所获知识和经验改变自身内部结构，以适应组织内外环境变化的能力③。上述界定都强调了组织解决问题适应环境变化的能力，突出组织学习能力对环境变化应对的重要性，但是这些含义均未能反映组织学习能力的基本内涵，未体现对知识的吸收和学习能力。

3. 创新视角或创造性学习视角

大卫·欧瑞奇（David Urich）和玛丽·安·冯·格里诺（Mary Ann Von Glinow）认为组织学习能力是指组织内领导者产生并推广有影响力的思想的能力。这个界定包含组织学习能力的三层含义：（1）领导者必须能够产生有影响力的思想；（2）领导者必须能将思想推而广之，除非学习成果能跨越若干边界共享，否则无法开展组织学习活动；（3）只有当产生和推广的思想具有思想力的时候，组织才具有学习能力。④

该定义充分肯定了创造性学习的作用和意义，强调跨越各种边界传播知识以实现知识的群体化，从中隐含着组织内部隐性知识的挖掘。该定义中存在两个被忽略的问题：（1）定义中强调产生新思想、进行创造性学习，但忽略了对外部显性知识的吸纳。组织固然要加强对新知识的创造应用并妥善管理，但必须认清显性知识也是组织提升学习能力的重要方面。（2）该定义将组织学习主体限定为领导者，忽略组织内其他成员的学习和创造能力。学习型组织是一个全员学习的组织，任何一个成员，无论职位高低、工种如何，都是

---

① 参见牛继舜：《论组织学习能力的内涵》，《科技与管理》2004 年第 5 期。

② 参见王育民：《企业的生存能力与学习能力》，《经济科学》2000 年第 4 期。

③ 参见马力、韩静轩：《中国企业建立学习型组织的思考》，《西安电子科技大学学报》2001 年第 1 期。

④ 参见 David, "High-impact Learning: Building and Diffusing Learning Capability", *Organizational Dynamics*, Vol. 22, No. 2(1993), pp. 52~67.

知识学习者和价值创造者,对组织学习能力的提升都具有积极的推进作用。虽然领导者有把握全局的优势,但很多实际问题只有一线工作人员才最清楚,所以普通员工对组织学习能力的贡献也是不可忽视的。

4.知识传播的视角

杨国安教授认为一个组织的学习能力应该是指组织能够通过一些特定的管理措施以创造新意,并能跨越多重组织边界,将具有实质影响的有用新意予以推广应用①。该定义强调组织中的学习意味着个人将所学知识传播给其他人、其他事业单位及职能部门。与大卫·欧瑞奇(David Urich)的定义不同的是,该界定里没有将学习主体仅仅认定为领导者,而是将组织所有成员都视为学习主体。同时,这一定义强调了知识的传播在组织学习中的重要性和影响力,认为高效的组织学习能力应该表现为将"新意"为他人所知。但笔者认为该定义只是突出了知识拥有主体将知识在组织内部得以传播共享的主动性,在一定程度上弱化了组织成员从外界学习和模仿各类显性或隐性知识,以及将各类知识加以整合应用的能力。

5.经济学

运用交易费用经济学解释,组织所具备的学习能力一方面可以减少组织的有限理性,使组织的各部门能够得以真正的协调;另一方面可以减少组织内部普遍存在的机会主义倾向,使有可能由于追逐短期利益而产生的机会主义倾向大为减少。较强的组织学习能力能够减少组织内部有可能存在的信息不对称。信息不对称不仅滋生机会主义倾向,而且妨碍整个组织的运行。通过组织成员间的相互学习交流可以使个人和部门不对称信息的机会几乎消失,因而组织内部传递的消息更为真实与可靠。

(二)组织学习能力的影响因素

以往的研究基本将组织学习视为一系列复杂行为与过程的集合,而这些行为与过程正是企业组织学习能力行使的外在体现。所以目前学者们对组织

---

① 参见[美]大卫·欧瑞奇:《学习力——创新、推广和执行》,杨国安译,华夏出版社2005年版,第11—32页。

学习的研究导向就是关注各种影响因素和支持资源对组织学习行为与过程的影响。表1-5汇总了以往研究中影响组织学习能力的典型因素。

表1-5　组织学习能力的影响因素汇总

研究者	影响因素	观点
R. 桑切斯（Sanchez.R）	组织结构	组织结构的松散或紧密将影响组织学习能力的积累与提升。设计组合式的组织结构,将组织内部松散连接的部分紧密起来,可以有效促进组织内各部门的协调与合作,提高组织战略的灵活性,增加创造新知识而必需的社会交往①。
森库拉·M.詹姆斯（James M.Sinkula）	组织战略、领导风格、企业文化、技术支撑	James M.Sinkula等认为这些因素都是影响组织学习能力提升的重要因素②。
古普塔·巴比特（Babita Gupta）	组织结构、信息系统、激励机制、工艺流程、人力资源	Gupta认为正是由于这些基本因素的影响,造成理想中的组织学习与实际中组织学习的差距③。
艾德里安·威廉姆森（Adrian Williamson）	信息系统的应用	信息系统的应用可以帮助组织内各类信息数据及知识的沟通交流,促进知识的共享与整合应用④。
邦迪斯·耐克（Nick Bontis）	信息系统的应用	信息技术的应用可以帮助提高组织结构的灵活性,是组织内部在地理和职能上的分散员工对知识得到分享与利用,同时也帮助组织愿景及价值观的传递与执行跟踪⑤。

① 参见 Sanchez.R.,"Modularity,flexibility,and Knowledge management in product and organization design",*Strategic Management Journal*,Vol. 17,No. 2(1996),pp. 64-76.

② 参见 James M.Sinkula,"A framework for market-based organizational learning:linking values,knowledge,and behavior",*Journal of the academy of marketing science*,Vol. 25,No. 4(1997),pp. 305-318.

③ 参见 Babita Gupta,"Knowledge management:practices and challenges",*Industrial Management & Data Systems*,Vol. 100,No. 1(2000),pp. 17-21.

④ 参见 Adrian Williamson,"The learning organization information system(LOIS):looking for the next generation",*Information Systems Journal*,Vol. 11,No. 1(2001),pp. 23-41.

⑤ 参见 Nick Bontis,"Managing An Organizational Learning System By Aligning Stocks and Flows",*Journal of Management Studies*,Vol. 39,No. 4(2002),pp. 437-469.

续表

研究者	影响因素	观点
M. 马利（M. Mary）等	领导风格、组织学习机制、企业文化	组织内的个人行为被制度化的结构所引导,主要体现为组织规范、文化和公司政策等形式。根据制度理论,组织学习情境中的基础结构能力是影响个人行为和组织学习过程相联系的重要因素①。
胡伊苹	知识本身属性、企业间关系、企业学习态度	构建了全球制造网络中组织学习的影响因素,通过实证分析验证了知识本身属性、企业间关系、企业学习态度对组织学习效用具有显著影响。
邓雪	企业本身、联盟伙伴、知识属性和组织间情境	构建了企业战略联盟内组织间学习影响因素的分析模型,从企业本身、联盟伙伴、知识属性和组织间情境四个方面进行分析,其中企业本身因素包括企业的学习动机、学习能力、知识存量及学习经验;联盟伙伴因素包括传递知识意愿、传递知识能力;知识属性因素包括知识的显性或隐性、知识的模糊性;组织间情境因素包括联盟形式、竞争规律、文化与组织差异、组织间信任。

回顾以往学者对组织学习能力影响因素的研究,可以看出不同学者的侧重视角是不一样的。但总体来看,上述汇总因素都来自企业所拥有的智力资本范畴,如企业文化、组织结构、信息技术、领导风格等,这些都是影响组织学习行为及过程的重要因素。

（三）组织学习能力与企业绩效

一般而言,测量组织学习能力对企业绩效的影响存在较大的困难。考虑其原因,主要基于以下三点:(1)能够对企业绩效产生影响的因素有很多,其变化往往是受到企业内外多种因素的共同作用而引起的,组织学习能力仅是其中一个方面。(2)目前对企业绩效水平的测量尚无统一标准,或基于市场或基于盈利。A.H.古德(A.H.Gold)认为仅仅用财务指标来衡量组织学习能力对企业绩效的影响会存在一定局限性,主要因为其结果很容易受到一些不可控因素的影响如商业、经济、环境等。(3)由于企业绩效测量中存在一些潜在的干扰变量,加之目前组织学习的理论研究范式多样化,使得组织学习对

---

① 参见 Mary M.Crossan&Iris Berdrow,"Organizational learning and strategic renewal",*Strategic Management Journal*,Vol. 24,No. 11(2002),pp. 1087−1105.

企业绩效影响的直接因果推论尚不明显。基于此,古德提出可以运用一些中介输出变量测量组织学习能力对企业绩效的影响,从而反映组织学习能力对企业绩效改变的贡献①。如:有效的组织学习可以增强员工相互间经验、教训和最佳时间的共享,防止劳动力重复操作,提高内部活动的组织、整合及协调效率;组织学习可以提高员工直接进行信息存取的效率,保持工作流程的连续性和快速流畅,减少不必要环节的消耗节省,提高劳动生产率;组织学习可以帮助企业更快获取组织内外的各类知识与信息,更快适应环境变化需求,增强环境预测能力,组织学习可以提高信息搜集的效率和效果,以支持快速的、高效的、低成本的决策及问题解决过程;组织学习还可以帮助企业改善其创新能力,推动创新活动等。总体来看,归纳组织学习能力对企业绩效的影响主要来自以下三个方面:效率性绩效、适应性绩效、创新性绩效。本研究侧重的是组织学习能力对知识创新绩效的影响。

以往国内外学者对组织学习能力影响企业绩效这一问题进行的比较典型的实证研究,其结果都表明组织学习能力对企业绩效有直接而显著的影响。A.H.古德(A.H.Gold)等基于社会资本理论和企业知识理论,将组织学习能力划分为基础结构能力(技术、结构、文化)和过程处理能力(知识获取、知识转化、知识应用、知识保护),研究它们对组织学习绩效的影响,结果表明基础结构能力和过程处理能力对组织学习绩效有直接显著的影响,两种能力对组织学习绩效影响的差异并不显著,并且构成它们的子维度对各自贡献的差异也不显著。马小勇、张利等人的研究将推动知识活动、建立知识基础设施、建立知识资产与知识合作、知识学习等作为组织学习能力的四个划分维度,研究它们与企业竞争力之间的数量关系②。其研究结果表明,除推动知识活动能力对竞争力指标的影响不显著之外,其他三个维度与企业竞争力之间均存在显著的正相关关系,并且竞争力强的企业在这三个维度上所表现出来的能力都

---

① 参见 Gold, A.H., "Knowledge Mnaagement: An Organizational capabilities perspective", *Journal of Management Information Systems*, Vol. 18, No. 1(2001), pp. 185-214.

② 参见马小勇等:《企业组织学习能力与竞争力关系的研究》,《现代电力》2001 年第 11 期。

明显强于竞争力弱的企业。刘常勇、傅青富和李书政等探索研究了组织学习能力的内涵、架构以及组织学习能力对企业经营绩效的影响①。研究中将组织学习能力划分为组织学习流程的效率和组织环境对组织学习的支持能力，并以新产品开发绩效作为知识信息经济时代企业经营绩效的代表指标，最后得出组织学习能力对新产品开发绩效存在显著影响的实证研究结论。李·赫斯科（Heeseok Lee）从系统思考的观点出发，研究组织学习的支持因素、组织学习过程与组织绩效之间的关系。研究中将组织学习的支持因素分别从社会和技术两个角度进行了划分：前者包括企业文化、组织结构、人员支持三个因素，后者主要包括信息技术②。组织学习过程借鉴野中郁次郎的 Nonaka 模型，划分为知识内部化、知识外部化、知识社会化、知识综合化四个过程，这一点主要基于知识创造对组织创新具有重要意义的考虑。实证研究结果表明，组织学习的支持因素通过影响知识创造过程进而影响组织绩效的。禹嵩河（Sung Ho Yu）等基于企业资源观和组织能力理论，从组织、技术及管理三个方面总结了一些影响组织学习能力的关键因素，研究这些因素在不同学习阶段对组织学习绩效的影响③。这些关键因素主要包括：高层管理者的支持、组织学习的团队行为、组织学习的激励系统、组织学习导向、学习交流、有目的的知识分享、组织学习系统的质量、功能、组织结构的灵活性。与 A.H.古德（A. H.Gold）不同的是，本研究采用了知识质量与知识使用者的满意程度作为组织学习绩效的衡量指标。该研究结果表明：组织学习能力的不同影响因素与不同的组织学习绩效之间存在直接而显著的关系。

---

① 参见刘常勇等:《.组织学习能力对新产品开发绩效之影响》,《中山大学学报》2002 年第 5 期。

② 参见 Heeseok Lee, "Knowledge Management Enablers, Processes, and Organizational Performance: An Integrative View and Empirical Examination", *Journal of Management Information Systems*, Vol. 20, No. 1(2003), pp. 421–439.

③ 参见 Yu, S.H., "Linking Organizational learning Drivers to Organizational learning Performance: An Exploratory Study", *Proceedings of the 37th Hwaaii International Conferenceon SystemSeienees*, Vol. 37(2004), pp. 1–10.

四、以往对知识创新的研究

(一)知识创新的概念界定

20 世纪上半叶,熊彼特作为现代创新理论的提出者,在其《经济发展理论》一书中对创新概念进行了界定。他认为,所谓创新就是要建立一种新的生产函数,即生产要素的重新组合,就是要把一种从来没有的关于生产要素和生产条件的新组合引进生产体系中,以实现对生产要素或生产条件的新组合。熊彼特进一步将"创新"明确为以下五种情况:采用一种新的产品;采用一种新的生产方式;开辟一个新的市场;掠取或控制原材料或半成品的一种新的供应来源;实现任何一种工业的新的组织,比如造成一种垄断地位或打破一种垄断地位。这五个方面实质上包含了创造全新的资源配置方式方法的内在含义。熊彼特所建立的以创新为特征的动态经济发展理论,一方面被发展为以技术变革和技术推广为对象的技术创新经济理论,另一方面为后人研究知识创新的机理提供了理论依据①。

1993 年,美国马萨诸塞州恩图维国际咨询公司总裁、著名的战略研究专家美国学者阿密顿(Debra M. Amidon)提出"知识创新"的概念。他认为"知识创新是指为了企业的成功、国民经济的活力和社会进步,创造、演化、交换和应用新思想,使其转化为市场化的产品和服务。"这一概念既强调知识创新需要创造新的东西,又更加强调新思想和新知识的商业化,转化成可销售的产品和服务,以满足个人和社会发展的需要。②

知识创新不等同于知识创造,应当包含从知识的生产到应用的全过程,具有特定的经济学内涵。知识的拥有并不代表物质财富的拥有,其价值不在于获取而在于应用。单纯的"知识创造"或"知识获取"只是企业所拥有的一种"资源",需要在价值生产的过程中转化为企业所拥有的"资本",就如同货币进入流通领域变成资本一样。所以,知识创新的关键还在于成果的价值转化,

---

① 参见[美] J.熊彼特:《经济发展理论》,何畏译,商务印书馆 2013 年版,第 12—23 页。

② 参见 Debra M. Amidon, "Knowledge innovation:The common language", *Journal of Technology Studies*, Vol. 19, No. 2(August 1993), pp. 2-8.

实现其经济价值。

归纳以往学者们对知识创新的理解主要有以下三个视角：

1. 理论视角

知识创新作为创新的一种表现形式，是诞生于20世纪90年代的一个新概念，也是创新研究第三阶段的研究热点。一般认为，知识创新指世界上某种新知识的首次发现、发明、创造或应用。其中，"新"不是指实践意义或地理意义的"新"，而是知识产权意义的"新"，即在原理、结构、功能、性质、方法、过程等方面发生的显著变化。从创新来源角度讲，知识创新主要包括四种表现形式，即科学发现、技术发明、知识创造、新知识的首次应用。科学发现，指世界上首次发现某种新现象、新规律或新原理；技术发明，指世界上首次制造出某种东西，如新材料、新方法、新工艺、新设备、新系统或新服务等；知识创造，指在世界上首次创造出某种新知识，如新概念、新发明、新作品等；新知识的首次应用，指对新知识的检验，包括理论应用、生产应用和商业应用等。

2. 应用视角

美国学者阿密顿对知识创新进行的界定可以被归为基于知识应用的视角，即"通过创造、演讲、交流和应用，将新思想转化为可销售的产品和服务活动，以取得企业经营成功、国家经济振兴和社会全面繁荣"。从这一概念可以看出，知识创新主要包括知识创造和知识应用两个方面的内容。

3. 过程视角

知识创新从实现过程的视角进行界定，指通过知识管理，在知识获取、处理、共享的基础上不断追求新发展、探索新规律、创造新学说、提出新方法、积累新知识，并将知识应用于新领域以实现再次创新，促进科技进步和经济持续增长。从该定义可以看出，知识创新的过程主要是知识的产生、转移及应用的过程。

分析上述界定知识创新的各种观点，可以看出知识创新的本质特征是知识创新不仅具有一定的"新颖性"，而且还要具有经济上的"应用价值性"。因此，本研究认为，知识创新是指通过企业的知识管理，在知识吸收、知识共享和知识整合的基础上，不断追求新的发展领域、探索新的发展规律、创立新学说，并将知识不断应用到新的价值创造空间,推动企业核心竞争力的不断增强,实现企业的经营成功的行为活动。

（二）知识创新的分类

以往研究中对知识创新的考察都是从创新知识的角度来进行分类的,把知识创新划分为技术知识创新、市场知识创新和管理知识创新。

1. 技术知识创新

技术知识创新主要指企业生产新的或改进原有产品、生产工艺和服务方式的过程,以及这些新的或改进后的产品、工艺和服务在整个经济中的商业化扩散过程。技术知识创新又可进一步细分为产品知识创新和工艺知识创新。产品知识创新是指关于推向市场的新产品的知识创新,是面向用户和消费者的创新;工艺知识创新是指对产品的加工过程、工艺路线、设备等技术知识进行的创新。

2. 市场知识创新

市场知识创新主要指以开辟新市场为目标而进行的知识创新,如发现产品新用途、寻找产品新用户、重新细分市场等的知识创新。知识信息经济时代,营销重点强调的是市场的创造而不是市场的分享,如美国杜邦公司的尼龙产品可以视为市场知识创新比较成功的典型案例。

众所周知,尼龙一开始只是用来制造降落伞的合成纤维,之后又被用作生产妇女丝袜的纤维,而后又作为生产男女衬衣的主要原材料并用作其他布料的制作,最后又继续被用于汽车轮胎、沙发椅套和地毯的生产制造等。每种新用途都创造了一种新的市场机会,使新产品进入一个新的生命周期。

3. 管理知识创新

管理知识创新主要指以创造新的更为有效的资源整合模式而进行的知识创新。这类创新主要包括:(1)提出一种新经营思路并加以有效实施;(2)创设一个新的组织机构并使之有效运转;(3)提出一个新的管理方式或方法,或有效提高了生产效率和激励效率,或使人际关系更为协调;(4)设计了一种新的使企业总体资源有效配置实施的范式,即一种新的管理模式;(5)设计了一套新的管理制度,以有效规范企业资源的整合行为。

（三）知识创新的影响因素

近几年来，学者们开始研究分析管理学领域中知识创新的影响因素，多数采用的研究方法主要是实证研究分析法。

1. 国外知识创新影响因素研究

K.N.野中郁次郎（K.N.Nonaka）提出了著名知识创造的基础理论，即"场理论"，主要包括始发场、对话场、系统化场和练习场四个部分①。场理论着重体现知识创新中"沟通"的含义，特别强调共享空间、沟通氛围在知识创新过程中的重要作用。在此基础上，提姆（Tim）提出将不同的沟通方式和路径贯穿于知识转化的全过程②。在隐性知识转化为隐性知识的社会化过程中，可以采用面对面的会议和虚拟会议的沟通方式；在显性知识转化为显性知识的外化过程中，提出采用持续的交谈方式，建立信息共享机制，凝聚不同成员的观点。T.H.达文波特（T.H.Davenport）的研究表明企业内部是否存在一个鼓励知识共享的文化氛围比设计一套专门的知识转移机制对部门间知识转移的影响更明显，为员工提供足够学习时间和空间的组织文化和允许犯错的宽松环境是提高组织内部知识转移效率和效果的重要因素③。彼得·圣吉（P.M.Senge）认为随着组织环境的复杂性和不确定性的逐渐增强，组织的学习能力和水平的高低可能是影响组织知识创新的关键因素。J.N.卡明斯（J.N.Cummings）通过研究团队结构多样化和外部知识共享机制之间的关系，得出团队结构更加多样化时外部知识共享与绩效之间的相关性更加显著的结论④。还有一些国外学者提出有利于知识创新的组织结构，如"N型"结构和"循环型"结构。他们在研究中指出，信息或知识往往具有一定的可预期性，可以据此将

① 参见 Nonaka, K.N., "The Concept of Ba: Building a Foundation for Knowledge Creation", *California Management Review*, Vol. 40, No. 3(1998), pp. 40-54.

② 参见 Tim Edwards, "Innovation and Organizational Change: Developments Towards an Interactive Process Perspective", *Technology Analysis&Strategic Management*, Vol. 12, No. 4 (2000), pp. 445-464.

③ 参见 Davenport, T.H., "Working Knowledge: How Organizations Manage What They Know", *Ubiquity*, Vol. 1, No. 24(2000), pp. 224-226.

④ 参见 Cummings, J.N., "Work Groups, Structural Diversity, and Knowledge Sharing in a Global Organization", *Management Science*, Vol. 50, No. 3(2004), pp. 352-364.

组织结构设计为层级型或团队型,团队型结构具有很强的信息生产和加工能力,相对而言能够较好地处理和创造新知识。柴名·麦勒莫克斯(Mireille Merx-Chermin)对知识创新的影响因素进行了研究,提出一个知识创新影响的框架模型,指出创新知识的预期值、领导、组织氛围、组织结构、战略导向等因素是影响知识创新的重要因素,并分析了组织应创造怎样的环境来推动创新①。V.卡姆兹沃(V.Kamtsiou)在认同信息技术发展对知识创新产生重要影响的基础上,提出构建电子网络环境下的知识创新模型,通过网络的电子邮件、BBS论坛及虚拟组织等形式辅助知识创新,具有省时高效的特点,创建虚拟网络化的知识创新环境对促进知识创新有重要作用②。

2.国内关于知识创新的影响因素研究

浙江大学陈晔武在其硕士论文中从实证的角度研究分析了知识创新过程与工作环境因素之间的关系,得出企业激励、信息资源技术和企业的监督对知识创新过程具有重要影响的研究结论③。学者林山在其研究中指出组织学习、知识创新与组织创新具有内在的互动关系,三者之间相互促进④。该研究在总结相关文献的基础上,提出组织结构的有机性程度、组织激励水平、组织信息技术的采用等对组织知识创新有正向推动作用;组织外部环境特征对组织知识创新具有显著正向影响。清华大学史海峰在硕士论文中通过数据分析实证研究了研究与开发(Research & Development)项目组技术创造的影响因素,得出如下结论:内部动机、知识资本、外部信息、外部激励和内部交流对知识创造水平具有显著的正向影响,其中内部动机影响最大,其次是知识资

---

① 参见 Mireille Merx-Chermin,"Factors Influencing Knowledge Creation and Innovation in an Organization",*Journal of European Industrial Training*,Vol. 29,No. 2(2005),pp. 135–147.

② 参见 Kamtsiou V.,"Roadmapping as a Knowledge Creation Process: The Prolearn Roadmap",*Journal of Universal Knowledge Management*,Vol. 1,No. 3(2006),pp. 163–173.

③ 参见陈晔武:《企业知识创新过程与工作环境因素之间的关系研究——浙江省16家高新技术企业的实证分析》,硕士学位论文,浙江大学,2004年,第23—45页。

④ 参见林山等:《组织结构特性与组织知识创新间关系的实证研究框架》,《科学学与科学技术管理》2007年第7期。

本①。浙江大学陈晓通过对 181 名企业员工开展问卷调查,得出任务特征、内部动机对企业创造具有重要的影响②。陈晓静和芮明杰通过对 389 名企业高级管理人士进行访谈交流,其实证研究结果表明学习文化对隐性知识创新具有正向影响,但不显著;公司知识库、知识管理、领导行为、组织结构、激励机制对隐性知识创新有显著的正向影响③。国内学者崔杰通过实证研究分析了创新团队内部知识转移的显著影响因素,研究结果表明沟通程度和知识转移效果之间存在正相关关系,沟通是知识转移过程顺利进行的不可缺少的必备因素④。

五、本章小结

(一)以往研究的主要贡献

1.围绕知识型企业的初步探索研究趋于全面

目前,学者们对知识型企业的初步探索研究涉及了知识型企业的提出背景、知识型企业与传统企业的特征比较、知识型企业的内涵、知识型企业的分类、知识型企业的运行机制等方面,为以后知识型企业进一步的深入研究奠定了一定的理论基础。当然,随着研究视角的不同、时代的发展、文化背景的差异及各类新兴产业或行业的出现,关于知识型企业内涵及特征的理解没有一个完全统一的界定,但整体上对知识型企业的初步探索取得越来越多的共识。

2.企业智力资本的研究体系基本形成

纵观国内外学者对智力资本的研究成果,不容否认,智力资本正日益成为现代企业卓越而长期的价值和竞争业绩的关键驱动因素,并以多种形式贯穿

---

① 参见史海峰:《R&D 项目组技术知识创造影响因素的实证研究》,硕士学位论文,清华大学,2005 年,第 7—15 页。

② 参见陈晓:《组织创新氛围影响员工创造力的过程模型研究》,硕士学位论文,浙江大学,2006 年,第 13—23 页。

③ 参见芮明杰等:《隐性知识创新与核心竞争力的形成关系实证研究》,《研究与发展管理》2006 年第 6 期。

④ 参见崔杰等:《创新团队内部知识转移的影响因素实证研究》,《情报学报》2008 年第 6 期。

于企业价值的创造过程。智力资本的内涵、结构、测量量表、影响因素等基本内容的成型及理论体系的不断完善为以后的研究打下了良好的基础：即一方面为研究智力资本变量与其他变量的关系奠定了基础；另一方面，也为企业智力资本更深入的研究开拓了新思路。

3.企业智力资本对组织绩效的影响及作用机制进行了实证研究

学术界对企业智力资本的实证研究较多，并且多集中在企业智力资本与组织绩效关系的验证上，并以财务绩效的验证为主。但由于对自变量和因变量采用的测量方法的不同，以及样本所处的行业、规模等因素的差异，导致了论证结果不一致。在短期内，企业智力资本与组织绩效的关系存在显著正相关或相关不显著的结论。但从长期来看，研究结果基本比较一致，认为企业智力资本对长期组织绩效存在正相关关系。虽然从长期来讲，企业智力资本对组织绩效有积极的正向影响，但对其解释却并不一致，尤其是智力资本对组织绩效的作用机制的黑箱并没有完全打开，这一点为以后对智力资本的研究指明了一个比较具体的有价值的研究方向。

4.组织学习能力作为一个独立变量的研究基本趋于成熟

自从组织学习的概念被提出以来，关于组织学习的研究已形成多学科交叉研究的趋势。国外对组织学习的研究有三种取向：第一种是标准化的研究取向，侧重于对学习型组织的研究，认为只有在某些条件下组织才会学习。第二种是发展的研究取向，认为组织发展的不同阶段决定了组织学习风格的不断变化，组织学习取决于组织的历史经验。这些研究者着重研究组织学习风格的变化。第三种是能力研究取向，强调任何组织都存在着有意识或无意识的组织学习行为，只不过能力有强弱之分，研究的是组织怎样学习和如何学习，注重组织的现在状态。直到20世纪90年代组织学习才开始在中国传播，最开始主要是组织学习相关概念和国外研究的阐述，近年来国内关于组织学习能力的影响因素、组织学习能力的评价问题、组织学习能力对企业绩效的影响研究也逐渐多起来。总之，组织学习能力逐渐完善的内涵和维度探索及其前因变量和结果变量关系脉络的不断理顺，使组织学习能力的理论研究趋于成熟。

5.关于企业知识创新的基本理论研究已奠定一定的基础

在熊彼特从经济学视角提出"创新"概念并揭示经济发展内在本质的基础上,以知识信息经济为大背景的知识创新活动便逐渐成为学术界和企业界进一步的关注焦点,国内外很多学者从不同的角度对知识创新进行了研究。围绕知识创新的研究主要包括知识创新的概念、知识创新的分类、知识创新的过程、知识创新的特征、知识创新的价值功能、知识创新的模型、知识创新的影响因素、企业知识创新能力评价体系、知识型企业研发团队、知识创新绩效评价指标体系等方面。这些关于知识创新的基本理论研究无疑为后人对知识创新的更进一步深入研究奠定了一定的基础,具有比较高的借鉴价值和意义。

(二)以往研究尚需改善之处

1.知识型企业智力资本的探索还比较欠缺

通过整理总结研究智力资本的相关文献,发现学者们对智力资本的研究都是基于各自研究问题的需要而站在不同视角或层面展开的,所以对智力资本的内涵界定、维度划分、测量量表等方面的研究也没有达成比较一致统一的认识,而呈现出一定程度的多样化。同时,即便针对同一个问题的同一个研究层面的研究,也基本都是以一般性企业作为整个研究对象的,没有考虑不同类型的企业在同一个问题中所隐藏的差异,从而弱化了整个研究结果的针对性。更重要的是,目前国内有关智力资本的研究尚处于起步阶段,对于智力资本的内涵和结构等问题也大多数照搬西方学者的研究成果,没有考虑到我国的实际情况。特别是目前已有的研究成果基本都是以西方文化为背景提出的,在我国文化背景下的智力资本结构和西方学者提出的理论结构是否一致,是否具有中国特色等问题尚不得知。尤其是在当前的知识信息经济时代,知识型企业在整个国民经济中的地位和作用日渐突出,未来很多问题的研究对象都将聚焦于知识型企业,以更有针对性的提高我国知识型企业的国际竞争力。因此,在知识信息经济时代的中国文化背景下,有必要对知识型企业智力资本内涵界定、维度划分、测量量表以及知识型企业智力资本的相关变量做更进一步的探索。

2.组织学习能力的界定和维度划分还不够严谨清晰

归纳以往学者对组织学习能力的研究,同样发现对关于组织学习能力的内涵界定和维度划分等问题的研究视角的多样化，没有形成一个统一的共识。大多数研究或者只集中研究组织学习能力的一个或多个维度，或者过于宽泛概括研究组织学习能力所能涉及的各个能力维度，从而导致在整个研究过程中缺乏一定的界定严谨性，同时对组织学习能力的维度划分也没有特别清晰的逻辑路线。所以，后人对组织学习能力的研究需要在这两个基础问题上做更进一步的完善。

3. 智力资本与知识创新绩效的关系研究还处于初级阶段

智力资本与组织绩效的关系是当前的研究热点，也是分歧的焦点。而知识创新绩效是在知识信息经济时代衡量企业绩效的重要维度。关于智力资本对组织绩效的作用机制问题，目前西方学者尚未得出一致结论，对于其作用机制究竟是符合主效应、缓冲效应还是调节效应模型，学者们莫衷一是。智力资本与知识创新绩效究竟存在什么样的关系，有哪些因素可能会对两者的关系产生影响，特别是智力资本内部诸要素之间的互动关系又会对其作用机制产生什么样的影响，这些问题均有待于深入探讨。因此，今后的研究中需要加强智力资本与知识创新绩效的影响机制研究，以更全面、更深入地揭示两者之间的互动关系。

（三）本研究拟解决的关键问题

通过对前人相关研究的主要贡献以及不足之处的梳理，最终确定了本研究的探索方向如下：

1. 以"知识"为落脚点，深入探索知识型企业智力资本的内涵界定、维度划分、测量量表

本研究探索性地从"知识"视角将我国文化背景下知识型企业智力资本进行重新界定，并将其划分为人力资本、结构资本、关系资本、创新资本四个维度，并通过文献梳理、企业访谈、问卷调研、专家意见等方法，确定知识型企业智力资本各个维度包含具体条款以及通过对量表的信度、效度的检验以及探索性因子分析等，最终形成我国文化背景下的知识型企业智力资本的测量量表。

2. 知识型企业组织学习能力的内涵界定、维度划分、测量量表深入探索

本研究将沿着"知识流动"的逻辑路线对组织学习能力进行重新界定,并将其划分为知识吸收能力、知识共享能力、知识整合能力三个维度。同时在参照国内外相关研究文献基础上,通过专家意见、企业访谈等方法来确定组织学习能力各个维度所包含的具体条款,最后通过对量表的信度、效度检验以及探索性因子分析等,以形成知识型企业组织学习能力的测量量表。

3. 知识型企业智力资本对组织学习能力及知识创新绩效的影响作用探索

以知识型企业为调查对象,研究其智力资本四个维度:人力资本、结构资本、关系资本、创新资本分别对组织学习能力各维度(知识吸收能力、知识共享能力、知识整合能力)和知识创新绩效各维度(产品知识创新绩效、工艺知识创新绩效)的影响作用。

4. 知识型企业智力资本对知识创新绩效作用机理的进一步探索

该部分主要探索组织学习能力的三个维度(知识吸收能力、知识共享能力、知识整合能力)分别在知识型企业智力资本四个维度(人力资本、结构资本、关系资本、创新资本)影响知识创新绩效两个维度(产品知识创新绩效、工艺知识创新绩效)过程中所起的中介作用,从而探明知识型企业智力资本对知识创新绩效是直接产生作用还是通过组织学习能力的中介作用间接产生影响,以进一步补充完善智力资本影响组织绩效的研究理论。

第二章　概念界定和理论探讨

第一节　概念界定

一、知识型企业

在文献综述部分,本书比较分析了知识型企业及其相关的智能型企业、学习型企业、创新型企业等概念,可以发现,这些概念的共性是主要的,差异是次要的。值得注意的是,虽然知识型企业是知识信息经济时代的典型组织,但这并不意味着只有知识密集的组织才能够成为知识型企业,也不意味着在传统行业中就不可能出现知识型企业。知识型企业与行业特性不一定存在明确的对应关系。如果按照行业来定义知识型企业的话,势必得出这样的结论:在知识信息经济时代,某些甚至大多数传统行业将无法生存,只有高新技术行业或信息服务业具有增长潜力。而其实事实并非如此,就其本质意义来说,要区分知识型企业与传统组织(或非知识型企业),特别关键的是要看在组织中知识是否已经成为其关键的、用以创造价值的要素。从这个意义上说,传统行业中同样可以出现大量的知识型企业。

为了研究的方便,本书借鉴了霍国庆、康鑫学者对知识型企业界定,即知识型企业就是以知识或知识型员工的智力劳动为输入,以知识加工、知识创新和知识传播为主要活动,通过提供知识产品或知识服务来满足顾客的需求,进而实现知识价值最大化和追求可持续发展的有机体。

二、智力资本

通过综述智力资本的相关研究,可以发现不同研究者对智力资本的理解不尽相同。基于无形资产取向的智力资本定义显得过于宽泛,内涵的扩大淹没了智力资本的实质,并且弱化了智力资本的应用价值。基于信息技术与人力资源取向的智力资本定义过于狭窄,比较片面,不能全面反映智力资本的本质,相应的研究也比较少。从智力资本的本质来讲,智力资本是企业拥有和控制的知识和能力,其焦点是价值的创造和萃取,包括所有经过知识的获取、创新以及机制关系的建立等智力活动所创造的资产,是组织中最有前景的脑力资产,也是组织中隐性知识以及能被组织明文化或者结构化的显性知识的综合。知识资源主要是指可以反复利用的、建立在知识基础之上的、可以给社会带来财富增长的一类资源的总称。它是个人和组织"记忆"的综合,不但存在于文件、资料、计算机程序和档案等之中,还存在于人们头脑、实践以及规范之中。所以比较而言,基于知识管理取向的定义更能体现智力资本的本质特征,并且也得到大多数学者的认同。但是,笔者认为抛开企业人力资源,将智力资本单纯强调为企业所拥有的知识资源也是不全面的,因为无论知识资源以何种形式存在,其转化、整合与应用唯有依托企业人力资源为载体,才能为企业创造财富,实现价值增值。

经以上分析,本书在前人研究的基础上,对智力资本的概念界定做进一步的整合与修正,将智力资本理解为依托于企业所拥有的人力资源,能够被企业所控制和有效利用的,并服务于企业价值创造、组织创新以构建持续竞争优势的知识资源的总和。根据知识信息经济时代知识型企业所表现出来的特征,将知识型企业的智力资本划分为四个维度,即人力资本、结构资本、关系资本、创新资本。

(1)企业人力资本:企业所拥有的基于员工个人的知识经验、工作能力、组织承诺(组织成员对组织的一种工作态度)、创新意识等为企业不断创造价值和竞争力的所有人力资源要素的总和。

(2)企业结构资本:企业所建立的基于有效协助知识的流动、支持员工生产力和价值创造的内部结构,主要包括组织结构与运作流程、员工制度体系、企业文化系统、信息技术系统等要素。

（3）企业关系资本:企业在经营产品或服务的过程中与各利益相关者所建立的合作交易与互动关系网络。

（4）企业创新资本:企业在提高创新成果产出方面所具备的资源基础和保证机制,主要包括创新活动投入、创新知识管理、创新激励机制等内容。

三、组织学习能力

综合评价以往学者关于组织学习能力的含义界定,无论从哪一个视角出发,或者只侧重组织学习能力的一个环节,或者宽泛强调组织学习能力的每一个界面,都缺少一个比较清晰的逻辑路线,导致对组织学习能力内涵的把握依然比较模糊,不够清晰。基于此,本研究以知识的流动路线作为逻辑维度,将组织学习能力加以重新界定:组织学习能力是指组织为适应内外部环境变化或满足自身的创新战略需求,而表现出的整体对外界显性及隐性知识的消化吸收能力,然后通过一定的知识交流机制和平台进行知识共享的能力,以及最后在知识扩散过程中对各类知识的整合应用能力。从该定义中,可以很明显地看出本研究对组织学习能力的界定,主要强调组织的知识吸收能力、知识共享能力及知识整合能力,这三种能力正满足于知识流动的逻辑路线。依据该定义,研究中将组织学习能力划分为知识吸收能力、知识共享能力、知识整合能力三个维度。

（1）知识吸收能力:企业能够对组织内外各类知识信息的价值进行识别、获取、消化并转化应用于商业目的的能力。

（2）知识共享能力:企业通过各种手段(语言、图表、比喻、类比)和各种方式(面对面交流、电话、网络)将来自内部员工个体、部门团队及企业外部的知识信息在企业内部网络间进行传播扩散及应用的能力。

（3）知识整合能力:组织对不同来源、不同层次、不同结构、不同内容的知识的有机融合和创新,并使之具有较强的柔性、条理性、系统性,必要时对原有知识体系进行重构,以不断更新企业核心知识体系的能力。

四、知识创新

通过总结学者们界定知识创新的各种观点,可以看出知识创新的本质特征是知识创新不仅具有一定的"新颖性",而且还具有经济上的"应用价值性"。因此,本研究认为,知识创新是指通过企业的知识管理,在知识吸收、知识共享和知识整合的基础上,不断追求新的发展领域、探索新的发展规律、创立新学说,并将知识不断应用到新的价值创造空间,推动企业核心竞争力的不断增强,实现企业的经营成功的行为活动。

第二节　理论探讨

一、企业竞争优势理论

智力资本理论是研究企业竞争优势的根源,通过对智力资本的开发与管理可以实现组织更高价值的创造。因此,通过对企业竞争优势理论的回顾,可以更进一步把握企业智力资本的本质,以从中探索企业智力资本向企业竞争优势、组织学习能力、知识创新绩效等方面转化的实现路径。

（一）企业竞争优势外生论

由于早期的新古典经济学理论的建立是以完全竞争市场假设为基础的,在随后的经济社会发展过程中对存在的诸多现实问题缺乏了足够的解释力。因此,经济学家们就将完全竞争市场的假设进行修正,转为以不完全竞争市场作为理论假设,从而来解释企业在整个行业中盈利水平差异的问题。该理论认为,企业在行业内竞争优势的差异主要源自企业自身之外的市场结构和市场行为,包括企业进入或退出行业的门槛、政府的保护限制、产品差异化所产生的相对垄断等,所以此理论被称为企业竞争优势外生论。

这一理论的典型代表是迈克尔·波特(M.E.Porter)教授,他以企业竞争战略的视角为研究切入点,分析企业竞争优势的来源问题。波特认为,企业的竞争战略受制于本身所处的整个产业的结构状况,所以企业竞争优势的构建取决于对整个产业结构和行业环境分析之后的企业竞争策略的抉择①。

该理论认为,企业资源是同质分布于产业内部的,并且每个企业都可以比较容易地从产业中获取所需资源,进而企业的竞争优势就取决于企业发现并挖掘市场空隙的能力,以及用产品和服务填充这一空隙并保护自身市场定位不受其他潜在竞争者威胁的能力。由此可以看到,该理论忽视了企业内在资源所带来的竞争优势及其进化路径对企业竞争优势的影响。并且事实上随着企业竞争程度的加剧,同处于一个产业环境中的企业在面临相同市场机会时所表现出来的盈利能力却相差很大,所以为了寻找对此类问题的解释,企业理论开始从外部研究转向内部研究,以更进一步打开企业内部竞争优势的"黑箱"。

(二)企业内在成长论

20世纪20年代,企业内部成长理论在马歇尔(Alfred Marshall)的著作《经济学原理》中被首次提出,该理论认为企业内部各职能部门之间、企业之间、产业之间等存在着"差异化分工",这种分工与企业内部各自所拥有的知识和技能有关,而这种知识和技能就是代表企业能力的核心表现②。继马歇尔之后,潘罗斯(Edith T.Penrose)在1959年发表了《企业成长论》一书,认为一直以来被新古典企业理论视为"黑箱"的企业资源和能力是构成企业经济效益的稳固基础,以此奠定了该书对企业内在成长理论的重大贡献。潘罗斯将企业界定为具有许多潜在服务效用的不同性质的资源集合体,而资源发挥效用的范围由企业现有的知识水平决定;企业生产活动受制于企业所能预见的各种生产可能性和能够利用的生产可能性;企业在技术诀窍和管理能力方面的异质性是构建企业竞争优势的重要源泉③。提斯(David J.Teece)在其1986年发表的《通过技术创新盈利》一文中指出,企业可以通过一系列必要步

① [美]迈克尔·波特:《竞争战略》,陈小悦译,华夏出版社2005年版,第11—34页。

② 参见[英]阿尔弗雷德·马歇尔:《经济学原理》,彭逸林等译,人民日报出版社2009年版,第2—13页。

③ 参见 Penrose E. T., *The theory of growth of the firm*, London: Basil Blackwell, 1959, pp. 13-45.

骤的创新来实现新价值的创造,这为智力资本理论中有关价值实现的论证奠定了理论基础①。

（三）企业资源基础论

"资源基础论"是在对主流战略理论大反叛中提出并成长起来的,其基本目标是通过解析被经济学家们视为生产函数的企业这个"黑箱",将企业分解为更为基本的成分,进而寻找构建企业竞争优势的根源。1984年,沃纳菲尔特(Birger Wernerfelt)《企业资源基础论》一书的发表标志着资源基础论的正式诞生。该理论认为:企业是由一系列资源簇所组成的集合体,它们在企业间是不可流动并且难以复制的,但这些资源可以转变成企业独特的能力。同时该理论指出企业的竞争优势主要源于企业所拥有的独特资源和能力,企业所建立的强有力的资源优势远远超过企业所拥有的突出的市场位势。当然,资源基础观同样也存在必然的缺陷:首先,由于对企业内部的过分强调而导致对企业外部因素重视不够,由此产生的企业战略不适应产业市场环境的变化;其次,如果市场竞争较为充分,土地、设备、原材料等资源都能通过公平的市场交易而得到,但企业间仍会存在竞争优势的明显差距,如此一来就使得该理论基础受到质疑。可见,大多数具有普遍意义的企业资源和竞争优势之间可能并不存在必然的因果关系,所以导致企业间竞争优势差距的根源问题在该理论中得不到更为合理的解释,而随后出现的企业能力理论正是对这一问题研究的延伸。

（四）企业核心竞争力论

自1990年哈默(Gary Hamel)和普拉哈拉德(C.K.Prahalad)在《哈佛商业评论》上发表《企业核心竞争力》以来,这篇文章便成为企业核心竞争力论的标志性著作②。文中将核心竞争力做了如下界定:企业核心竞争力是在组织内部经过整合了的知识和技能,尤其是关于如何协调多种生产技能和整合不

---

① 参见 Teece D.J.,"Profiting from technological innovation:Implications for integration,collaboration licensing and public policy",*Research Policy*,Vol. 15,No. 6(1986),pp. 285–305.

② 参见 C.K.Prahalad,"The Core Competence of the Corporation",*Harvard Business Review*,Vol. 68,No. 3(1990),pp. 79–91.

同技术的知识和技能。该理论认为企业对核心竞争力的积累、保持和运用是企业拓展产品市场的决定性因素；由于企业所拥有的核心竞争力的不同导致企业间的效率差异，进而导致企业收益的不同。现代企业的核心竞争力是企业内部一个以知识、创新为基本内核的某种或多种关键能力和关键资源的组合，是有效帮助企业在一定时期内保持现实或潜在竞争优势的动态平衡系统。这样，企业的竞争优势便从具体的资源转变成为一种或多种抽象的能力。

1992年，巴顿（D.Leonard Bartorn）在对新产品开发管理的研究中得出一个悖论：核心刚性的客观存在使得企业最终丧失核心竞争力①。从社会心理学的视角出发，核心竞争力和核心刚性如同一个硬币的两面，企业在构建核心竞争力的同时要克服核心刚性，从而很好地揭示了核心竞争力只能创造暂时的竞争优势，而企业要获得持续的竞争优势，必须对核心竞争力进行及时的维护和更新。这便促成了能力理论的另一个重要分支的提出、重视和发展，这一分支理论就是1994年提斯等提出的企业动态能力理论。他们将动态能力理论界定为企业能够创造新产品和新过程，以及对变化的市场环境作出响应的一系列能力②。这一理论把焦点放在创新的开拓性动力上，强调以开拓性动力克服能力的惯性，提出开拓性学习的观点。开拓性学习与积累性学习是有差别的，积累性学习形成对路径的依赖，而开拓性学习则强调要降低对路径的依赖。动态能力理论将核心竞争力理论又往前推进了一步，成为核心竞争力理论的重要组成部分。

通过勾画企业竞争优势理论发展的逻辑路线（图2-1），可以看出智力资本作为企业所拥有的一种内部资源，要真正实现其价值最大化的创造，必须将企业资源转化成企业所拥有的动态学习能力，通过开拓性的知识创新来打造企业长久的竞争优势。所以，企业竞争优势理论的提出为本研究的假设提出提供了很好的理论基石。

---

① 参见 Derothy Leonard Bartorn,"Core Capabilities and Core Rigidities：A Paradox in Managing New Product Development",*Strategic Management Journal*,Vol. 13(1992),pp. 111-125.

② 参见 D.J.Teece,"The dynamic capabilities of firms：an introduction",*Industrial and Corporate Change*,Vol. 3,No. 3(1994),pp. 537-556.

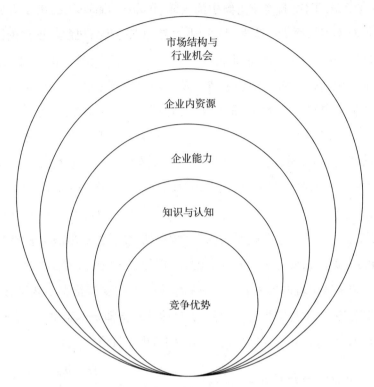

图 2-1 企业竞争优势的演进脉络

二、企业知识创新理论

随着知识信息经济时代的到来,知识在社会发展中的作用日益突出,并且受到理论界和企业界越来越高的重视,随之企业知识基础论和知识管理论也应运而生,这些理论对知识信息经济背景下企业的基本特征和行为做出了全新的注解,并试图对主流企业理论没有解释的问题给予说明。

在 1945 年哈耶克(Hayek)发表的《知识在社会中的利用》一文中,他将知识导入经济学的范畴。他指出,社会的经济问题不再仅仅只是如何分配"给定资源"的问题,而且还应包括如何整合利用知识的问题,并强调这些知识是从未完整地给过任何人的。这可以将其概括为一个如何利用并非整体地赋予任何人知识的问题,其中更多强调的是知识的利用而非简单地分配。

20世纪90年代,日本学者野中郁次郎(Ikujiro Nonaka)提出了著名的企业知识创新模型从而进一步发展了企业内部知识的积累机制。该理论认为在一个不确定的经济环境中,企业获得竞争优势的唯一可确定的因素就是"知识";企业的成功在于新知识的创造以及在企业内部迅速扩散及应用。这为企业智力资本向知识创新绩效的转化的研究奠定了基础理论观点。

由此可见,企业知识基础理论的基本分析路径是在充分肯定知识对提升企业价值的基础上,通过创建一种环境让员工能够获取、共享、使用企业内部和外部的知识、信息等以形成个人知识,并激励、支持员工个人将知识整合应用到企业的产品和服务中去,以最终提高企业的创新能力和市场反应速度。与之相应,企业知识管理理论是指为了增强组织绩效而获取、创造、整合应用新知识的连续过程,确定和探索现有的知识资源,开发新的创造机会,以满足企业现在和未来出现的各种需要。知识管理过程主要包括以下四个方面:自上而下地监测、推动与知识有关的活动;创建并维护知识基础设施;管理、更新和转化知识资产;提高知识的应用空间以创造更高价值。

三、企业价值链理论

1985年,美国著名的管理学家迈克尔·波特在《竞争优势》一书中首次提出了价值链的概念。他认为企业价值链是一系列连续完成的活动,是原材料转化成一系列最终产品并不断实现机制增值的过程。竞争优势是企业在市场环境中获得成功的关键,它主要来源于企业在设计、生产、营销及交货过程及辅助过程中所进行的许多相互分离的活动。

每一个企业都是用来设计、生产、营销、交货及对产品起辅助作用的各种活动的集合,所以这些活动都可以用价值链的方式表现出来。之所以用价值的方式表现它们,主要是因为使用价值范畴比起成本范畴来说更科学。企业基本的价值链结构可以如图2-2所示。

价值链列出了企业总价值,包括价值活动和利润。价值活动是企业所从事的物质上的和技术上的界限分明的各项活动,它们是企业为买方创造有价值的产品的基石。利润是总价值与从事价值活动各项成本总额之差。每一种

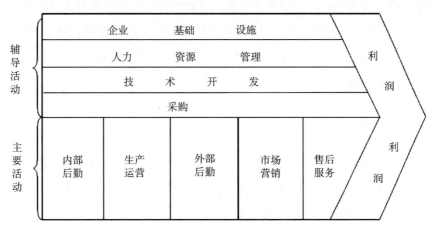

图 2-2 企业基本知识创新链

价值活动都通过使用人力资源、外购投入和某种形式的技术来发挥其功效。

波特将企业的价值活动分为两类:基本活动和辅助活动。基本活动如图2-2底部所示,主要是设计产品的物质创造及其销售、转移和售后服务的各种活动。任何企业中的基本活动都可以划分为图中所示的五种基本类别:(1)内部后勤,主要指与接收、储存以及向产品的生产部门分发投入相关的活动。(2)生产运营,主要指把投入品转换成与最终产品相联系的活动。(3)外部后勤,主要指产品的存储、搬运、交货等活动。(4)市场营销,主要指广告、促销、定价、报价等活动。(5)售后服务,主要指通过提供后续服务来加强或维持产品价值等相关联的活动。除了这些基本活动之外,辅助活动通过提供外购投入、技术、人力资源以及各种公司范围的职能以相互支持,具体而言,包括:(1)基础设施,主要包括行政管理、财务、法律、计划和会计制度等。(2)采购,主要包括原材料、供应品及其他消费和资产的购买。(3)基础开发,主要包括与改进产品及生产流程相关的作业。(4)人力资源管理,主要指企业参与的招聘、培训和付酬等作业。采购、技术开发、人力资源管理活动都与各种具体的基本活动相联系并支持整个价值链。基础设施虽然与各种特别的基本活动联系并不紧密,但是也支持着整个价值链的运行。

可见,价值活动是竞争优势的各种相互分离活动的组成。波特价值链使用系统的方法考察企业的所有活动及其各种资源的相互作用对企业竞争优势的影响。这使得企业的内部和外部活动都可以在利润目标的趋势下,进行统一的价值分析。价值链的这一核心思想为本书中知识创新链的引出提供了可借鉴的分析思路和思考框架。

四、企业知识流动理论

早期的知识流动理论主要是从二维线性传递模式展开的研究,着重强调知识从发送方到接收方的流动转移过程。简单理解知识流动,就像物质资源的流动一样,就是从一个地方转移到另一个地方。学者们对知识流动的研究,比较有代表性的主要有:A.K.古特(A.K.Gupta)认为知识流动主要是技能或技术在组织单元之间传递的过程①。博斯特·H.马克斯(Max H.Boisot)将知识流动解释为知识解决、知识扩散、知识吸收与扫描的过程②。E.D.达尔(E.D.Darr)则将知识流动界定为知识在商业实践活动过程中的转移③。

在以往的研究中,也有部分将知识流动等同于信息传播的理解。这实际上是对知识流动的一种误解。因为知识流动不仅是一个线性概念,同时也受到很多因素的影响,存在很多不可表达的隐性知识,所以知识流动不仅仅指传播这样简单。在随后的知识流动相关研究理论中,知识流动的观点开始转化,转而进入知识二维观的研究视角。而近年来,随着学者们对知识管理领域的大量研究,知识流动又从二维线性模型拓展到网络模式和三维立体模式,从而使知识流动不再是一个主体与另一个主体之间的两两对话,而是知识在不同主体之间的扩散、共享和使用的过程④。这一理解可以概括为一种网络化模

① 参见 Gupta,A.K.,"Organizing for knowledge flows within MNCs",*International Business Review*,Vol. 3,No. 4(1994),pp. 443-457.

② 参见 Max H.Boisot,"Is your firm a creative destroyer? Competitive learning and knowledge flows in the technological strategies of firms",*Research Policy*,Vol. 24(1995),pp. 489-506.

③ 参见 Darr,E.D.,"The acquisition,transfer and depreciation of knowledge in service organization:Productivity in franchises",*Management Science*,Vol. 41,No. 11(Feb 1995),pp. 1750-1762.

④ 参见钟琦:《企业内部知识流动网络分析》,博士学位论文,大连理工大学,2008 年,第28—33 页。

式或三维模式。不同主体之间存在不同流动知识之间的获取,这使得知识流向错综复杂,知识的流入流出和回流形成组织内外复杂的网络立体结构。马丁·舒尔茨(Martin Schulz)根据知识在平行单元之间还是在不同等级单元之间的流动方向,将知识流动分为水平知识流动和垂直知识流动①。诸葛海将知识流动界定为知识在多个参与者之间按照一定规则或流程的产生、传播和应用②。戴俊等学者根据知识交流的路径和结构不同,将知识流分为网式知识流、圈式知识流、链式知识流、Y型知识流、轮式知识流③。

回顾知识流动的相关理论可以看出,知识流动是建立在以往知识相关研究的基础上发展起来的,结构上从以往的二维简单线性转为三维立体。其理论发展吸收了知识转移、知识共享和知识转化等相关理论的内涵。虽然目前关于知识流动的深入研究比较少,多数只停留在知识流动的过程和概念界定的层面,但是为本研究中组织学习概念的重新界定和维度划分提供了一个新的研究视角和逻辑借鉴。

第三节 本章小结

本部分在第一章中国内外文献综述的基础上,首先对研究中的相关概念做更进一步的完善界定,为后续章节的相关研究提供基础的概念理解。其次,围绕本研究的整体思路和核心观点,总结概括了本书的相关理论基础,主要有企业竞争优势理论、企业知识创新理论、企业价值链理论、企业知识流动理论。

---

① 参见 Martin Schulz, "The uncertain relevance of newness: organizational learning and knowledge flows", *Academy of Management Journal*, Vol. 44, No. 4(2001), pp. 661-682.

② 参见 Hai Zhuge, "A knowledge flow model for peer to peer team knowledge sharing and management", *Expert Systems with Applications*, Vol. 23, No. 1(2002), pp. 23-30.

③ 参见戴俊、朱小梅:《基于团队知识交流的组织知识转化机制研究》,《科研管理》2005年第3期。

第三章　知识型企业智力资本对知识
创新绩效的影响机理探索

在当今知识信息经济时代,智力资本不仅已经成为企业价值创造和获取可持续竞争优势的重要源泉,而且也是企业组织创新和利润增长的关键所在。智力资本对企业价值和国家经济发展的促进作用日益突出,已经成为继企业财务资本和劳动之后推动企业不断发展的"第三资源"。本章首先对智力资本的构成因素及其特征作进一步的理解与解释,然后深入探索智力资本对知识创新绩效的影响路径,并在此基础上探讨分析智力资本驱动知识创新绩效的实现机制,以此从理论上剖析知识型企业智力资本对知识创新绩效的影响。

第一节　知识型企业智力资本构成要素研究

智力资本是知识型企业知识创新活动的动力源,每一个智力资本要素在创新过程中发挥的作用和功能都是不可忽视的。所以该部分有必要对知识型企业智力资本关键要素的内涵及特征进行详细的阐述和分析。

一、企业人力资本要素

威廉姆森将企业视为一系列契约的联结,具体包括关于物质资本的契约和关于人力资本的契约。而周其仁则认为在市场经济条件下的企业是一个由人力资本和物质资本构成的特殊契约,这种契约的特殊之处在于包含了人力资本。正如科斯所提出的,购买劳务的情形显然比购买物品的情形的意义更为重要。在购买物品时,主要项目能够预先说明而其中细节则以后决定。而人力资本所具有的特殊性使得无法采用一般市场契约模式通过事前全部说清楚而后直接使用,必须借助企业制度安排和组织设置的激励效用来实现对人力资本的使用和调度。这便是企业契约区别于市场契约的关键所在。企业契约理论一方面显示了企业的契约性质,另一方面突出了人力资本的重要性。对现代企业尤其是知识型企业而言,企业赖以生存、运作和发展的"知识基"主要根植于企业人力资本。所以,在新经济条件下,人力资本逐渐成为企业价值创造和现代经济增长的源泉。

企业知识理论和企业智力资本理论从解释企业行为的视角赋予了人力资本新的内涵。依据企业知识理论,人力资本可以分为显性人力资本和隐性人力资本。显性人力资本指构成人力资本价值的、通过一定方法可以观察其价值构成的部分。隐性人力资本是指存在于员工头脑中的知识、工作诀窍、经验、创造力和价值体系等。与显性人力资本相比,隐性人力资本更具有本源性和基础性,是企业创造价值的源泉。所以,对知识型企业而言,更强调隐性人力资本的管理和激励。智力资本理论认为,知识型企业人力资本效用的发挥必须通过与结构资本、关系资本和创新资本的有机结合才能为企业创造最大价值。这是继阿罗 1962 年《干中学的经济含义》一文中开创性提出重视人力资本的配置效率问题及卢卡斯、罗默等人通过对知识和人力资本溢出效应的研究提出人力资本内生化之后,对人力资本理论的进一步推进。

一般而言,知识型企业人力资本具有以下特性:

（一）人力资本与其所有者不可分离的产权特性

罗森(Sheruin Rosen)认为人力资本和非人力资本存在产权性质上的很大差别,在自由社会的人力资本所有权限于体现它的人。人力资本与其所有者的不可分离性是其产权特性的核心,当人力资本载体与其产权相分离时会造成制度安排效率的降低,人力资本所有者将凭借事实上的控制权限切断其对人力资本有效利用的通道。一旦人力资本产权因此受到损坏,会造成资产的立即贬值或消失。周其人指出人力资本产权的完整性是建立在所有者对它所拥有的权利具有排他的使用权、合约的选择权、收益的独享权和自由的转让权基础之上的。如果这些权利受限或被禁止,会使人力资本的产权强度降低,即人力资本产权残缺。由此可知,人力资本的产权特性使得只能通过激励手段而非压榨方式加以解决。

（二）人力资本具有的学习特性

人力资本具有学习的性质,其形成是一个动态的发展过程,是人力资本所有者在持续不断获取、积累、利用和创造知识等方面能力的体现。这种学习是由干前学、干中学和干后学等多阶段学习方式构成的。贝克尔认为一切形式的资本,无论是物质资本还是人力资本,都是知识积累和蕴含的结果。人力资本的形成与积累归根结底体现为一个不断学习的过程,这是人力资本所有者形成竞争力的关键所在。

（三）人力资本的专用特性

一般而言,资产专用性主要指一种资产仅仅适用于某企业的特定环境,如果将资产转为他用,会造成其价值大幅降低。据此理解,人力资本专用性是指雇员在企业工作过程中,通过学习和经验积累掌握了一定的特殊知识,而这些特殊知识仅限于该企业的特定工作环境使用,一旦拥有知识技能的人力资本被解雇,该特定知识的贬值会带来企业和员工的价值损失。所以,人力资本的专用性既是人力资本参与企业管理并实现对其有效激励的重要依据,同时也是企业核心竞争力形成的基础。

（四）人力资本的组织依赖性

企业的本质可以被理解为团队生产或长期契约的集合,而企业的团队本质则主要表现为人力资本与非人力资本之间的相互依赖性。阿尔钦认为企业中一些资源的价值体现是与其他资源密切相关的,任何一方的机会主义行为都可能造成另一方的利益受损或价值破坏。为避免依赖性资源受损,团队成员需要缔结一个长期契约,以确保得到一个可预期的补偿。依据智力资本理论,人力资本的价值增值必须依赖于结构资本的支持平台、关系资本的联络渠道、创新资本的引领激励,这从中体现了人力资本的组织依赖性。

二、企业结构资本要素

对企业发展而言,人力资本固然是智力资本的核心,但仅有智力资本是不够的。如果没有企业资源的支持,人力资本所拥有的知识和技能将得不到最大程度的价值创造。在智力资本的研究框架下,企业结构资本泛指那些为人力资本提供支持和帮助的有形或无形的要素,是组织自身蕴藏的结构性隐含知识。

根据结构资本对人力资本的支持路径不同,一般将其划分为组织结构和运作流程、信息技术系统、员工制度体系、企业文化环境、组织学习平台等要素。这些要素一方面为人力资本作用的发挥提供支持平台和技术保障,另一方面为人力资本的稳定和开发提供一个大环境。

在智力资本的框架下,结构资本与人力资本的不同在于企业不会因为员工的流失而失去这些资本。由于结构资本的所有权归企业所有,所以企业在对其进行投资时,一般不会面临像对人力资本进行投资时所面临的风险。作为一种基于知识的资本,结构资本在其使用过程中不会出现像物质资本使用时的收益递减现象,相反会递增。如企业的业务流程,企业员工只有在不断使用、熟悉和掌握该流程的过程中,整个流程才会更加完善,进而转化为实际生产效率。在当今的知识信息经济时代,科学技术发展迅速,企业对结构资本必须保持敏感的方向把握和较高的投资力度,以避免已有的知识和技术迅速贬值,致使价值流失。

一般而言,知识型企业结构资本具有如下特征:

(一)结构资本的组织归属特性

区别于人力资本的个人属性,结构资本不会在晚上下班回家或辞职转而受雇于竞争对手。人力资本会随着人员的流动而流动,不完全为企业所有,只能被企业所用。但是结构资本的参与者没有任何一方对其具有绝对的控制权和所有权,任何结构资本都是天然属于企业本身所有。

(二)结构资本的组织专用性

结构资本的组织专用性主要体现在不可转让性和组织整体性两个方面。组织结构的不可转让性特指其不能进入市场进行交易,即使在企业并购的情况下,结构资本的价值也很难测算,不仅造成部分结构资本的损失殆尽或功能难以发挥,同时还可能阻碍并购企业新型结构资本的培育。组织结构的组织整体性主要体现在其资本价值的实现过程必须依赖组织的整体绩效,难以分解出某一项具体结构资本的效益。所以,企业结构资本的贡献率需要在企业整体的价值创造中得以反映。

（三）结构资本在价值创造中的收益递增性

结构资本作为一种可物化为具有组织共享性的知识性资源的资本,具有收益递增的特性。结构网络效用和组织学习效用是结构资本收益递增的集中体现。结构网络效应是指组织内部的正式和非正式关系网络,随着这种信息传达和沟通交流网络的不断完善和延伸,结构网络的作用发挥会越来越明显,如果该网络设计能够与组织战略和企业文化相适应,其优越性会得到有效性的持续发挥。组织学习效应是组织借助员工学习行为引导强化企业整体的行为目标、行为规范和行为协调,以保证结构资本价值的收益递增。

三、企业关系资本要素

企业的关系资本既可以被认为一种能够为企业带来经济绩效的社会资源,又可以被理解为企业与外部相关者构建的关系网络,也可以被理解为企业通过整合各种社会关系为企业带来经济效益的能力。相对于人力资本和结构资本而言,关系资本对于企业绩效的影响更为直接,因为它直接使企业的产品和服务实现成为企业的经济收益。在当前的知识信息经济时代,企业间的产品和服务日趋同质化,竞争日趋白热化,因此企业必须采取尽可能多创造更为庞大或更加精密的关系,将企业的产品和服务市场化以维持其生存。关系资本是从结构资本衍生出的一个分支,由于其重要性的日益凸显,需要从结构资本中单列出来,作为智力资本的一个重要构成要素。

关系资本从其构成维度上来看,可以大致分为两类:顾客关系资本和利益相关者关系资本。其中,利益相关者包括政府、银行、供应商、销售商、合作伙伴、科研机构等与企业利益有明显关联的相关组织资本。影响企业外部关系能力的各要素中,直接顾客群体作为很重要的一部分,直接影响企业财务价值的创造。除此之外,企业与竞争者、合作者、社区、政府、媒体等各类社会组织之间的关系经营能力也很大程度上影响着企业在新经济条件下创造价值的模式。关系资本从个人层面表现为企业员工或管理者与顾客和利益相关者的私人关系;从组织层面看表现为企业的声誉、品牌、市场销售网络等,这些都是企业组织才能维系的资本。尽管企业组织层面的关系资本是由个人层面的关系资本发展而来的,如最初企业销售人员与经销商、购买商等之间的关系上升到企业层面的销售网络,但是个人与外界的关系不能全面涵盖企业的战略、文化、管理制度各个方面,只有组织层面的关系才能满足企业生产经营的全部外部需求。所以只有将个人层面的关系资本上升到企业层面的关系资本,才能保证关系资本效用的长久稳固发挥。

一般而言,知识型企业关系资本具有如下特征:

（一）具有公共物品性质的特征

企业关系资本具有的公共物品特征是关系资本区别于智力资本其他形式的最基本特征。关系资本是企业竞争优势构建中形成的资本,存在于行动者之间,而不单属于某一行动者。关系中的单个行动者都不拥有完全的产权,没有排他性。由于行动者之间在关系中的地位和动机不同,双方在关系资源的使用、维护上具有不对称性。关系资本的形成必然是伙伴关系间整体优化的结果,并在整个关系伙伴拥有的全部资源中和生产经营活动的各个方面发挥作用。

（二）可再生性和易逝性

与物质资本不同的是,关系资本不会因对其使用而减少,反而对其利用的越多,关系资本的存量和价值就越会得到提升。但是,关系资本会由于不使用而造成价值枯竭,所以它具有一定的可再生性,并在不断地消费和使用过程中得到价值增值。尽管关系资本在长期的使用过程中可以得到不断地加固和升值,但也会因某一个体或某一失误等造成信任资源和社会联系的浪费、磨损和破坏。

（三）具有一定的弹性使用边界

企业人力资本和结构资本的使用在短期内具有一定的刚性,无法任意地收缩和扩张。而关系资本则具有更多的使用弹性,使得企业所构建的关系网络具有一定的开放性和包容性。

大量经过适应性变迁的传统人际关系可以"因亲及亲,因友及友",使全社会之人辗转连锁起来。所以,企业结成的交易关系网不再是一个个相互封闭、各自独立的交易圈子,而是由很多个具有开放性和包容性的关系圈相互联结在一起而形成的一个边界模糊的交易关系网络,企业可根据使用需要而自由调节边界。

四、企业创新资本要素

企业的成长演进一般存在两种基本形式,一种是对既有产品进行规模扩张的量变演进,即产品本身基本不变,而产品质量有所改进、产品总量不断增加、劳动生产率不断提高和生产工艺逐步创新;另一种是以产品或服务创新为特征的质变演进,即企业发展不是依赖既有的产品领域,而是生产创新型的产品,不断满足并引领新的市场产品或服务需求,实现企业成长的质变突破。无论企业成长来自量变演进或是质变演进,都是以资本的逐利性作为根本发展动力的。在既有的产品领域,由于生产规模的不断扩张、资本的不断投入,重复性生产导致利润率的逐步下降,日益趋薄的利润率使得企业将选择其他更高领域寻求利润。此时,企业一方面可以选择在既有产品领域中,从利润相对较低的领域转向利润相对较高的领域;另一方面也可以选择通过研发活动,开创从未出现过的新产品,实现超额利润。所以,在目前迫切需要企业提高竞争力的知识信息经济时代,创新成为企业实现发展目标的动力和关键。尤其是对于知识型企业而言,由于知识折旧的速度之快导致知识产品生命周期的缩短化,所以创新资本作为提高企业竞争优势的关键资源,逐渐从智力资本的众多要素中凸显出来,顺应知识信息经济社会对企业生存发展所提出的能力导向。

企业创新资本是企业通过创新或相关投资而凝结的企业创新能力。依广泛理解,创新资本可以认为是企业不断更新发展的知识积累、创新环境、创新投入、创新激励机制等的总和。创新资本的运用能不断提高产品或服务的质量,满足消费者新的需求,从而不断提高企业的品牌价值。就其本质理解,创新资本是能够为企业带来超额利润,并增强企业竞争力的一种无形资产,主要体现为企业在已有知识基础上所拥有的开发新产品或服务的潜力。将创新资本作为一个独立的智力资本要素纳入到知识型企业智力资本的要素模型,不但体现了创新的重要性,而且体现了知识创新的累积成果等创新资本在价值创造过程中的重要地位。

一般而言,知识型企业创新资本具有如下特点:

(一)创新资本是衡量企业研发实力和潜在创新能力的关键指标

创新资本的创造和积累是一个企业成长与发展的过程的集中体现,在很大程度上反映企业当前的研发实力和未来的创新潜力。知识信息经济的本质是创新,市场竞争从根本上是围绕"创新"展开的。创新资本作为体现企业创新能力的关键与核心,最终决定着企业未来的市场竞争能力,而企业的市场竞争也更多表现为创新资本的竞争。

(二)创新资本具有一定的战略价值

企业对创新资本的管理,是把创新资本作为企业价值升值的重要经济资源。在创新竞争的经济背景下,企业的至高战略必定也是围绕知识产品的创新和市场竞争力展开规划的。而在创新性战略的实施过程中,必然离不开创新资本的战略支持。在保证企业对创新资本进行有效的计划、组织、协调和控制的前提下,实现企业战略的经济目标,提高国际市场竞争力。

(三)创新资本可以反映企业知识结构异质性

与工业经济中资本及资本结构是决定企业发展的重要因素一样,在知识信息经济时代中,知识和知识结构是决定知识型企业发展的首要因素。企业作为一个以利润为目标的向市场提供产品和服务的组织,其生产要素的配置是依据知识结构而进行的。对于知识型企业而言,最重要的就是知识结构的演变和发展。知识结构是指企业所需全部知识分量按照一定比例的结合,且每一种知识分量是与某一特定的产品和职能相对应的。创新资本作为知识创新的累积成果,正是企业知识结构演变和发展的过程体现,所以企业创新资本的差异可以反映企业知识结构的异质性。

(四)创新资本对其他智力资本形式具有激活和催化作用

创新资本不能自动形成,其本源和发展建立在人力资本和结构资本相联合的结果之上。只有优秀员工、合理规章、文化和技术的相互结合才可以产生创新。但是一旦企业形成一定的创新资本积累，便可以反向激活和催化人力资本的潜在价值，扩大结构资本和关系资本的价值转化。

对于知识型企业智力资本的四个主要要素而言，其作用的发挥并不是孤立的，而是相互联系、相互配合、相互协同的。在企业知识创新需求的推动下，人力资本、结构资本、关系资本、创新资本通过有效的协调与整合共同促成企业知识创新目标的实现。

第二节　知识型企业智力资本影响知识创新绩效的路径探索

一、企业的知识创新过程分析

企业知识创新是对企业创新活动一种知识视角的解释，也是对企业技术创新、管理创新和市场创新的综合和深化。企业知识创新的基本观点是：企业是一个各种各样技术知识、管理知识和市场知识组成的知识契约式组织，这些知识的不断积累和深化推动了企业的创新。狭义的知识创新可以理解为企业内直接的技术知识、管理知识和市场知识的创新；广义的知识创新主要指依赖企业基础知识的拓展所实现的创新。

企业创新活动一开始需要借助引进外部的新设备、新技术、发明、专利以及企业制度或企业管理技术。但是，这只是引进活动的第一步。为了对这些技术和设备的操作应用进一步熟悉和掌握，企业必须通过外派专门的技术人员学习或者聘请有关专家以进行操作培训的方式，作为对这些技术应用进行的二次引进。这一过程完成以后，便进入企业内部扩散阶段，通过内部扩散使得所引进的技术变成一种内部有关操作人员都能够掌握的应用知识。但是，这一过程仍然是对技术后引进工作的延续，要在引进的基础上形成企业创新。第四步是必须使这些应用知识变成企业开发新产品所必需的共同知识，通过不断的研究与应用，把它和企业的原有技术优势和初始知识有机地融合在一起,使引进的知识转化为有效的企业知识。在此基础上,企业通过对引进的外部技术内部化,就可以进行模仿和创新开发,完成创新实践过程。企业知识创新的运用过程如图3-1所示。图中,企业学习和研发活动对组织的知识吸收能力、知识共享能力和知识整合能力的作用过程用虚线连接,表示由于企业学习和研发活动的不可观察性所导致的企业在知识吸收、共享、整合等能力的有限性。

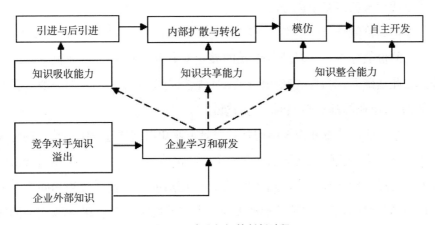

图3-1 企业知识的创新过程

企业知识的创新过程就像一个链条,通过一些实际的技术和管理活动,把存在于企业外部的知识(包括公共知识和合作伙伴有关知识)、竞争对手的溢出性知识等引入企业内部,通过与企业内部基本知识相结合,进一步体现到各个具体的业务单元和企业的业务流程中,最终体现为某一种类型的产品功能和实际效用。

二、企业的基本知识创新链分析

关于企业价值链的理论,是由著名的管理学家迈克尔·波特于1985年提出的。他认为,企业在市场环境中获得成功的关键,在于其是否具有竞争优势,而企业竞争优势的分析不能仅仅停留在企业整体认识的层面上,其主要来源于企业在设计、生产、营销和交货等过程及辅助过程中所进行的许多相互分离的活动。这些活动中的每一种都对企业的相对成本地位有所贡献,并奠定了标新立异的基础。例如,成本优势来源于一些完全不同的资源,如低成本货物分销体系、高效率的组装过程或者使用出色的销售队伍。因此,使用系统的方法考察企业的所有活动及其相互作用对于分析竞争优势的各种资源,就变得十分必要。为此,波特引入价值链作为分析的基本工具,并指出为了认识成本行为与现有的和潜在的经营歧异性资源,价值链将一个企业分解为战略性相关的许多环节。企业正是通过比竞争对手更廉价或更出色地展开这些重要的战略活动来获得竞争优势的。

波特的价值链分析使得企业的内部和外部活动都可以在利润目标下,进行统一的价值分析。并对业务单元的界定及其联系确立了一种很有效的方法。在此基础上,本研究将价值链的核心思想与企业知识创新的一般过程相联系,引入企业的基本知识创新链的概念。

一个企业的基本知识链结构是对一般企业知识创新过程结构特征的总体描述。这里将企业的创新活动理解为企业的价值活动。由于在价值链分析模式下,企业的价值创造可以分解到企业价值创造的直接业务过程和间接业务过程,并通过基本活动和辅助活动表现出来。根据这一思想,本书将企业的知识活动,在知识创新的目标下,按照知识创新活动过程中的直接知识创新和间接知识创新之区分,分为两大类,即直接知识创新活动和间接知识创新活动。直接知识创新活动包括企业的引进与后引进、企业学习和直接的研发活动、产品创新和工艺创新所带来的企业知识的整合与体现、销售和服务等。间接知识创新活动包括企业的一般培训活动、观念创新和理念创新、企业治理、组织文化的建立和传播、建立企业知识库和知识管理等。这两大类创新的目标都是企业的知识价值收益。一个企业的基本知识创新链可如图3-2所示。

直接知识创新活动是知识创新活动的主体过程,这一过程从企业知识的引进开始。企业知识引进要求首先确认外部的知识源并选择合适于企业特征、并能够充分利用企业内在专业知识和共同知识的引进内容。长期来看,这一选择对于企业的知识创新持续进行具有不可忽视的战略意义,即如果在引进过程中对外部知识的定位和选择不当,可能会对知识创新的延续造成影响。在这一方面企业的预先知识存量和人力资源知识结构起着关键性的作用,如

图3-2　企业基本知识创新链

果预先知识存量和人力资源知识结构不具备或不完善,就势必使企业对外在知识失去鉴别能力和选择性,从而无法引进有效的企业知识。引进企业知识需要进行累积和管理,因此建立企业的知识库对于企业知识创新过程来说必不可少。间接的知识创新活动是为直接知识创新活动提供必要的相关知识服务的,间接知识创新的核心是企业的各个岗位技能的发挥所带来的一些具有本企业特点的共同知识、建立企业知识库和知识管理、企业理念和企业文化等。

三、企业智力资本影响知识创新绩效的驱动路径

企业智力资本作为企业所具有的知识资源向知识创新绩效转化的路径就是企业自身智力资本实现其自身知识价值的过程。在这个过程中,人力资本、结构资本、关系资本、创新资本分别通过不同属性的链条结构影响知识在企业创新过程中的价值流动,作用于最终的知识创新绩效。将智力资本各维度对知识创新绩效的影响路径纳入整体系统思考,构建智力资本影响知识创新绩效的驱动路径,这一路径如图3-3所示。

（一）基于员工学习链的驱动路径——人力资本

人力资本可以视为员工学习链的实体体现,员工学习链带动了人力资本

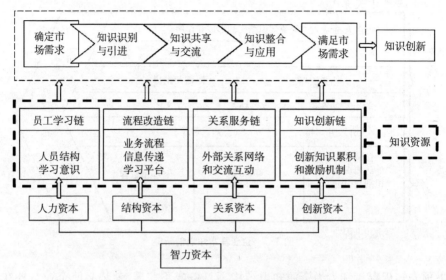

图3-3 智力资本影响知识创新绩效的驱动路径

要素的累积和增加。员工学习链条是知识的获取、积累、共享和创造的过程，其形成并非发生于员工进入企业内部后的知识培训与学习，而是起源于员工在进入企业以前所具备的知识和经验沉淀、学习力和创新意识，然后基于不同的学习流程和路径依赖性构成企业特定的人力资本，形成一定的组织机能并多以隐性知识形态存在。人力资本通过员工学习链的积累，使员工知识和技能得到提升，从而影响组织对外部知识的识别、共享和整合，实现知识价值最大化。

（二）基于流程改造链的驱动路径——结构资本

流程改造链是企业结构资本积累的依赖路径，结构资本是流程改造链动态变化的实体体现。流程改造链形成了企业的工作规范、工作方法和流程、组织结构、信息技术系统、企业文化等不同形式表现的结构资本的累积、沉淀与提升。企业人力资本整体能力的发挥需要依托企业文化、工作方式、人际交流、技术平台等结构资本的导引和支持，激发企业内部的知识流动。企业所获取的新知识需要与已有知识进行交流、互补和共享，这一过程的实现都离不开流程改造链所形成的结构资本的执行和运用。

（三）基于关系服务链的驱动路径——关系资本

关系资本是关系服务链的累积和实体表现。关系服务链是知识应用、知识物化、服务并满足市场需要、与其他利益相关者建立良好关系网络的过程。更进一步细分，主要包括满足顾客具体需求、提供顾客满意服务、建立战略伙伴关系、树立企业优秀品牌价值和承担社会责任等方面。关系服务链通过累积客户知识、不断发展并创造新客户、建立和开拓更为稳固的无边界的关系网络，实现更多企业外部知识的流入、扩散及整合应用。

（四）基于知识创新链的驱动路径——创新资本

知识创新链是知识价值链的灵魂所在，是各类新知识包括产品知识、业务知识等产生的过程。知识创新链在提升企业创新能力和创新潜力的过程中，生成了一系列诸如知识库、知识产权、创新激励机制等实体表现的企业创新资本的累积和增加。它通过追求新发现、探索新规律，达到创造知识附加值、获取竞争优势的目的。知识创新链不仅体现为新产品的持续研究与开发、新工艺的持续创造和应用，还包括管理模式的变革、组织机制的重构等诸多方面，通过实现企业创新竞争地位和知识结构的根本性变化，为知识创新活动的深入开展提供更稳固合理的知识基础。

第三节　知识型企业智力资本影响知识创新绩效的实现机制分析

一、知识吸收累进机制

企业智力资本的增值和持续发展需要从外部环境和相关利益方吸纳所需要的知识资源，并且企业对各类知识的吸收与累进渗透到企业生产经营活动的各个方面，是一种能力的整体集成。其作用的发挥需要通过企业的生产经营过程、企业的管理组织、企业知识的积累途径以及企业与外部的联系方式等进行。

企业的知识吸收累进机制有多种实现方式。从企业学习的视角和不同的知识类型来划分,大致有六种方法或途径:(1)干中学:局限于企业内部,主要与企业的生产活动有关;(2)用中学,局限于企业内部,主要与企业的产品、机械设备和投入品相关;(3)通过研究学习:局限于企业内部,主要通过研究与开发活动进行,目的是创新知识;(4)高科技的学习:侧重从企业外部学习,主要是借助科学界和技术界的最新应用工具来辅助吸收和学习;(5)通过行业内的知识扩散学习:侧重从企业外部学习,主要是了解、观察、掌握业内竞争对手和其他企业的工作动态;(6)通过交流接触学习:侧重从企业外部学习,通过与上下游企业或业内其他组织进行知识资源的交流。

动态环境下的企业竞争,在要求企业关注已拥有的专有知识和企业自身的知识开发能力的基础上,更需要企业足够重视外部知识的获取和充分利用,强调在竞争中合作、在合作中竞争,把包括顾客网络、竞争者与合作者在内的庞大的外部知识充分调动起来,实现外部知识的内部化和整体知识的优化整合。在知识更新速度不断加快的经济环境中,企业需要不断地接触不同的知识源,选择有利于企业创新和发展的知识。根据行业的特征和发展阶段以及企业所处内外部环境,通过对顾客、竞争对手、合作商、供应商等产业链上的各个环节进行分析,确定企业生存和创新发展所需要的知识信息,进行知识搜寻。通过知识搜寻,初步确定企业所需知识,然后对搜寻的知识进行识别和判断,获取既符合企业战略又利于企业创新的知识资源。

二、知识共享传播机制

知识共享传播机制是企业对外部知识得以消化的支持平台。由于外部知识所处的特定环境不同,造成其含义、价值以及利用方式的不同,从而提高了知识消化和复制的难度。所以,每一个组织都需要具备一套独特的知识处理系统,为处理组织知识提供准则和流程,促进知识在组织内部的共享与流通。

知识的共享传播是知识提供者通过一定传递渠道,将知识传递给知识接收者并被接收者消化的过程。所以,该过程可以进一步分解为三个子过程,即知识提供过程、知识传递过程和知识消化过程。提供者把所需要传递的知识信息转化成可以发送的形式,然后借助一定的通道发出,完成知识的提供过程。传递过程是借助有效通道将提供者所要传递的知识信息以不同的形式进行传递,并尽可能保证被传送的信息不被更改,而这一过程的完成质量与传递介质的选择是密切相关的。消化过程是知识接收者对收到的知识信息经过理解或解释形成其自己对知识的主观认知,并以不同的方式向提供者反馈收到的知识信息和反应。

通道是由知识提供者借以传递知识信息的媒介物,如电话、E-mail、网络视频、互动演示平台等。不同的知识形态需要使用不同的通道,以保证知识传递的速度和质量。如显性知识可以通过电话和 E-mail 等媒介完成,隐性知识可以借助网络视频、互动演示平台等媒介完成。所以,选择恰当的知识传递渠道对成功的知识共享十分重要。反馈是知识接收者将信息返还给提供者,并对知识是否被理解进行核实。反馈是知识共享过程体系中的一个重要方面。在没有得到反馈之前,知识传递者无法确认知识信息是否已经得到有效的理解和消化。所以,信息反馈有利于增强知识共享的有效性。

外部知识在企业内部的流通扩散主要发生在个人、部门及企业三者之间,其中任何一方都担任着知识提供者和知识接收者的双重角色。任何两者之间的知识传递都是企业知识共享的一个子过程,正是由于不同子过程的集合,才得以实现知识在组织内部的共享与扩散。

三、知识整合应用机制

企业的知识整合应用机制主要指企业对原有知识的增加或删除,或从新的角度诠释原有知识或将原有知识与新近获得及累积知识相互结合应用的过程。知识的整合应用主要包括知识内化和转变两个部分。知识整合需要先辨认出互不相容的知识类别,将其进一步结合成新的形态展现出来。例如,信息技术和商业知识这两种看似并不相关的知识,通过相应的有机整合,以电子商务的新形式呈现出来,开拓出一种新的业务模式,这就是知识的创造性应用。因而,知识的整合应用可以提高企业洞察创业机会的能力,开拓一个新的产业,修正企业在产业竞争中的战略定位。

企业知识整合应用是一个连续的、动态的过程,这个过程需要企业内部各层次知识的相互作用,并通过企业智力资本创造出新的知识。被创造出来的知识与原有的知识结合成新的知识,成为进一步知识创新的基础。从创新的角度来看,知识整合应用是在企业原有知识的基础上,通过对外部知识的吸收与共享,实现企业内外部知识的整合。这种知识的整合不是知识的简单累加,而是通过一定的整合机制,对企业知识进行简单的转化,从而实现知识的局部创新。这种创新方式通过对一小部分知识的改进,完成新旧知识之间的渐进交替,经过一段时间的融合应用,形成企业新的专有知识。

知识整合还可以通过把不同学科、不同种类的各种知识进行组合来创造出新的知识。知识组合作为一种动态的知识交流、碰撞和融合,打破了原有知识的存在状态。企业内的知识如果总是以固有的形态存在,处于某一特定的联结之中,就很难产生新的知识。从特定的知识单元来看,任何新知识的创造都是建立在原有知识基础上的,通过对已有知识的利用和挖掘,对不同类型的知识进行何种组合创造,形成新的知识以解决新的问题。当现有知识无法满足问题需要时,企业通过新知识的内部整合与应用来继续解决问题。而原有问题的特殊性和专有性导致企业外部新知识不能单独发挥效用时,往往需要企业将原有知识和新知识进行有效整合,将知识价值得到最大化发挥。

第四节　本章小结

本章首先对知识型企业智力资本的四个构成要素的内涵和特征进行了深入剖析。其次,从理论上探索知识型企业智力资本影响知识创新绩效的驱动机理,并构建驱动路径模型。该部分在结合企业价值链和知识创新过程的基础上,构建了企业基本的知识创新链,分别提出智力资本各维度影响知识创新过程的驱动路径。最后,从知识价值链的视角,提出了智力资本驱动知识创新绩效的三个实现机制。

第四章　知识型企业智力资本影响知识创新绩效的实证研究模型构建

本研究根据前文国内外文献研究的总结与梳理,概括了以往研究的主要贡献、存在的不足以及进一步的研究方向。同时,结合相关理论基础的回顾以及核心变量关系的梳理,本章将进一步进行理论拓展,并提出相应假设和模型构建。

第一节　知识型企业智力资本的四维关系研究

在第一章的文献综述部分,本研究将国内外学者对智力资本结构维度的划分研究进行了汇总和整理。从中可以看出,有关智力资本的结构维度的研究目前尚没有得出比较一致的划分标准,而是呈现出一种多因素研究范式:如智力资本两因素结构(人力资本和结构资本)、三因素结构(人力资本、顾客资本与结构资本)、四因素结构(人力资本、智力所有权、市场资本、基础设施)、五因素结构(人力资本、结构资本、创新资本、流程资本和顾客资本)。尽管不同学者提出的智力资本的结构包含不同的因素,但总体来说,基本上所有研究者都认为智力资本结构中包括人力资本、结构(组织)资本及关系(顾客)资本三项内容。并且在很多学者的研究当中,无论是理论研究还是实证研究,基本都采用这种智力资本三维度划分方式,所研究调查的样本主体基本包括各种类型的企业,缺少更有针对性的选择和聚焦。

笔者认为随着社会经济运行轨迹的演变、企业外在运营环境的变化、企业持续竞争优势的动力推动,使得原本在企业被低估或是重视度还不够高的资本要素逐渐凸显出来,成为企业未来价值创造的关键要素之一,如创新资本。朱朝晖认为应将智力资本分为人力资本、顾客资本、结构资本和创新资本①。该观点认为在斯堪迪亚导航器中,创新资本被视为结构资本的一部分,低估了创新资本的价值。在新经济时代,创新正成为公司保持长期竞争优势的重要因素。

知识信息经济是发达国家完成工业化后,经过几十年的时间,在以现代信息技术为核心的高新技术及其产业群迅速发展的推动下,在所谓的"后工业社会"中借助经济全球化逐步形成的一种区别于农业经济和工业经济的新的经济形态。从生产要素角度看,农业经济最主要的生产要素是土地,属于自然要素;工业经济时代最主要的生产要素是资本,包括自然物质的加工形式如无纸化的原材料、能源及其货币形式等,属于加工后的物质要素;而知识信息经济最主要的生产要素是知识,属于非物质的要素,但却以人类自身为载体。这些要素的不同排列必将给知识信息经济带来新的经济特征。正如工业企业是工业经济的支柱企业,知识型企业也将会是知识信息经济下的主导企业。

知识信息经济时代,知识型企业具有显著有别于传统企业的突出的特征。(1)知识是企业创造财富的最主要的资本。这是知识型企业最根本的特征,也是其生存和发展的基础。(2)企业经营管理和组织结构软化。(3)创新是企业的生命,是知识型企业发展的动力。(4)拥有高素质的人才团队,这是知识型企业得以生存和发展的保证。(5)以创新为核心,以知识为主要资本,以知识的生产和运用为主要手段,以知识型产品为主要产品。(6)以用户定制为主。知识型企业所生产的产品大多数是根据用户要求定制的,区别于传统工业时代的大规模批量生产的产品。(7)生产工具服务于员工需要。生产工具的作用是为提高员工工作效率而根据员工的需求提供的,在知识型企业中,大多数能够通过智能或机械工具即可实现自动化的工作均自动完成,只有那些需要人的智力劳动来完成的工作由员工来完成,区别于传统企业的员工必

---

① 参见陈劲、谢洪源、朱朝晖:《企业智力资本评价模型和实证研究》,《中国地质大学学报》(社会科学版)2004年第6期。

须根据生产工具的要求来工作,几乎不需要什么创新。(8)大部分工作是知识工作。由于员工大多受过高等教育,从事的多是智力劳动,区别于传统企业中流水生产线上蓝领工人的重复劳动。(9)"公共控制"的组织结构。在知识型企业中,除管理人员具有控制组织运作和创新的权利外,几乎每个员工都有权利获取组织内的信息和知识,创造新知识,并且企业大力鼓励个人领域的创新活动。(10)知识密集。区别于资本密集,并不是说资本对于知识型企业来说不需要或无用,而是说它不是最主要的关键因素。如果不进行知识创新,知识型企业就会衰退,甚至面临死亡的危险。相反,知识创新能使企业获取资本和其他的资产。因此,对传统企业而言有效用的"资本回收率",对知识型企业则不具有太大的意义。(11)劳动力拥有生产资料。与传统企业中业主拥有生产资料相对应,在知识型企业中员工拥有企业所需的生产资料——知识。

由此可见,生产要素知识化是知识型企业的主要特征之一,也是知识型企业与传统企业的根本区别。而知识更新的生命周期是非常短的,企业如果不进行持续的创新投入,以创新具有更高价值创造力的新知识,更新其现有知识结构,必然会影响企业长期竞争优势的构建和保持。

基于以上分析,提出如下假设:

假设1:知识型企业智力资本主要由四个维度构成,即人力资本、结构资本、关系资本、创新资本。

第二节　知识型企业智力资本与组织
学习能力的关系研究

在假设1的基础上,本研究进一步就知识型企业智力资本和组织学习能力的关系提出以下假设。在这一部分的假设中,笔者以知识的流动路线作为逻辑维度,将组织学习能力加以重新界定:组织学习能力是指组织为适应内外部环境变化或满足自身的创新战略需求,而表现出的整体对外界显性及隐性知识的消化吸收能力,然后通过一定的知识交流机制和平台进行知识共享的能力,以及最后在知识扩散过程中对各类知识的整合应用能力。依据该定义,研究中将组织学习能力划分为知识吸收能力、知识共享能力、知识整合能力三个维度。

一、知识型企业人力资本与组织学习能力的关系研究

W.科恩(W.Cohen)认为,组织吸收能力取决于组织个体成员的吸收能力[①]。尽管组织吸收能力并不是个体成员能力的简单加总,因为组织的知识吸收能力不仅指组织对知识的获取和消化,更包括组织对这些知识的利用能力,但总体而言组织整体的知识吸收能力离不开员工个人的知识吸收能力。而个人吸收能力与先验知识密切相关。S.L.布朗(S.L.Brown)认为先验知识是组织中的管理人员和员工拥有的工作技能、技术和管理实践,包括个人所拥有的影响创新过程的现实技术和观念看法[②]。由此可见,先验知识是个人吸收能力的重要基础,从而进一步影响组织整体的知识吸收能力。有些学者强调员工教育水平的重要性,认为在某一领域有高教育背景的员工更容易吸收该领域的新知识,从而促成旧知识的更新,提升创造力。R.罗斯韦尔(R.Rothwell)在研究中小企业的创新活动中,强调外部知识积累与企业内部技术活动相互补充的重要性,企业技术战略对引导外部知识的积累过程具有重要作用,而企业识别并使用外部知识的能力取决于技术专家、工程师等的数量[③]。在此基础上,笔者认为企业技术战略的顺利开展与实施在很大程度上离不开企业领导的支持以及他们对知识积累与创新的先见和重视。A.L.维丁(A.L.Vinding)的研究认为员工教育水平和学位层次影响企业吸收能力,因此学者们认为要增进企业的知识吸收能力,必须投资于一些培训活动来开发个体员工的吸收能力,而对培训活动的投入正是取决于企业领导和管理者所具有的

---

① 参见 Cohen, W., "Absorptive capacity: a new perspective on learning and innovation", *Administrative Science Quarterly*, Vol. 35, No. 1(1990), pp. 128-152.

② 参见 Brown S.L., "The art of continuous change: Linking complexity theory and time-paced evolution in relentlessly shifting organizations", *Administrative Science Quarterly*, Vol. 42, No. 1 (March 1997), pp. 1-34.

③ 参见 Rothwell R., "External linkages and innovation in small and Medium-sized enterprises", *R&D Management*, Vol. 21, No. 2(1991), pp. 125-138.

学习观念和创新意识①。

以往很多研究认为内在动机因素在解释各个领域中的人类行为方面起着关键的作用,包括知识共享。近年来,"自我效能"的概念已经开始被运用于知识管理中,以验证个人自我效能信念对知识共享的影响,被称为"知识共享自我效能"。G.W.波克(G.W.Bock)等学者认为自我效能感可以有助于激励员工和同事之间的知识共享。研究者还发现,那些对其能力具有较高自信并提供宝贵经验的员工能更容易完成具体的任务②。F.卢森斯(F.Luthans)指出知识共享自我效能通常表现为员工相信自己的知识能够帮助解决与工作相关的问题并提高工作效率③。M.舒尔(M.Hsu)等人通过对 274 个网络虚拟社区的调查研究发现,知识共享自我效能对知识共享行为有着显著的预测作用④。H.里恩(H.Lin)在其研究中发现,知识共享自我效能与知识共享意愿和知识共享态度具有显著的相关性⑤。A.卡布瑞拉(A.Cabrera)的研究发现,自我效能感可以提高员工的合作意愿,同时也能促进其知识共享的参与⑥。张爽等以大学生为调查样本进行实证研究,得出自我效能对知识共享行为具有积极影响的结论,其中自我效能对知识转移和知识获取都存在显著相关⑦。孙红萍和刘向阳的研究结果表明,员工的自我效能感与其知识共享意愿具有显著

① 参见 Vinding, A.L., "Absorptive Capacity and Innovation performance: A human capital approach", *Department of Business Studies-DRUID/IKE Group*, Aalborg University, Denmark, 2000.

② 参见 G.W.Bock, "Behavioral intention formation knowledge sharing: Examining the roles of extrinsic motivators, social-psychological forces, and organizational climate", *MIS Quarterly*, Vol. 29, No. 1(2005), pp. 87–111.

③ 参见 F. Luthans, "Positive organizational behavior: Developing and managing psychological strengths", *Academy of Management Executive*, Vol. 16, No. 1(2002), pp. 57–75.

④ 参见 M.Hsu, "Knowledge sharing behavior in virtual communities: the Relationship between trust, self-efficacy, and outcome expectations", *International Journal of Human-Computer Studies*, Vol. 65, No. 2(2007), pp. 153–169.

⑤ 参见 H.Lin, "Effects of extrinsic and intrinsic motivation on employee knowledge sharing intentions", *Journal of Information Science*, Vol. 33, No. 2(2007), pp. 135–149.

⑥ 参见 A.Cabrera, "Determinants of individual engagement in knowledge sharing", *The International Journal of Human Resource Management*, Vol. 17, No. 2(2006), pp. 245–264.

⑦ 参见张爽、汪克夷、奕晓琳:《自我效能,信任对知识共享的影响研究》,《科技管理研究》2008 年第 8 期。

的预测和相关关系①。其中作为内在动机的自我价值感知对个体知识共享意愿的激励远大于外在动机的期望报酬。很多学者也围绕"情感动机"与员工知识共享行为的关系展开研究,认为组织中的员工由于对其所在组织和团队的情感和归属感(具体表现为忠诚和信任等),而愿意通过自己与同事的知识共享,来实现组织和团队的绩效目标。郑梅莲以审计人员为调查对象,研究其忠诚对知识共享和知识整合的影响,研究中将审计员工的忠诚分为四个维度,即职业忠诚、组织忠诚、主管忠诚、同事忠诚。研究结论表明,审计人员忠诚对其知识共享和知识整合行为有显著的促进作用,其中职业忠诚不仅对知识共享和知识整合行为倾向有直接的显著作用,而且还通过对组织、主管、同事等忠诚的中介作用间接影响知识共享和知识整合行为②。员工知识共享的意愿和动机离不开企业管理层和领导层对组织氛围和环境的营造。企业管理者如果愿意接受新观念与新事物,并且愿意承担员工创新的风险,也会在一定程度上激发员工为创新投入而发生的知识共享行为;领导的支持会增强领导与员工之间的人际关系,同时员工所感知到的领导支持和情感关怀也会使员工产生对组织或团队的信任和承诺,也会不断地提高员工个人需求层次,从而不断地激发员工知识共享的外在和内在动机;企业管理层和领导层通过内部协调监督、制定知识共享的运行原则和氛围的营造,可以为组织内知识共享活动的开展提供一定的支持保障作用。

有学者认为员工知识背景的多样化和知识交叉对提高组织整体的知识吸收和整合能力有积极推动作用。这一推动作用主要体现在两个方面:一方面它在一定程度上增加了企业接触更多新知识的机会,以扩充组织整体的知识储备;另一方面,由于所吸收知识的多样化,增加了企业处理获得知识的视角,从而有利于激发更多的新联想、新联系和新创意。但并不是知识背景的多样化越复杂越好,过度多样化而缺少不同个体间知识相互作用的交叉点可能导

---

① 参见孙红萍、刘向阳:《个体知识共享意向的社会资本透视》,《科学学与科学技术管理》2007年第1期。

② 参见郑梅莲:《审计人员忠诚及其对知识共享与整合的研究》,博士学位论文,浙江大学,2008年,第1—20页。

致没有共同语言的交流基础。达文波特(Daven Port)在研究企业内知识生成的创造、编码和转移的组织过程时,认为不同知识背景员工间的交流需要有一定的共同基础来支撑①。因此,可以认为只有具有一定交叉点的多样化知识背景才能有效促进不同类型知识的流动和整合。

基于以上分析,提出如下假设:

假设 2:知识型企业人力资本对组织学习能力存在正向影响

假设 2a:知识型企业人力资本对知识吸收能力存在正向影响

假设 2b:知识型企业人力资本对知识共享能力存在正向影响

假设 2c:知识型企业人力资本对知识整合能力存在正向影响

二、知识型企业结构资本与组织学习能力的关系研究

M.A.莱尔(M.A.Lyles)认为企业的组织结构和管理方法越具有弹性越有助于企业获得更多的知识②。同时,S.A.布朗(S.A.Brown)也认为那些更多地依赖决策集权化和流程形式化运行模式的组织,在动态解决问题的行为上却受到一定的负面影响和阻拦③。B.科格特(B.Kogut)在其研究中指出,企业的知识处理活动与组织形式有显著的关系④。范登布什(Van Den Bosh)在 W. 科恩(W.Cohen)和利文索尔(Levinthal)研究基础上,对吸收能力的决定因素进行了扩展,认为除了先验相关知识外,组织形式、组合能力等特定组织要素,也是吸收能力的决定因素⑤。他们的研究进一步解释了知识环境与组织形式、组合能力的共同演化有利于提高组织的知识吸收能力。有学者认为有利

---

①　参见 Daven Port, *Working knowledge*: *How organizations Manage What They Know*, Cambridge:Harvard Business School Press,1998,pp. 23-45.

②　参见 M. A. Lyles, "Knowledge acquisition from foreign Parents in international joint ventures",*Journal of International Business Studies*,Vol. 27,No. 5(1996),pp. 877-904.

③　参见 S.A.Brown,"Knowledge,communication,and Progressive use of information technolog", Ph.D.Dissertation,University of Minnesota,1997,pp. 17-33.

④　参见 B.Kogut,"What firms do? Coordination,identity,and learning",*Organizational Science*, Vol. 7,No. 5(1996),pp. 502-518.

⑤　参见 Van Den Bosh,"Coevolution of firm absorptive capacity and knowledge environment:organizational forms and combinative capabilities", *Organization Sciences*, Vol. 10, No. 5 (1999), pp. 551-568.

于组织各部门间相互交流的组织结构,能够提升企业的知识吸收能力。达文波特(Daven Port)认为组织交流离不开知识生产部门和知识使用部门间的沟通互动。范登布什(Van Den Bosh)认为,企业组织形式的不同使得组织在知识吸收的效率、范围和柔性方面存在差异,进而影响组织整体的吸收能力,如职能式的组织结构可以创造知识吸收的高效率,但同时会在知识吸收的范围和多样性方面有所限制。在组织内部,部门之间的相互学习并不是一个自动的过程,一个部门有时需要从其他部门获取相关知识,但是却无法获得,即使知识是可以获得的,可能也没有足够的能力去消化和运用知识。所以,要弥补此方面的缺陷,需要企业具备一定组合能力。组合能力是指那些与组织利用外部知识达到有效使用的内部安排,主要包括系统性能力(企业正式的程序和方针)、协调能力(由工作流程中的交互作用正式创造的组织成员间的关系)、社会化能力(企业创造知识共享意识形态的能力)。以这三种组合能力为基础,J.J.P.詹森(J.J.P.Jansen)结合扎赫拉(Zahra)对潜在、实现吸收能力维度划分的观点,实证分析了三种能力的组织系统变量对知识吸收能力的影响①。组织系统变量包括组织部门间的协调能力、员工岗位轮换程度、员工决策参与度;潜在知识吸收能力包含知识获取和知识消化两个方面,实际知识吸收能力包括转化和利用两个方面。其研究结果表明三种组合能力的变量都是影响吸收能力的因素,但对吸收能力维度的作用途径不同。组织部门间的协调能力、员工岗位轮换程度对潜在吸收能力存在正向影响;员工参与决策程度对企业获取外部知识存在积极作用,但与消化吸收外部知识之间的关系不显著;部门之间的协调能力及员工岗位轮换程度与知识转化能力正相关,但与利用能力没有显著的相关关系;员工参与决策程度与转化能力存在正相关关系,但与利用能力之间的相关性并不显著。

　　一直以来组织文化、组织响应性也是学者们比较关注的影响组织知识吸收能力的重要因素。劳埃德(Lloyd)认为,在以权威的方式下达指令时,全体

---

① 参见 Jansen,J.J.P.,"Managing potential and realized absorptive capacity:How do organizational antecedents matter?",*Acadamy Management*,Vol. 48,No. 6(2005),pp. 999–1015.

成员可能会忽视其个人判断而盲目接受上级的指令,这使他们很难进行复杂的学习,也就难以创造新思想和新的思维模式。达佛斯卡德尔(Abdelkader Daghfous)认为,企业文化尤其是权利分配以及权利使用途径等,都对组织员工个人和组织整体的知识吸收能力存在影响,如对员工的充分授权可以鼓励知识吸收文化的产生①。申琳乐(Lin Yueh-Ysen)采用问卷调查的形式对246个中国台湾地区企业进行了实证研究,分析了组织要素对组织吸收能力、组织创新与组织有效性的影响,结果表明组织学习文化是知识吸收能力和创新绩效最重要的影响因素。组织响应性这一要素是根据组织惯性理论提出来的,组织惯性理论认为组织对现有战略存在黏性,从而使其在本质上具有改变的倾向。而组织响应性是指组织根据其收集并过滤的外部信息,作出响应和行动的柔性和速度②。达文波特(Daven Port)认为组织黏性也许是企业响应和适应环境变革能力的最主要障碍,从而也就成了知识转移的一个障碍。H.韦尔施(H.Welsch)通过实证研究证明了企业响应性与吸收能力的关系③。他们的研究发现由于企业减少了官僚制、等级观念和高成本的信息系统投入,反而使企业更容易对变革做出响应并产生创新,研究中认为吸收能力是企业适应外部环境变化的重要衡量要素,企业响应性越高,其知识吸收能力就越强。企业文化是维持企业生存和发展,并创造长期竞争优势的一个不容忽视的非技术、非经济因素,可以说是企业员工行为的习俗和礼仪。所以,如果企业文化中有利于员工知识共享的要素能够得到员工的认可和接受,并对他们的行为起到一定的引导和约束作用,将会更有利于提高整个组织的知识共享能力。知识共享的成功更多是一种内在精神的倡导,一个建立在信任与合作基础上

---

① 参见 Abdelkader Daghfous, "Knowledge management as an organizational innovation: an absorptive capacity Perspective and a case study", *International Journal of Innovation and Learning*, Vol. 1, No. 4(2004), pp. 409-422.

② 参见 Lin Yueh-Ysen. "An examination of the relationships between organizational learning culture, structure, organizational innovativeness and effectiveness: Evidence from Taiwanese organizations", Doctorate Dissertations, University of Minnesota, 2006.

③ 参见 Welsch, H., "Absorptive capacity and firm responsiveness: An empirical investigation of growth-oriented firms", Proceedings of 2nd USASBE/SBIDA Conference, 2001, An Entrepreneurial Odyssey, Orlando, USA.

的开放式的沟通环境,不仅有助于显性知识的模仿和转移,同时也将有利于一些重要的思想、有价值的及无形的隐性知识的转化。组织通过对企业文化的改造,会在一定程度上端正员工积极参与知识共享的心智模式,将知识共享行为融入到组织的各种工作流程中。在知识共享这一能力受到企业界的重视之前,传统企业往往更注重奖励运用知识产生效益而弱化或忽略了知识共享的贡献,这便造成了员工独占自己的创新思想而不愿与他人共享,使得一些新思想和新观点不能更多地转化为企业价值的知识来源。强调以团队合作为核心的企业文化,会相对而言降低个人在企业中的重要性,使得员工们可能会站在团队绩效的角度考虑知识和经验的转移与分享。

有学者认为,企业从外部获取的知识,需要通过知识扩散,把获得的知识转移到组织中涉及产品创新的各部门和领域,而组织结构会影响知识在企业内部的扩散和分享。也有学者提到,如果要保证知识在组织内部部门之间的转移与共享的效果,需要通过一定的方针、政策、程序和手册等来使其惯例化,以避免出现部门间的不配合。波伊顿(Boyton)在其研究中指出,规章、条例、说明和书面文件的交流与正式的系统对部门间的沟通有着积极的正向影响[①]。B.科格特(B.Kogut)认为,劳动分工的精细化使组织个体拥有的知识越来越专业化,而获得的其他社会信息知识越来越少,只有通过部门间有效的协调才能综合发挥个体所掌握的专业化知识为组织创造价值的功效。从理论上进行定性分析,知识型团队的构建可以帮助企业通过团队合作实现团队成员之间的知识互补和知识共享,进而有助于完成组织的各项任务。知识型团队中的成员被定义为"知识工作者",知识的高度专业化要求专业知识的相互补充,所以这种团队合作的方式被视为组织解决问题实现知识共享的最有效的方式。为了完成组织的某项任务,企业召集相关专家,对任务进行评价并论证,组成知识互补、层次不一的动态知识型团队,通过团队内部成员间的创新学习和平等协作,有助于实现知识交流和共享的最大化。对某些专家而言,其

---

① 参见 Boyton, "The influence of IT management practice on IT use in large organizations", *MIS Quarterly*, Vol. 18, No. 3(1994), pp. 299-318.

职能并不局限于某一个固定的团队,而是可以在几个团队间动态流动,从而使团队与团队间建立一定的知识互动,形成网络化的知识型组织。知识型团队在运行过程中定期和不定期的互动使得团队成员知识创新的观点和想法在此过程中得到交流,通过相互的激发、观察思考、默契配合及丰富想象力实现知识共享和知识创新。团队职能角色的重叠可以在一定程度上起到对频繁对话和沟通的有效激发作用,有助于在团队内部和团队间构建一个知识认知的共同基础。企业知识型团队内部及相互间的自觉自愿、多向网络化的协作既有利于扩展组织知识辐射的区域,也有利于打造企业知识共享的文化氛围和价值观,推动组织整体知识共享能力的提高。

H.韦尔施(H.Welsch)指出企业应该在组织结构中设计各种正式或非正式网络,从而达到知识在部门间的最大化运动。部门交流一方面可以为内部知识转移制造机会,另一方面有效的部门交流可以强化知识的社会机制,从而减少信息共享的障碍,提高知识消化的效率和知识转换能力。归纳学者们的研究发现,可以大致认为组织结构越有利于促进组织各部门之间的交流,就越能提高组织知识吸收、共享和整合能力,而这样的组织结构往往也会呈现出柔性、适应性、动态性和员工参与性等特征,而官僚制比较深入的组织结构会在一定程度上降低组织在变革和创新上的影响程度。

基于以上分析,提出如下假设:

假设3:知识型企业结构资本对组织学习能力存在正向影响

假设3a:知识型企业结构资本对知识吸收能力存在正向影响

假设3b:知识型企业结构资本对知识共享能力存在正向影响

假设3c:知识型企业结构资本对知识整合能力存在正向影响

三、知识型企业关系资本与组织学习能力的关系研究

企业的知识吸收能力与外部知识环境的关系一直都是理论界研究的焦点。在一个逐渐趋于开放性创新的经营系统下,面对知识环境的变革,一个以创造知识为目的的组织需要不断与外界环境之间进行知识交换的相互作用,以吸收更多的新知识,并对原有的知识积累进行重新分类和组合。G.P.胡博

尔(G.P.Huber)认为企业在向其他组织学习战略、管理实践、技术知识等二手知识或补充性知识的过程中,主要存在以下几种吸收渠道:顾问、专业性会议、商业展览会、公开发表物、供应商和顾客、其他专业性的联系①。野中郁次郎(Nonaka)在其研究中指出,组织知识创造的一个重要阶段是"跨层级"过程,也就是企业与外部相关者如顾客、合作者或大学之间的知识交流互动。企业与知识网络中其他成员的联系程度也是影响企业知识吸收能力的一个重要因素②。乔治(George)通过以建立密集的联盟关系的企业为研究对象进行实证研究,研究结果表明在联盟中的企业可以有更多的知识学习机会,同时也善于对获取的知识进行积累和利用,从而有助于进一步提高知识吸收能力。水平或垂直的联盟关系都能给企业创造吸收新知识的机会,水平联盟关系有助于扩大知识的广度、垂直联盟关系有助于提高知识的深度③。蔡文彬(Tsai Wenpin)从部门层次的微观化视角展开研究,认为企业网络中心位置越近、与其他组织联系越密切,越有助于吸收新知识并更好地进行知识创造④。伊利·南柯(Yli-Renko)认为企业相互间通过建立特定的关系资产、有效的知识共享惯例和关系管理机制等,可以为企业带来知识获取和知识利用的杠杆效应,从而使知识的吸收与应用更加便利⑤。

组织与外部知识网络的知识共性对组织知识吸收和共享能力的影响,也是理论界研究的一个焦点问题。日本学者野中郁次郎(Nonaka)通过对一部分企业进行调查研究,发现这些企业有意识地在企业信息、商业活动和管理责

① 参见 G.P.Huber, "Organizational learning: the contributing process and the literature", *Organization Science*, Vol. 2, No. 1(1991), pp. 88-115.

② 参见 Nonaka, I., *The Knowledge Creating Company: How Japanese Companies Create the Dynamics of Innovation*, Oxford: Oxford University Press, 1995, pp.12-33.

③ 参见 George, "The effects of alliance Portfolio characteristics and absorptive capacity on Performance. A study of biotechnology firms", *The Journal of High Technology Management Research*, Vol. 12, No. 2(2001), pp. 205-226.

④ 参见 Tsai Wenpin, "Knowledge Transfer in Intra-organizational Networks: Effects of Network Position and Absorptive Capacity on Business Unit Innovation and Performance", *Academy of Management Journal*, Vol.44, No. 5(October 2001), pp. 996-1004.

⑤ 参见 Yli-Renko, H., "Social capital, knowledge acquisition, and knowledge exploitation in young technology-based firms", *Strategic Management Journal*, Vol.22, No. 6(2011), pp. 587-613.

任等方面创造一些共同的要素和区域,而这些行为确实正面促进了频繁的对话,创造了共同的认知基础,推动了隐性知识的转移[①]。德·菲力皮(De Fillippi)也同样认为,由于知识网络的重叠性带来的信息共享的积极推动,使得企业更容易吸收新知识开展创新活动[②]。P.J.莱恩(P.J.Lane)在其研究中认为,组织的吸收能力与合作配对企业在知识基础、补偿政策和主导逻辑等特质上的相似性有关,相似性程度越高,学习企业吸收、消化和利用外部知识的能力就越强[③]。M.T.汉森(M.T.Hansen)在解释企业利用外部知识结果的成因时引入了"知识网络"的概念,指出知识网络概念的关键在于企业间知识的相似性和对外部知识的理解能力,而企业间网络联系的强度及质量与企业就相关知识的识别获取密切相关[④]。

对企业而言,拥有广大而稳定的客户群是维持企业生存和发展关键决定因素之一。只有通过不断满足客户需求而赢得客户的高度满意才能使企业在激烈的竞争中保存其竞争优势地位。但在知识信息经济环境下,客户需求的多样化使得企业不得不转变产品生产的观念导向,由传统的产品导向转为客户需求导向。随之,客户关系管理得到了普遍的关注和重视。企业期望通过这种方式获取客户偏好、客户需求等详细的客户资料,根据这些资料分析客户价值、划分客户群体,根据不同客户群体的特性制定相应的营销策略,以提供更具有针对性的个性化服务给相应的客户,加强企业与客户的关系,提高客户的满意度和忠诚度,增强企业的竞争优势。但是传统的客户关系管理并未达到人们的预期效果。统计研究结果表明,有80%的客户关系管理在企业中的应用都是失败的。调查分析其中的原因主要是虽然客户关系管理强调客户关

---

①　参见 Nonaka,I.,"The Knowledge Creating Company",*Harvard Business Review*,Vol.69,No. 6 (1991),pp. 96-104.

②　参见 De Fillippi,"The Boundary less Career:A Competeney-Based Perspective",*Journal of Organizational Behavior*,Vol.15,No. 4(July 1994),pp. 307-324.

③　参见 Lane,P.J.,"Relative absorptive capacity and inter-organizational learning",*Strategic Management Journal*,Vol.19,No. 5(1998),pp. 461-477.

④　参见 Hansen,M.T.,"Knowledge networks:Explaining effective knowledge sharing in multiunit companies",*Organization Science*,Vol. 13,No. 3(May-June 2002),pp. 232-248.

系的重要性,但却因对客户角色转变的忽视而只单纯将客户关系界定一个销售关系的层面上,而没有将这层关系深入扩展至客户对企业经济价值贡献的考虑,从而使得多数的客户关系管理没有真正实现与客户间真正的互动过程。事实上,不同时代的客户角色存在不同特征,随着客户角色的历史演进,客户已逐渐从传统的商品或服务交易的被动者转变为企业经营活动的主动参与者,并参与企业价值的共同创造。企业要做到真正了解客户需求及其变化以便适时满足其需求,有必要与客户之间建立紧密的数据搜集和学习机制,一方面可以随时向客户输送关于产品和服务的有关知识使其更深入理解并体验企业的设计理念,另一方面可以不断从客户方获得信息反馈及学习有关客户需求的相关知识。实质上,企业与客户之间的学习互动,就是一个知识共享的过程,其目标就是实现基于客户需求的知识创新。

C.K.普哈拉(C.K.Prahalad)在其研究中指出,企业的知识创新能力不仅仅源于存在企业头脑中的知识,挖掘并寻求来自客户头脑中的知识也是非常有价值的。为了实现这个目标,很多学者开始转入客户知识管理的研究,将知识管理纳入客户关系管理的结构体系中,利用知识管理的理论和方法来获取、分享、运用及创新客户知识,以知识管理和客户关系管理的整合来应对知识信息经济时代客户角色的转变[1]。J.韦兰(Wayland)首次比较完整地提出客户知识管理的概念,认为客户知识管理是客户知识的来源与应用以及怎样运用信息技术建立更有价值的客户关系,它是在获取、发展以及保持有利可图的客户组合过程中,吸收共享有关信息和经验的杠杆[2]。M.加西亚(M.Garcia)通过研究发现,企业通过实施客户知识管理可以促进企业产品的改进,改善企业客户服务水平,提高客户满意度,增加企业销售额,有利于客户保留,挖掘客户新的知识需求并分享客户独特的知识[3]。客户知识管理包括客户知识获取、

---

① 参见 Prahalad C. K.,"Co-creating unique value with customer", *Strategy & Leadership*, Vol. 32, No. 3(2004), pp. 4—9.

② 参见[美]J.韦兰:《走进客户的心》,贺立斯译,经济日报出版社 1998 年版,第 45—50 页。

③ 参见 M.Garcia,"Customer Knowledge Management", *Journal of the Operation Research Society*, Vol. 53, No. 8(2002), pp. 875—884.

客户知识共享、客户知识创新、客户知识应用等环节,而其中的核心环节是客户知识共享,原因在于客户知识共享既是知识创新的手段和催化剂,也是创新及应用的基础和关键。在客户知识共享过程中,充分挖掘客户知识的潜在价值,不仅使企业在获取客户知识所付出的努力和成本得到回报,同时也会使企业能够更好地运用客户知识不断改进和创新自身的产品和服务,从而有助于赢得客户满意和忠诚。换言之,客户知识的共享过程实质是客户参与创新的过程。对"以知识为中心"和"以客户为中心"的现代企业而言,知识和产品的创新更多受到客户知识的启发。但是,在实际的客户知识管理中,客户知识共享是非常困难的,在企业与客户的知识共享过程中,客户不是企业内部成员,没有责任和义务必须与企业分享其所拥有的知识。客户知识的载体是客户,是客户对产品或服务的认识和体验,是客户实践经验的总结,不是一种自然资源。客户知识共享行为的发出端是客户,其知识共享行为的发生受其知识共享动机的支配。在目前的客户知识管理领域中,企业大多数通过使用信息技术来建立与客户之间的沟通平台和渠道,如呼叫中心、电子邮件、网络视频、虚拟社区等方式以促进与客户间的知识共享。但是信息技术的应用只能为客户与企业之间的交流与沟通提供方便,却不能促使客户产生主动知识共享的动机以通过自身的共享意愿发生知识共享的行为。所以,学者们又逐渐意识到客户知识共享过程中非技术因素尤其是激励机制对客户知识共享行为的影响,并提出有效的激励机制可以最大限度上调动客户共享知识的积极性,从而使客户主动产生知识共享的行为,更进一步促成企业知识共享能力的提高。可以说,非技术因素尤其是激励机制对客户知识共享而言比技术因素更为重要,同时,客户与企业关系的特殊性也使其不同于企业内部知识共享过程中的激励机制。

基于以上分析,提出如下假设:

假设4:知识型企业关系资本对组织学习能力存在正向影响

假设4a:知识型企业关系资本对知识吸收能力存在正向影响

假设4b:知识型企业关系资本对知识共享能力存在正向影响

假设4c:知识型企业关系资本对知识整合能力存在正向影响

四、知识型企业创新资本与组织学习能力的关系研究

研发投入对知识吸收能力的贡献一直都受到理论界和企业的关注和支持，很多关于吸收能力的研究直接采用研发投入或研发强度作为知识吸收能力的测量。W.科恩(W.Cohen)认为企业研发投入不仅能产生新知识，而且能提高企业整体的知识吸收能力。在他们的研究中分析了研发投入和知识吸收能力的关系，企业利用外部知识的能力是研发投入的间接产出，如果企业之前的研发活动水平高，积累了更高的吸收能力，就能更好地利用企业内部和外部各种可能的知识渠道，从而推动企业产生更大的创新倾向，加大研发投入的力度。格勒斯(Veugelers)的研究又进一步解释了研发投入对知识吸收能力提升的影响路径，认为研发投入将有利于增加知识和技能储备、增加组织内部的知识平台，从而使企业整体受益于研发的知识溢出①。维丁(Vinding)的研究认为研发投入与知识吸收能力的关系是双重的，即吸收能力影响研发投入的方向和强度，研发投入越多，获得外部知识的效率越高。而这一观点正与W.科恩(W.Cohen)的观点类似。

经济学家认为，知识具有公共物品的属性。公共物品一般有两个重要特征：消费的非竞争性，即增加消费者对该产品的消费，不会引起产品成本的任何增加，消费者人数的增加所引起的产品边际成本几乎为零；受益的非排他性，指某个人消费公共物品，不排除他人也需要消费这种物品。知识显著地表现出这两个特征，个体和组织可以无偿地或低成本地吸收公共知识的成果，进而创造新知识，新知识继续共享为公共知识。换言之，在企业内部可利用的公共知识越丰富，知识共享活动才可能更加活跃，活跃的知识共享又促进知识的不断创新，形成更多的新知识。所以，企业对公共知识库建立和有效管理将有利于提升组织的知识共享能力。

但是，知识一旦被共享使用，成为一种公共物品，个人独占的优势就弱化和消失了。而如果法律或制度上不赋予知识创造者在一定时间和空间条件下

---

① 参见 R.Veugelers,"Intemal R&D expenditures and external technology sourcing",*Research Policy*,Vol. 26 No. 3(1997) ,pp. 303-315.

的专有权利,一方面会造成个人创造的知识价值得不到补偿而缺少一种成就感,另一方面也会使其投资于创新的热情受到打击。所以,知识公共品以市场的方式提供,必须要得到某种程度的保护。知识专有权是社会赋予知识创造者的一种权利,知识本身不具有专有权,只因知识与特定的人和物结合起来,才生成专有权。知识产权制度是社会对知识创新成果进行产权界定和保护的一种法律制度,是知识专有权的一种表现形式。对企业内部而言,知识署名和知识权威等都是知识专有权的表现形式,正是由于对知识专有权的保护,才使得知识创造者愿意为知识共享提供源源不断的创新知识。所以,知识专有权的保护与知识共享并不冲突,专有知识的创造也是建立在知识共享的基础上的,没有公共知识的共享就不可能有创新知识的产生,知识专有和知识共享与创新是相互推动的。知识专有权制度的建立既是对知识创造者的激励,也是鼓励知识公开、共享和应用的有力措施。企业通过建立有效的知识评价和补偿机制,可以提高员工创造和共享知识的积极性。对知识的评价包括对应用知识创造的价值进行评价和对共享知识创造的价值评价,根据评价结果给予奖金、职位升迁、知识署名和荣誉颁发等知识共享补偿。知识评价和补偿机制一方面可以有效推动知识拥有者共享知识行为的发生,既能使自己从中获益又能帮助企业创造更大的价值,最终使企业进入知识创新——知识共享的良性循环。

在社会合作、社会认同、社会相互依赖性等相关理论的支持下,很多学者的研究结果表明团队型绩效考核对提高团队整体的知识共享能力有正面促进作用。在社会合作领域,学者们认为,改变感知的报酬结构是社会两难困境下促进合作的最常用的方式之一。其中向公共品转移是增加个体报酬的有效途径,即个人报酬在很大程度上依赖于团队整体绩效时,只有选择增加合作,将自己的知识与他人共享,来促进团队绩效,以保证团队整体和个人的利益所得。G.阿法诺(G.Alfano)的研究发现,当群体成员被要求贡献于一个不可分割的公共品时,合作水平将会提高①。根据社会心理学领域中的社会认同理

---

① 参见 G.Alfano & G.Marwell, "Experiments on the Provisions of Public goods by Groups. Ⅲ. Nondivisibility and free riding in real groups", *Social Psychology Quarterly*, Vol. 43, No. 3 (1980), pp. 300-308.

论,学者们认为团队认同意识对公共品的贡献有正向影响,团队成果的相互依赖性对团队成员的群体认同感有促进作用,而一旦团队整体达成一个共享认同时,个体将开始分享更多的信息。根据社会相互依赖性的理论,个体成员对他们的目标如何相互联系的判断会影响他们相互作用的方式和知识共享绩效。M.多伊奇(M.Deutsch)提出,团队报酬结构的合作性和竞争性会影响团队成员之间的相互作用方式。合作性的报酬结构使成员以团队目标的达成为重心,从而激发他们将自身经验和教训与他人共享。而竞争性的报酬结构使员工以个人努力绩效为重心,由于受到竞争性的驱动,团队成员往往会有保留资源、不帮助他人甚至破坏性举动等行为的发生①。常涛在其研究中将具有激励效能的传统个人绩效考核与团队绩效考核进行了对比论证,通过构建委托代理模型以及分析模型中的静态博弈矩阵,检验了两种绩效考核方式在促进员工知识共享行为上的有效性②。该研究理论分析结果表明:在个人绩效考核模式下,尽管存在知识共享的协同效益,但由于个人理性和集体理性之间冲突的存在,使得团队成员陷入囚徒困境,使得知识的双边转移受到极大阻碍从而无法实现知识的共享,进而限制了团队绩效的整体发挥;团队绩效考核可以改变团队成员的报酬结构,使得个人增加报酬的途径得以向公共品转变,而知识共享也自然成为员工个人在该种考核机制下的最优决策,达到有利激发团队成员在两难困境下知识共享行为的目的。基于以上分析,笔者认为企业以整体的知识创新绩效为核心,构建一个有效的知识创新绩效评价体系,既能兼顾到团队合作创新绩效的评价,又能兼顾到团队成员在知识创新过程中的知识付出和共享活动中的行为贡献等要素,将会有效推动企业整体知识共享氛围营造和知识共享能力的提高。

基于以上分析,提出如下假设:

假设5:知识型企业创新资本对组织学习能力存在正向影响

---

① 参见 M.Deutsch, "A theory of cooperation and competition", *Human Relations*, Vol. 2, No. 2 (1949), pp. 129-152.

② 参见常涛、廖建桥:《基于人力资源管理 5P 模型的知识共享策略》,《工业工程与管理》2008 年第 2 期。

假设 5a：知识型企业创新资本对知识吸收能力存在正向影响

假设 5b：知识型企业创新资本对知识共享能力存在正向影响

假设 5c：知识型企业创新资本对知识整合能力存在正向影响

第三节　组织学习能力与知识创新绩效的关系研究

周培岩等从理论上对企业知识吸收能力、先验知识、组织协调、研发投入以及企业创新绩效之间的关系进行了定性分析，认为企业的先验知识、组织协调、研发投入对知识吸收能力存在重要影响，而企业知识吸收能力对创新绩效具有积极促进作用[①]。在产业经济和组织研究中，学者们多将知识吸收能力解释为企业创新能力发展中内外部知识之间的关系。尼科尔斯—尼克松（Nicholls-Nixon）选择美国生物技术行业为研究背景，研究了知识吸收能力与多种创新产出的关系，从企业内、外部研发投入两个维度来衡量知识吸收能力，分别评估内外研发投入对专利、产品创新、企业技术声誉的各类创新产出的影响[②]。研究结果表明：内部研发投入对专利产出和企业技术声誉存在正相关关系，企业的研发联盟和技术获取活动的数量与产品类别存在正相关，研发协议和技术许可数量与企业技术声誉正相关。克里斯汀·W.秀（Christine W. Soo）实证研究了企业吸收能力与技术获取、创新绩效、问题解决能力之间的关系，发现吸收能力对技术获取、知识创造和创新绩效有显著的正影响关系。蔡文彬（Tsai Wenpin）研究了企业部门的吸收能力，对一家食品制造企业的 36 个部门和另一家石化企业 24 个部门进行了问卷调查，发现吸收能力与部门在网络关系中所处的位置对部门创新和绩效有显著的正向影响。I.M.科伯恩（I.

[①]　参见周培岩、葛宝山、陈丹：《公司创业视角下企业知识吸收能力与绩效关系研究》，《情报科学》2008 年第 10 期。

[②]　参见 Nicholls-Nixon, C.L., "Technology sourcing and output of established firms in a regime of encompassing technological change", *Strategic Management Journal*, Vol. 24, No. 7（July 2003）, pp. 651–666.

M.Cockburn)对企业知识吸收能力与产品创新关系的研究,证明了企业吸收能力对产品创新的重要性。他们以案例研究的方法对某种制药产品创新进行调查跟踪和深度访谈,研究企业处于商业目的的研究和公共基础研究的相互作用,结果发现拥有重大产品创新的企业不仅通过直接投资企业内部基础研究来提高企业内部吸收能力,也通过保持与科学领域广泛的接触来扩大知识的吸收范围①。W.科恩(W.Cohen)认为企业研发投入不仅可以为企业内部创造新知识,也可以帮助企业对外部知识的识别、消化和利用。他们通过借用 318家来自不同行业的企业的部门数据,以研发投入占销售额的比例来衡量研发强度,研究结果表明研发投入主要通过两条作用路径来影响企业的创新绩效:一是直接贡献于更多创新成果的产出,二是通过增强企业外部知识的吸收能力而间接生成企业创新。国内学者田庆锋和郭建民实证研究了知识共享、吸收能力与创新能力的关系,检验结果表明吸收能力是知识共享与创新能力的中间变量,知识共享对知识吸收能力具有显著的正向影响②。孔继红和茅宁也同样从理论上研究了潜在吸收能力和实际吸收能力与组织创新之间的关系,认为知识吸收能力与组织探索性和开发性两类创新的惯性存在密切关系:实际吸收能力有利于开发性创新的形成,潜在吸收能力则可以保障探索性创新对相关知识的获取,并且吸收能力的惯性特征使两类创新的形成和发展都存在惯性③。吴隆增等用我国珠三角地区 117 家高科技企业的样本数据,实证研究了吸收能力与组织创新之间的关系,结果显示吸收能力与组织创新存在正向影响④。

伊利·南柯(Yli-Renko)在研究高新技术企业知识创新的过程中指出,企

---

① 参见 I.M.Cockburn,"Absorptive capacity, coauthoring behavior, and the organization of research in drug discovery",*The Journal of Industrial Economics*,Vol.46,No.2(1998),pp.157—182.

② 参见田庆锋、郭建民:《知识密集型企业创新能力影响因素实证研究》,《生产力研究》2008 年第 7 期。

③ 参见孔继红、茅宁:《吸收能力与组织探索性——开发性创新的形成及惯性》,《南京师大学报》(社科版)2007 年第 5 期。

④ 参见吴隆增、许长青、梁娉娉、谢洪明:《吸收能力对组织学习和组织创新的影响——珠三角地区高科技企业的实证研究》,《科技管理研究》2008 年第 5 期。

业通过顾客关系获取的共享知识对高新技术企业的新产品开发具有重要的意义,因为新产品的开发离不开多个专业领域的知识整合与共享。W.克莉丝汀(W.Christine)研究了企业网络联盟内的外部知识共享与创新性的相关关系,数据分析结果表明两者间存在正相关关系(标准化回归系数为 0.38,p<0.01)[①]。池永辉认为企业与客户间的知识转移,能实现客户增值最大化和产品收益最大化;客户关系开发和知识转移的利用可以在为客户增值的基础上加固更深层的客户关系,增强客户亲和性,提高知识的双向转移,从而使企业和客户间进入一种知识转移和共享关系的良性循环,双方还可以从知识共享中获益,尤其为企业知识创新潜能的开发提供更多的信息支持[②]。N.卡珀(N.Capon)认为外包软件开发过程本质上就是一个与客户之间进行知识的双向转移和知识共享的过程,通过知识共享可以在外包软件的发包方和承接方之间建立良好的信任关系,最终可以推动软件外包项目的顺利完成,提高双方合作的产品开发绩效[③]。伦特威尔(Wheel Wright)的研究发现创新活动的不确定性与创新主体的信息和知识量成反比[④]。艾威利马克(Mc Evily)论证了创新绩效可以通过技术知识的共享和创造得以显著提高[⑤]。卡尼诺·阿尔贝托(Alberto Carneiro)在其研究中表明:新产品开发项目的成功与知识共享管理有着强正相关关系[⑥]。

知识整合的创新观认为知识整合的功能在于知识创新,知识整合是企业

---

① 参见 W.Christine,"External knowledge acquisition,creativity and learning in organisational problemsolving", *International Journal of Technology Management*, Vol.38, No.1 - 2(2007), pp.137-159.

② 参见吴志新:《服务外包模式下组织知识共享的关键影响因素及其与外包绩效的关系研究——以对日软件外包企业为例》,博士学位论文,浙江大学,2011年,第12—34页。

③ 参见 Capon,N.,"Determinants of financial performance:A meta-analysis", *Management Science*, Vol.36, No.10(1990), pp.1143-1159.

④ 参见 Wheel Wright,"Creating project plans to focus product development", *Harward Business Review*, Vol.18, No.6(1992), pp.235-256.

⑤ 参见 Mc Evily,"The Persistence of Knowledge-Based Advantage:An Empirical Test for Product Performance and Technological Knowledge", *Strategic Management Journal*, Vol.23, No.4(2002), pp.285-305.

⑥ 参见 Alberto Carneiro,"How does knowledge management influence innovation and competitiveness?" *Journal of Knowledge Management*, Vol.4, No.2(2000), pp.87 - 98.

知识创造的核心内在机制。从具体的途径看,知识整合的功能体现在对新产品开发、技术创新、管理创新、组织绩效和核心竞争力的作用上。杨杰(Jie Yang)考察了知识整合对新产品开发的作用①。新产品开发需要利用多种技能、专业知识和组织现有的知识积累,将获取的知识整合起来以最大程度挖掘新产品的开发潜力,知识整合通过调节企业的知识能力和市场营销能力从而影响新产品的开发绩效。张庆普等在其研究中认为,在知识转化的过程中,在知识整合机制的支配下,只有通过组织知识与个人知识、显性知识与隐性知识、原有知识与新知识、外部知识与内部知识的多方面整合,使各种知识不断发生非线性作用,进而产生知识整合后的方法效应和集体涌现效应,不断创造出各种新知识②。谢洪明等对我国华南地区的 196 家企业进行实证研究,研究结果表明知识整合的能力越强,组织的技术创新能力和管理创新能力就越强③。W.科恩(W.Cohen)等认为企业能否成功整合内部知识资源与外部获取的新知识,决定了技术创新效率。社会技术系统的研究者们认为,技术创新被看作一个知识和行动的整合过程,各种类型的知识被综合运用,产品和工艺创新是企业整体知识综合运作的结果。从知识管理的视角来看,技术创新过程就是一个知识整合和知识创新的过程。S.D.N.库克(S.D.N.Cook)从哲学的高度提出,组织知识与技术创新行动的整合是一种"实践中的认识论"。总体来讲,企业知识创新过程中的知识需求处于一种"离散"的分布状态,存在于不同部门、不同领域的专家和知识群中,而企业的知识创新正是由这些不同领域的专家和知识群来完成的④。通过知识整合一方面可以使企业内部员工的知识储备得到相互补充,另一方面把分散在专家或知识群的知识汇聚到一起,进

---

① 参见 Jie Yang, "Knowledge integration and innovation: Securing new product advantage in high technology industry", *Journal of High Technology Management Research*, Vol. 16, No.12(2005), pp. 121–135.

② 参见张庆普、单伟:《企业知识转化过程中的知识整合》,《经济理论与经济管理》2004 年第 6 期。

③ 参见谢洪明、吴隆增、葛志良、王成:《技术知识特性、知识能量与组织创新的关系》,《科技管理研究》2007 年第 1 期。

④ 参见 Cook, S. D. N., "Bridging epistemologies: the generic dance between knowledge and knowing", *Organization Science*, Vol. 10, No. 4(1999), pp.381–400.

行加工处理,提炼有利于企业知识创新的知识,提高知识创新的成功率。

基于以上分析,提出如下假设:

假设6:知识型企业的组织学习能力对知识创新绩效存在正向影响

假设6a:知识型企业的知识吸收能力对知识创新绩效存在正向影响

假设6b:知识型企业的知识共享能力对知识创新绩效存在正向影响

假设6c:知识型企业的知识整合能力对知识创新绩效存在正向影响

第四节　知识型企业智力资本与知识创新绩效的关系研究

一、知识型企业人力资本与知识创新绩效的关系研究

众所周知,知识资源本身是由人所创造的,知识资源只有依靠人的有效开发和利用才能创造企业的竞争优势和知识财富,企业知识生产力的高低归根结底将取决于员工的知识结构、知识潜力、创造性和积极性以及由此产生的创新能力。企业现有员工的知识水平和专业化程度会影响他们对新知识的吸收、理解和集成,所以他们自身拥有的先验知识和技能水平将在很大程度上决定企业创造新知识的能力。心理学的研究表明,人的记忆力和知识具有自我强化的特征,如果在先前接触过类似的信息或者相关知识,对新知识和信息的吸收就会表现更加容易。因此,只有在过去知识和新知识存在一定交叉重叠的时候,员工才能够更容易理解和吸收新的信息,把两者联系起来,促进组织的知识创新。而仅仅把知识提供给个人并不能保证有效催生企业的知识创新能力,知识的学习和创新依赖于过去知识的类型和丰富程度,所以对企业而言,拥有具备广泛专门知识和经验的员工就变得非常重要。员工现有的知识或者技能越多,他们更容易理解、吸收、传递和利用接触到的新知识。

企业的知识创新不仅只是企业内部少数研究开发人员的任务,而是整个企业内部所有成员的一项共同任务。尽管技术专家对企业的知识创新成功与

否有着明显的至关重要的作用,但从事研发活动以外的其他工作成员的活动及其对企业知识创新的态度也同样关乎创新活动的成败,如计划管理员、企业分析员、设计和制造工程师、营销专业人员等都需要在日常工作中创造、分享、探索并运用知识。可以说,企业的知识创新离不开每个员工的参与和配合。所以,企业内部的知识创新活动,必须建立在以人为本的管理基础之上,通过各种方式和渠道为员工创造一种有利于员工进行知识学习、积累和生产,激发创新主动性和积极性,促进企业知识生产力的提高。

员工在知识型企业中的重要性,并不是因为他们掌握了某些秘密知识,关键是因为他们具有不断创新的能力,他们可以在没有先例可循的情况下不断实践、丰富、支配和应用新知识。个人的创新和创造能力是一种特殊资源,企业应该针对各自在知识创新中的独特性,进行有针对性且有效的人才资源管理。企业按照内部人力资源在知识生成、交流、应用中所发挥的不同作用,通常将它们分成五类:(1)知识生产者或构思者。他们能够通过对知识、产品、市场的分析,提出新工艺、新产品、新服务的构思,即对知识商品化的可能性进行构思。(2)知识商品化的倡导者。他们能够帮助对新知识或新构思做进一步的确认,提出并推动新产品、新工艺、新技术和新服务的实现路径。(3)知识商品化的领导者。他们有能力组织、策划、启动、协调知识在商品化过程中所涉及的各项具体活动和人员配置,以达成知识商品化的实现目标。(4)知识分析者。他们主要为促进知识的交流和创新帮助完成企业内外环境的信息知识的收集、整理、分析和传播。(5)幕后保护人。该角色能够指导前四种关键人物中的缺乏经验者,给遇到挫折的前四种关键人物以支持,对知识的创新及应用提供一定的保护和支持。学者们认为还有一种人对企业的知识创新影响较大,这类角色在组织知识的传承和记忆上发挥关键作用。他们往往在组织内工作多年,把大部分的时间花在网络联系、传递信息和人际交谈上,他们知道谁能回答问题和解决问题,知识问题的答案在哪儿,他们是组织的历史学家和记忆库,如果没有这些人,组织就切断了自己和过去的联系,这类人被称为知识的传承者。

二、知识型企业结构资本与知识创新绩效的关系研究

由于企业的组织创新是可组织的,所以相应适合组织结构的构建对知识企业知识创新活动有促进作用。如果从适应知识创新的角度来剖析组织结构的变革,组织结构的内在逻辑是促进有效的知识沟通的需要。组织中的知识沟通一般分为正式沟通和非正式沟通两类。正式沟通是指在组织系统内,依据组织明文规定的原则进行的信息传递和交流。非正式沟通和正式沟通不同,它的沟通对象、时间和内容等方面都是未经计划并难以辨认的。在相当的程度内,非正式沟通的发展是配合知识决策需要的。非正式沟通中,人与人之间往往形成较弱的联结,虽不如正式沟通的联结紧密,但是正由于这种广泛的弱联结关系,给予了个人最大限度获取知识和信息的手段,有利于激发员工的创意和新观点。

知识创新活动的内在特性使得组织结构必须进行相应的变革或调整,需要有冲破层级结构的更为开放、平行的网络组织形式来满足组织知识创新的需要。在网络组织结构,组织文化更为和谐宽松,团队合作的倡导和知识共享的要求使得知识创新易于发生,提高了知识创新的效率。网络组织结构的构建大大影响着人的行为,形成人与人之间更为广泛的联结网络。

员工之间通过各种联结方式展开对话和信息交流,成为知识创新的创造力源泉。通过增大组织结构的效用来适应知识创新,使得组织中用于创新和发展的最重要的知识和信息资源变得更为完整和容易得到。但对于知识创新而言,不存在哪种组织方式可以视为万能的灵丹妙药,层级结构和网络结构分别都有适用场所,根据组织内部知识创新过程不同知识活动特点,组织结构可以综合上述两种结构的长处,满足知识创新不同阶段组织知识活动的要求,其较大复杂性和柔性能更好地支持企业的知识创新活动。

企业的生存和成长能力是以竞争优势为基础的,而这些优势来自以知识创新为基础的核心竞争力,没有学习很难成就创新,同样一个企业缺少适应学习和创新的组织文化的支持也很难构筑企业持续的竞争优势。学习型文化是以学习、知识共享和信息交流为特征的,它鼓励勇于创新、甘冒风险的精神,并

保证学习和创新的有效激励和合理回报。学习型文化着力于形成一个宽松的、适于员工学习和交流的气氛，以利于员工之间的沟通和知识共享。对一个组织而言，组织文化是至关重要的，只有学习型组织文化才能适应知识创新的要求，这种文化能真正促成知识创新系统作用的发挥。学习型文化可以使组织形成一个共同的愿景，进行一种"开创性的学习"，员工主动对业务活动进行反思或对新思想进行试验，能够促进新知识的创造。学习型文化鼓励通过试验系统地探寻和使用新知识，通过建立一套勇于承担风险的激励机制，使员工感觉到试验中所获得的利益要超过为此付出的代价。学习型文化鼓励团队学习，通常有"深度会谈"和"讨论"两种团体交谈方式。深度会谈是有创造性地自由探究复杂而重要的论题，首先暂停个人的主观思维，彼此用心聆听。讨论则是提出不同的看法，并加以辩护。当团队真正融入学习文化氛围中，不仅团队整体会创造出出色的成果，个人也会表现出较快的成长速度，所以，学习型文化对团队学习的倡导是知识创新思想催生的重要来源。学习型文化有助于推动知识的传播。传统组织文化中的知识传播通常存在知识垄断和员工之间缺乏信任两个障碍。知识垄断减少了知识的外部性，使企业内员工拥有的知识不能被所有员工利用并使企业从中收获更大利益。学习型企业文化倡导的共同愿景会改变员工与组织的关系，不仅会让员工对企业拥有一种本位感，也会在员工间产生一体感，更有利于知识的传播与共享。

三、知识型企业关系资本与知识创新绩效的关系研究

目前在关于企业关系资本对知识创新绩效影响的实证研究中主要涉及的外部关系主体包括客户、供应商、经销商、大学和咨询机构。其中客户参与和供应商参与的研究较多。企业是一个在生产者和客户之间交互学习的作用系统，企业在这一交互作用中的学习对其知识创新而言具有重要作用，交互学习是企业知识创新的源泉。当一个创新产品被客户使用之后，客户会逐渐对产品中存在的缺陷和局限性给予一定需求反馈，从而对产品品质提出更高的要求，对企业产品质量、成本及功能的控制与改进有推动作用。而这种不断升级的客户对产品品质的要求是企业进行知识创新的一个重要诱因，同时其他行

业新技术的发展也会为满足这些要求提供可能。企业知识创新能力增长和培训离不开从外界获取源源不断的知识和信息。对于知识企业而言,来自市场的知识信息远重要于其他任何知识信息来源,因为企业最终的知识创新成果还要迎合满足市场客户对产品和服务的需求认知。如何从市场获取知识是企业新产品开发过程中最主要的一个组成部分。客户是企业与外部世界联系的最佳对象,客户网络延伸到社会的各个层面和角落。企业收集客户知识信息的来源可以通过定期采访顾客的方式,也可以利用经销商这一中间环节来接近所需要的顾客需求信息。同样,供应商也是企业获取外部知识信息的极好来源,从他们那里可以获取相关创新产品的原材料更新和工艺设备流程改进等有利于推动知识创新成功的知识信息。R.霍依科(R.Hoek)利用来自美国、加拿大(68%)、西欧(20%)亚洲/澳大利亚(7%)和南美(4%)的 116 家大企业调查问卷研究了供应商整合的前因变量及其对产品知识创新绩效的影响,结果表明技术新颖性与供应商整合时机正相关,供应商关系与供应商整合时机关系不显著,供应商的信任关系与供应商整合程度正相关,采购项目的战略重要性与供应商整合程度正相关,供应商整合程度与产品知识创新绩效正相关[1]。

企业的知识创新活动可以获取的外部支持形式主要包括合作开发、联盟、咨询等方式。C.L.塔恩(C.L.Tan)研究发现新产品合作开发环境对顾客参与、顾客满意、制造部门及供应商参与具有正向影响[2]。G.A.艾塞德(G.A. Athaide)通过对美国 296 家软件与设备制造企业进行实证研究,调查数据分析了产业市场中买卖双方新产品合作开发关系的前因与结果变量,研究结果表明买方知识渊博程度感知、产品专门化、关系历史都与新产品合作开发正相关[3]。R.车恩(R.Chen)对美国 151 家半导体新创企业进行问卷数据,研究分

①　参见 Hoek,R.,"From tinkering around the edge to enhancing revenue growth",*supply chain-new product development*,Vol. 11,No. 5(2006),pp. 385–389.

②　参见 Tan,C.L.,"Collaborative New Product Development Environments:Implications for Supply Chain Management",*Journal of Supply Chain Management*,Vol. 43,No. 3(2007),pp. 2–15.

③　参见 Athaide,G.A.,"Understanding new product co-development relationships in technology-based,industrial markets",*Journal of Marketing Theory and Practice*,Vol. 11,No. 3(2003),pp. 46–58.

析了企业战略联盟与新产品开发的关系,结果表明战略联盟中技术能力获得越多,参与的职能领域越多,开发的新产品数量越多①。M.科塔比(M.Kotabe)为研究战略联盟在技术型新产品开发中的作用,对美国、日本、欧洲等地的905个新产品开发项目进行问卷数据,结果表明企业横向合作、跨行业合作更容易推动创新型产品引入和开发②。

近年来,学者们主要从外部交流、信任、外部冲突管理和外部利益分配等方面对企业外部关系资本质量展开研究。R.T.科勒(R.T.Keller)对进行问卷调查研究,结果表明外部交流在跨职能团队与产品知识创新绩效关系之间起关键中介作用③。P.K.拉姆(P.K.Lam)利用香港193家有新产品开发项目企业的问卷数据,研究分析了主体企业与供应商的冲突及冲突处理方式对产品知识创新绩效的影响,结果表明双方之间的冲突强度与产品质量、成本目标实现、产品按时交货目标实现及新产品开发总体绩效负相关。整合型和乐于助人型冲突处理方式都与产品知识创新绩效正相关,回避型和独裁型冲突处理方式都与产品知识创新绩效负相关,妥协型冲突处理方式与产品知识创新绩效关系不显著④。K.卡莱娜耐姆(K.Kalaignanam)利用美国222个小企业与大企业组成的非对称联盟的调查数据,研究了联盟中小企业与大企业的财务回报⑤。结果表明合作方的联盟经验、联盟范围及合作方的创新程度与大企业方的财务回报正相关,价值链单一阶段的合作联盟、合作方的信誉与小企业的

---

① 参见 Chen,R.,"Strategic alliances and new product development:An empirical study of the U.S. semiconductor start-up firms",*Advances in Competitiveness Research*, Vol.7, No.1 (1999), pp.35-51.

② 参见 Kotabe, M., "The role of strategic alliances in high-technology newproduct development",*Strategic Management Journal*,Vol.16,No.8(1995),pp.621-636.

③ 参见 Keller,R.T.,"Cross-functional project groups in research and new product development: Diversity,communications,job stress, and outcomes",*Academy of Management Journal*, Vol.44, No.3 (2001),pp.547-555.

④ 参见 Lam,P.K.,"Managing conflict in collaborative new product development:a supplier perspective",*International Journal of Quality& Reliability Management*,Vol.24,No.7(2007),pp.891-907.

⑤ 参见 Kalaignanam,K.,"Asymmetric New Product Development Alliances:Win-Win or Win-Lose Partnerships?",*Management Science*,Vol.53,No.3(2007),pp.357-374.

财务回报正相关,企业自身的联盟经验对大企业的影响小于对小企业的影响。

四、知识型企业创新资本与知识创新绩效的关系研究

信息技术是知识型企业知识创新过程中加以利用的最有力的工具资源,它对知识获取、信息传播和知识运用的作用是不容忽视的。首先,信息技术的应用扩大了知识获取范围、提高了知识收集速度、降低了取得知识的成本。一般而言,收集得来的信息和知识往往是杂乱无章的,而组织需要的是对生存和成长有用的知识,因此必须对信息和知识进行加工处理,使无序的知识转化为有序的知识。知识的加工处理就是指对知识进行分类、分析、整理和提炼,形成对组织有价值的知识。这仅靠人的大脑是不可能完成的,而计算机的出现大大增强了人类处理数据的能力。其次,信息技术的广泛应用有助于知识的存储和积累。信息技术在知识存储方面的优势不仅表现在数量上,而且表现在知识的检索、归类和安全上。数据库具有数据结构化、数据共享、数据独立性和可控冗余度四个特性,这恰好适应了知识存储的需要,组织可以根据自己的具体情况建立起自己的数据库。最后,信息技术为知识的运用创造了有利的条件。知识运用是知识创新的最终落脚点,知识只有作用于实践,才能给人们带来价值。同时,也只有通过在实践中的不断扬弃,知识才能不断创新,适应人类改造世界的需要。一个组织能否充分利用组织的知识,能否不断地创造出新的知识,并将其运用于实践获取价值,将是其能否成功的关键因素。而信息技术的突破和不断完善必将进一步促进知识的运用。

企业创新财力资源是企业投入科学研究和创新活动的物质保证。按照创新活动类型,一般可分为研究开发经费、科学研究和创新成果应用经费和科技服务经费。创新财力资源是企业创新物力资源和创新知识资源的价值表示,反映企业过去一定时期内创新投入(科研经费)的物质凝结(包括作为特殊形态物质的知识);作为增量,它反映着当前创新投入经费的总体财力状况。企业是知识创新投资的主体,知识创新的成果由公司获得。作为稀缺资源的资金在企业内有用预算约束,必须追求市场利润最大化,为股东创造价值,所以企业既要求知识创新活动的高效率,又要求研究成果更贴近顾客的需求,转化

为有效生产力。所以企业的知识创新不仅仅依赖于员工的个人行为,也同样依靠企业的整体驱动。企业投资可以提高企业整体的知识创新水平,所以企业的知识创新投入必须要有充裕的资金保证。知识创新的高风险、高收益的特性要求企业对知识创新活动的高投入作为保障,同时知识创新成果在一段时间的收益转化的实现也依赖企业充裕的资金支持。

基于以上分析,提出如下假设:

假设7:知识型企业智力资本对知识创新绩效存在正向影响

假设7a:知识型企业人力资本对知识创新绩效存在正向影响

假设7b:知识型企业结构资本对知识创新绩效存在正向影响

假设7c:知识型企业关系资本对知识创新绩效存在正向影响

假设7d:知识型企业创新资本对知识创新绩效存在正向影响

第五节　组织学习能力的中介作用研究

通过文献研究发现,尽管大部分学者基本认同智力资本影响组织绩效的观点,但在智力资本如何作用于组织绩效的问题上仍存在较大分歧。智力资本对组织绩效的影响路径主要存在三种模型,即主效应模型、缓冲效应模型、调节效应模型。缓冲效应模型提出,智力资本是通过影响一些中介变量来间接地影响组织的结果变量的,智力资本和结果变量之间的关系可能是间接的,而不是直接的。R.S.博尔特(R.S.Burt)在其研究中表明,关系资本是企业获取信息的主要资源,而这种信息获取离不开企业知识交流平台的搭建,以识别和获取最有价值的信息,提高市场绩效。对于组织学习能力在智力资本与知识创新绩效的关系之间究竟是扮演调节变量的角色还是中间变量的角色,目前在相关研究中还未取得一致结论。虽然有部分学者将其视为调节变量来研究,但笔者认为将组织学习能力作为智力资本和技术创新关系的调节变量是不够科学严谨的。因为严格地讲,理想的调节变量与自变量和因变量的相关都不大。而通过前人的研究表明,组织学习能力与智力资本和知识创新绩效之间都可能存在一定程度的相关,所以笔者认为组织学习能力在智力资本和知识创新绩效之间存在中介作用。

基于以上分析,本书进一步提出如下假设:

假设 8:知识型企业智力资本通过组织学习能力间接影响知识创新绩效

假设 8a:知识型企业人力资本通过组织学习能力间接影响知识创新绩效

假设 8b:知识型企业结构资本通过组织学习能力间接影响知识创新绩效

假设 8c:知识型企业关系资本通过组织学习能力间接影响知识创新绩效

假设 8d:知识型企业创新资本通过组织学习能力间接影响知识创新绩效

第六节　假设归类与模型构建

本研究在理论分析的基础上提出了需要检验的 31 个假设,具体见表 4-1。这些假设可以分为两类:验证性假设和开拓性假设。验证性假设是指已经有学者研究过,并经过特定背景下经验研究得到证实。开拓性假设是指没有学者提过,或者虽有学者提出过,但是没有进行经验实证研究或者没有在本研究提出的研究背景下进行过经验研究的假设。

关于知识型企业智力资本结构维度的研究,谢晖和雷井生在研究知识创造过程的 SECI 模型对知识型企业智力资本形成影响机制的文献中,提出并检验知识型企业智力资本由人力资本、结构资本、关系资本和创新资本四个维度构成的假设[①]。但是研究中该假设的提出缺少强有力的理论基础且变量测量缺少一定针对性,基于此研究将在修正和完善假设基础和变量测量的基础上对假设 1 做进一步的验证。郑梅莲等学者通过相关实证研究检验了人力资本的多个测量维度对知识吸收能力、知识共享能力、知识整合能力等具有正向影响;Y.里恩(Y.Lin)等学者对结构资本中的组合能力、组织文化等要素对知识吸收能力存在正向影响;普拉哈拉德(Prahalad)等学者通过实证研究验证了企业关系资本对组织整体的知识吸收能力、知识共享和整合能力具有正向影

---

① 参见谢晖、雷井生:《知识型企业智力资本结构维度研究——基于知识创造过程的实证研究》,《科学学研究》2010 年第 7 期。

响;钦拉姆(Chin Lam)等学者实证检验了企业关系资本与知识创新绩效存在正相关关系。所以本研究将假设假设 2、假设 2a、假设 2b、假设 2c、假设 3a、假设 4、假设 4a、假设 4b、假设 4c 划分为验证性假设,对假设中的变量关系做进一步验证。

而在本研究中的其他假设里,对相关变量的概念假定、维度划分和测量题项设计等都与以往的研究存在差异,尤其是知识型企业结构资本、创新资本、知识创新绩效等变量的测量,多数题项的设计都更贴近知识信息经济时代背景下我国知识型企业的实际状态。并且,相关文献中也缺少关于组织学习能力在智力资本影响知识创新绩效过程中中介变量作用的实证检验。基于此,本研究将假设 3、假设 3b、假设 3c、假设 5、假设 5a、假设 5b、假设 5c、假设 6、假设 6a、假设 6b、假设 6c、假设 7、假设 7a、假设 7b、假设 7c、假设 7d、假设 8、假设 8a、假设 8b、假设 8c、假设 8d 划分为开拓性假设。

表 4-1　研究假设汇总

假设	假设内容	假设性质
假设 1	知识型企业智力资本主要由四个维度构成,即人力资本、结构资本、关系资本、创新资本	验证性
假设 2	知识型企业人力资本对组织学习能力存在正向影响	验证性
假设 2a	知识型企业人力资本对知识吸收能力存在正向影响	验证性
假设 2b	知识型企业人力资本对知识共享能力存在正向影响	验证性
假设 2c	知识型企业人力资本对知识整合能力存在正向影响	验证性
假设 3	知识型企业结构资本对组织学习能力存在正向影响	开拓性
假设 3a	知识型企业结构资本对知识吸收能力存在正向影响	验证性
假设 3b	知识型企业结构资本对知识共享能力存在正向影响	开拓性
假设 3c	知识型企业结构资本对知识整合能力存在正向影响	开拓性
假设 4	知识型企业关系资本对组织学习能力存在正向影响	验证性
假设 4a	知识型企业关系资本对知识吸收能力存在正向影响	验证性
假设 4b	知识型企业关系资本对知识共享能力存在正向影响	验证性
假设 4c	知识型企业关系资本对知识整合能力存在正向影响	验证性
假设 5	知识型企业创新资本对组织学习能力存在正向影响	开拓性

续表

假设	假设内容	假设性质
假设 5a	知识型企业创新资本对知识吸收能力存在正向影响	开拓性
假设 5b	知识型企业创新资本对知识共享能力存在正向影响	开拓性
假设 5c	知识型企业创新资本对知识整合能力存在正向影响	开拓性
假设 6	知识型企业的组织学习能力对知识创新绩效存在正向影响	开拓性
假设 6a	知识型企业的知识吸收能力对知识创新绩效存在正向影响	开拓性
假设 6b	知识型企业的知识共享能力对知识创新绩效存在正向影响	开拓性
假设 6c	知识型企业的知识整合能力对知识创新绩效存在正向影响	开拓性
假设 7	知识型企业智力资本对知识创新绩效存在正向影响	开拓性
假设 7a	知识型企业人力资本对知识创新绩效存在正向影响	开拓性
假设 7b	知识型企业结构资本对知识创新绩效存在正向影响	开拓性
假设 7c	知识型企业关系资本对知识创新绩效存在正向影响	开拓性
假设 7d	知识型企业创新资本对知识创新绩效存在正向影响	开拓性
假设 8	知识型企业智力资本通过组织学习能力间接影响知识创新绩效	开拓性
假设 8a	知识型企业人力资本通过组织学习能力间接影响知识创新绩效	开拓性
假设 8b	知识型企业结构资本通过组织学习能力间接影响知识创新绩效	开拓性
假设 8c	知识型企业关系资本通过组织学习能力间接影响知识创新绩效	开拓性
假设 8d	知识型企业创新资本通过组织学习能力间接影响知识创新绩效	开拓性

　　基于企业竞争优势外生论、企业内在成长论、企业资源基础论、企业核心竞争力论、企业知识创新理论、企业价值链理论、企业知识流动理论等,本研究通过核心变量间关系的梳理,提出如上假设,进而沿着"知识型企业智力资本—组织学习能力(知识吸收能力、知识共享能力、知识整合能力)—知识创新绩效"的研究思路,探讨知识型企业智力资本影响知识创新绩效的内在机理,最终形成本研究的初始理论模型,如图4-1所示。本模型框架由前因变量(智力资本的各维度)、中介变量(组织学习能力各维度)、结果变量(知识创新绩效)三类变量和相应的路径关系组成,这些变量测量都是基于组织层面的,在逻辑上是一致的,在接下来的实证检验中不需要进行层次转换。

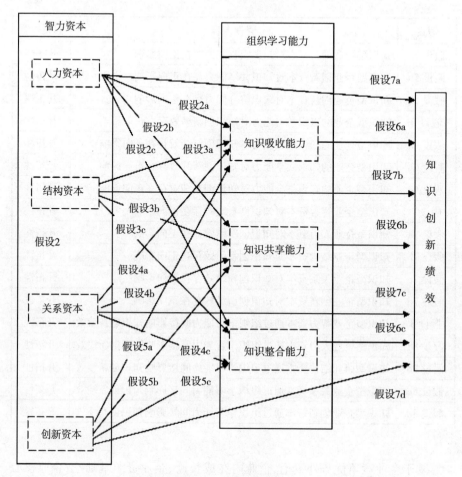

图 4-1　初始理论模型

第七节　本章小结

该部分沿"知识型企业智力资本—组织学习能力(知识吸收能力、知识共享能力、知识整合能力)—知识创新绩效"的研究思路,根据以往研究中的相关理论基础,分别对智力资本、组织学习能力和知识创新绩效各维度之间的相互关系提出实证研究假设,并做出最后的研究假设分类和汇总。

第五章 知识型企业智力资本对知识创新绩效影响的研究设计和小样本测试

本章主要在前述的研究假设和概念模型的基础上,研究各变量的测量并确定最终问卷的形成。具体安排如下:首先,说明问卷的设计原则与过程;其次,本研究根据前人的研究,借用现有文献中相关变量的成熟测量量表,结合本研究背景、内容构思和企业访谈结果,形成初始测量量表;再次,在初始测量量表的基础上,进行小样本调研,并对数据进行分析,根据分析结果对初始测量量表有关条款进行修正、补充,形成最终的正式测量量表。

第一节 问卷设计

一、问卷设计原则

本研究主要采用问卷调查的方法作为实证研究所需资料的主要方法。在问卷设计原则和可靠性方面,很多学者都提出了很多有益的建议和方法。其中,王重鸣认为,问卷量表的设计包含四个层次,即问卷的理论构思与目的、问卷格式、问卷项目的语句和问卷用词。在进行问卷设计时,问卷的内容和子量表构成要根据问卷设计的目的来确定;问卷应尽量注意避免带有引导性的问题或复杂语句,语言层面上要使用项目用语具体明确,尽可能避免多重含义或隐含某种假设;问卷用词要避免过于抽象以防止反应定势;同时要控制反应偏向。马庆国认为,正确设计问卷的要点是:问卷问题要根据研究目标设立;要依据调查对象的特点设置问题;不能设置得不到诚实回答的问题,对有可能得不到诚实回答又必须了解的数据可通过其他方法处理,如变换问题的提法,从而获得相关数据①。荣泰生认为成功的问卷设计必须遵循以下几个原则②:(1)问卷的内容必须与研究的概念框架相呼应;(2)问卷中的问题必须是尽量使问卷填写者容易回答;(3)尽量不问涉及个人隐私的问题(例如收入、年龄等);(4)先前的问题不要影响对后续问题的回答;(5)问卷设计的过程中,必须确定哪些是开放式问题,哪些是封闭式问题;(6)在正式调查之前应经过预测的过程。学者们提到问卷设计时需要注意的问题,本研究在问卷设计的过程中都进行了考虑和处理,同时问卷的问题尽量不涉及企业和个人的隐私和保密信息,以提高问卷的真实性。

二、问卷设计过程

在问卷的设计过程方面,F.艾格(F.Aker)认为问卷的构建与设计过程主要包括五大步骤③,如图 5-1 所示。

参考 F.艾格(F.Aker)的问卷设计过程建议,根据本研究的内容构思,本研究的问卷设计内容按照五大步骤,可以概括为以下三大部分:

第一,搜集相关文献,寻找与测量变量相关量表,为变量的测量奠定基础。在确定变量和具体测量条款确定之前,通过大量文献阅读,对其进行详细合理的理论构思,确保每个变量都有明确的操作定义,并结合我国知识型企业实际特点使测量条款更具有针对性、容易操作。

第二,专家小组讨论、小规模访谈,形成初始调查问卷。首先在由导师和博士、硕士研究生组成的 26 人学术研讨会上,对测量条款的合理性等方面进行了详细讨论;其次,对多个软件企业的高层管理人员以面对面和网络视频的方式进行访谈,核心是围绕问卷的设计内容进行讨论,以根据被访谈人员的工

---

① 参见马庆国:《管理统计:数据获取、统计原理与 SPSS 工具与应用研究》,科学出版社 2002 年版,第 27—42 页。

② 参见荣泰生:《企业研究方法》,中国税务出版社 2005 年版,第 35—38 页。

③ 参见 Aker,F., *Variation in the value orientation*,New York:Dun Donnelly,1999,pp.134-145.

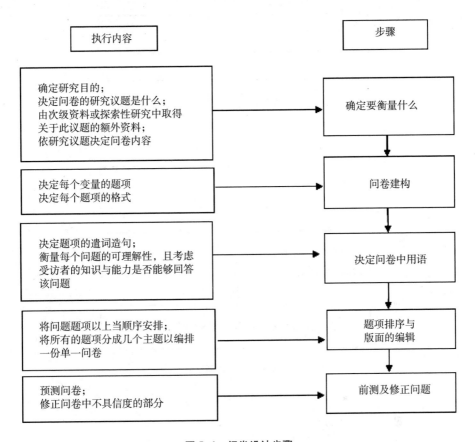

图 5-1 问卷设计步骤

作经验,对某些变量的条款进行修改和补充。以相关文献探讨为基础并根据小组讨论和企业访谈内容进一步确定本研究设计中变量选择的恰当性,消除初始题项的歧义和不明确之处,形成本问卷的初始测量条款。

第三,小样本测试及结果分析。在进行正式大规模发放问卷之前,本研究进行一次前测的分析工作,目的是依据小规模调查收集问卷的结果,以SPSS15.0 作为资料分析工具,进行信度分析、因子分析来筛选出最能度量所需测量变量的题项,形成最终用于大规模发放的有效问卷。

以上问卷设计过程可以描述为如图 5-2 所示。

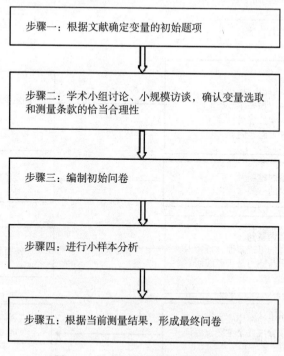

图 5-2 问卷形成与数据收集流程图

第二节 变量定义与测量

根据本书前章的概念模型和研究假设,确定问卷量表中需要的变量包括知识型企业智力资本(包括人力资本、结构资本、关系资本、创新资本),知识型企业的组织学习能力(包括知识吸收能力、知识共享能力、知识整合能力),知识型企业的知识创新绩效。本研究各类变量测量项目的来源主要有:一是直接引用相关文献中已经被证实有效或是相对成熟的测量项目;二是在文献提出的量表基础上结合本研究背景的实际需要进行修改得来;三是依据相关理论或是文献研究结论分析得来;四是根据本研究的实地访谈结果进行修正。

在变量的测量方式上,本研究采用主观感知法以李可特(Likert)7级量表的形式对变量进行测量。相对于5级量表而言,7级量表具有可以增加变量的变化范围,并提高变量之间区分度的相对优势。本研究在变量的测量中,采用分数与评价正方向积分:1=完全不同意,2=很不同意,3=有点不同意,4=不确定,5=有点同意,6=很同意,7=完全同意。

由于本研究采用问卷填写者自我报告的形式,因此可能会受到社会称许性反应偏差的影响,使得问卷量表的信度、效度降低。社会称许性反应偏差是指个体的行为由于受到文化价值观的影响而趋同于社会所接受的方式和程度,是被测试者的一种反应偏差①。为了降低社会称许性反应偏差对数据调查效果的影响,笔者主要采取了以下措施:(1)在进行调查研究前,广泛的阅读文献,对影响研究的因素进行细致分析,确保每个研究的变量具有较明确的操作性定义和测量指标。(2)编制量表时,对每个变量尽可能选择已经被国内外学者证实有效的或相对成熟的测量条款,同时结合中国人的文化和语言习惯,尽量使用中性的词语表达。(3)问卷内容前后呼应,主要通过正向问题进行验证,尽可能保证收回问卷数据较高的真实程度。(4)本问卷采取匿名填写的方式,从而减轻了受访者的压力,降低社会称许性反应偏差的影响②。

一、知识型企业智力资本的定义与测量

根据前人的研究,借鉴 L.爱德文森(Edvinsson)等学者的观点,本研究将知识型企业智力资本界定为依托于知识型企业所拥有的人力资源,能够被企业所控制和有效利用的,并服务于企业价值创造、组织创新以构建持续竞争优势的各类知识资源的总和。本研究将知识型企业的智力资本划分为人力资本、结构资本、关系资本、创新资本四个维度来研究,每个子维度的具体测量条款如下。

(一)知识型企业人力资本的定义与初始测量量表

托马斯·A.斯图尔特(Stewart)将人力资本定义为组织中个人所拥有的

---

① 参见杨静:《供应链内企业间信任的产生机制及其对合作的影响——基于制造业企业的研究》,博士学位论文,浙江大学,2006年,第23—27页。

② 参见杨志蓉:《团队快速信任、互动行为与团队创造力研究》,博士学位论文,浙江大学,2006年,第35—37页。

创新和发展的能力。B.莱恩(B.Lynn)将人力资本界定为组织中个人技巧和知识的总和，包括员工的业务技术、工作态度、创新意识、工作经验等。N.邦迪斯(N.Bontis)认为人力资本是指公司员工所积累的知识、教育、技巧、态度和经验。波克·S.格瑞(Gary S.Backer)认为在顾客培训、竞争力和未来方面投资的积累价值就是人力资本。该定义关注个体所能创造的价值①。从经济学角度看，人力资本包括个人价值，此外还包括雇员竞争力和关系能力。L.爱德文森(Edvinsson)认为人力资本是个体所具有的不被组织所控制的能力，因此，当雇员辞职时，人力资本将离开组织。人力资本也包括组织创造性地运用其人力资源的有效性②。J.罗斯(J.Roos)认为人力资本源自个体的竞争能力、工作态度和智力机敏性③。G.托思蒂格(G.Tovstiga)对俄罗斯的高科技企业的智力资本管理和企业绩效的关系进行了研究，认为俄罗斯企业的人力资本体现企业员工的竞争力(员工拥有的知识、能力、技能、经验)、态度(行为、激励、伦理)、智力(模仿、创新和运用能力)④。根据以往学者对人力资本的界定，本研究将知识型企业的人力资本界定为知识型企业所拥有的基于员工个人的知识经验、工作能力、组织承诺(组织成员对组织的一种工作态度)、创新意识等为企业不断创造价值和竞争力的所有人力资源要素的总和。

针对企业层面的人力资本的测量，国内外很多学者在研究智力资本的过程中提出了基于不同研究背景的度量指标或题项。T. E. J.恩斯特龙(Engstrom)在针对酒店业智力资本的研究中将人力资本细分为能力改进系统、智力敏感性、工作表现、态度和动机等二级指标，并以 N.邦迪斯(Bontis)的成熟量表为借鉴，进一步提出三级测量指标共计 16 个题项。D.帕拉西奥斯—

———————————

① Gary S.Backer, "Human Capital and the economy", *Proceedings of the American Philosophical Society*, Vol. 136, No. 1(Mar1992), pp. 85–92.

② L.Edvinsson and M.S.Malone, *Intellectual capital: realizing your company's true value by finding its hidden brainpower*, NewYork: Haprer Business Press, 1997, pp. 12–34.

③ J.Roos, L.Edvinsson and N.C.Dragonetti, *Intellectual Cpaital: navigating in the new business landscape.* New York: University Press, 1998, pp. 72–88.

④ 参见 G.Tovstiga & E.Tulugurova, "Intellectual CaPital Practices and Performance in Russsian Enterprise", *Journal of Intellectual Capital*, Vol. 8, No. 4(2007), pp. 695–707.

马奎斯(D.Palacios-Marques)以电信和生物技术行业的企业为研究主体,共设计人力资本48个测量题项,如技术知识、经验、工作稳定性、领导能力、团队精神、应对挑战的管理能力、计划能力等[①]。P.O.德帕罗斯(P.O.De Pbalos)认为应从员工概况、员工组织的承诺动机两方面设计企业人力资本的测量指标[②]。刘超在以中国软件企业为例研究智力资本对企业成长影响机制的过程中,从员工的经验和能力、员工对组织的承诺、组织对员工的承诺三个维度,用13个条款对人力资本变量进行了测量[③]。谢晖和雷井生在研究知识创造过程与知识型企业智力资本的影响关系时将人力资本划分为员工的能力和态度、管理者能力、企业对人力资本的投资、企业吸引人才的能力四个维度,共设计14个测量题项。在参照上述成熟量表并结合本研究中主体企业所处时间及文化环境背景的基础上,本研究提出知识型企业人力资本的初始测量量表,包括知识经验、工作能力、组织承诺、创新意识四个维度,共计24个题项,如表5-1所示。

表5-1　知识型企业人力资本的初始测量量表

知识型企业人力资本的测量题项
A.知识经验
R1 公司拥有职业证照的比例在行业水准之上
R2 企业内技术专家和工程师等的数量比例在本行业内是很高的
R3 多数员工在本行业有多年从业经验
R4 员工的知识和技能足以解决工作上的问题
R5 员工的专业技能能做到自我更新
R6 员工知识背景呈现多样化
B.工作能力
R7 员工在职务上能够尽其所能

①　参见 D.Palacios-Marques, "Validating and measuring IC in the biotechnology and tele-eom-munication industries", *Journal of Intellectual Capital*, Vol. 4, No. 3(2003), pp. 332-347.

②　参见 P.O.De Pbalos, "Evidence of intellectual capital measurement from Asia, Europe and the middle east", *Journal of Intellectual Capital*, Vol. 3, No. 3(2002), pp. 287-302.

③　参见刘超:《智力资本对企业成长影响机制研究》,博士学位论文,浙江大学,2009年,第35—37页。

续表

知识型企业人力资本的测量题项
R8 员工能主动确保产品和服务符合标准
R9 管理者能妥善安排员工的工作内容及分配资源
R10 管理者能够具有帮助员工做好职业规划发展的能力
R11 高层主管能够根据企业自身的竞争地位及时更改和修正企业发展的短期和长期战略
R12 高层管理者具有领导企业实现战略目标的能力
C.组织承诺
R13 公司整体员工的流动率很低
R14 员工对工作是相当满意的
R15 员工对企业未来的发展规划表现出极大的精神关注和信心支持
R16 员工在团队工作中能够主动提出自己的不同意见
R17 员工在团队合作中能够做到对团队目标理解、认同并做出全心投入
R18 员工能够乐意分享自己的知识和经验并协助他人工作
D.创新意识
R19 员工具有独特性创意的水准
R20 员工能快速回应不确定的环境
R21 企业整体表现出很浓创新氛围
R22 员工对创新活动表现出很高的积极性
R23 管理者主动对员工创新意识的引导和培训
R24 管理者主动为员工的创新活动全力提供协助

资料来源：R.派特（R.Petty）①：R1，R4；R.林克斯可（R.Dzinknowski）②：R3，R14；N.邦迪斯（N.Bontis）：R5，R7，R19；M.兹威尔（M.Zwell）③：R8，R9，R11，R12，R20；L.爱德文森（Edvinsson）：R13；自行设计：R2，R6，R10，R15，R16，R17，R18，R21，R22，R23，R24。

（二）知识型企业结构资本的定义与初始测量量表

L.胡波特（L.Hubert）认为结构资本包括系统、结构、策略及文化四个要

---

① 参见 R. Petty, "Intellectual capital literature review: Measurement, reporting and management", *Journal of Intellectual Capital*, Vol. 1, No. 2(2000), pp. 155-176.

② 参见 R.Dzinknowski, "The measurement and management of intellectual capaital", *An Introduction of Management Accounting*, Vol. 78, No. 2(2000), pp. 32-36.

③ 参见 M.Zwell and R.Ressle, "Powering the human drivers of financial Performance", *Strategic Finnance*, Vol. 91, No. 111(2000), pp. 40-45.

素,四者彼此互相影响,并通过良好的配合发挥综合效用①。托马斯·A.斯图尔特(Stewart)认为结构资本对于组织而言可以说是知识流动的路径,如组织内的网络与人际关系,是属于组织的知识,可以协助组织成员分享与复制知识。其作用是在知识管理的效率上,通过建立完整的知识库以及有效的知识传播,让知识发挥杠杆作用。他进一步认为结构资本是知识管理的机制,其主要功能是保存知识并将知识与人力资本连接,并指出组织内知识档案化的比例、专有知识的库存是组织最重要的结构资本。L.爱德文森(Edvinsson)认为结构资本就是硬体、软体、资料库、组织结构、专利、商标,包含其他一切支持员工生产力的组织化能力。简单地说,就是员工下班回家后,留在公司里的所有东西,是人力资本的具体化、权力化,以及支持性的基础结构。它包含组织化、创新化和流程化资本。组织化资本是公司针对系统、工具,增加知识在组织内的流动速度,以及知识供给与传播管道的投资,表现在组织系统化、整合与处理的能力;创新化资本是指革新能力与保护商标权利、智慧财产,以及其他用来开发并加速新产品或新服务上市速度的无形资产和能力;流程化资本则是指工作的过程、特殊方法以及扩大并加强产品制造及服务效率的员工计划。K.E.斯维柏(K.E.Sveiby)认为企业内部结构包括智力资产和基础结构资产两个子集:智力资产包括用法律保护的智力资本资产,像专利、版权和商标等;基础结构资产包括能从外部获得或在企业内部创造的要素,如管理系统、企业文化、网络系统和研究项目等②。L.J.百思(Bassi)将结构资本界定为组织所拥有的信息科技、公司形象、组织思维、专利、商标和著作权等。陈玉玲认为结构资本的管理关键在于连接性和运转速度③。陈美纯认为结构资本是企业解决问题与创造价值的整体系统与程式,是一种能将人力资本转化为结构性资产的知识与能力,属于组织所拥有,可以复制与共享;也可以通过法律申请程序,

---

①　参见 L.Hubert,"Tacit knowledge:the key to the strategic alignment of intellectual capital", *Strategy and Leadership*,Vol. 24,No. 2(1996),pp. 10–14.

②　参见 Karl Erik Sveiby,"A knowledge-based theory of the firm to guide in strategy formulation",*Journal of Intellectual Capital*,Vol. 2,No. 4(2001),pp. 344–358.

③　参见陈玉玲:《组织内人力资本的积累——智力资本管理的观点》,硕士学位论文,"国立中央大学",2001 年,第34—36 页。

将创新科技、发明、资讯、著作、制程、商业机密等无形资产取得法律保护的权利。根据以往学者对结构资本的界定,并从中剥离出有关"创新资本"的要素,本研究知识型企业结构资本界定为知识型企业所建立的基于有效协助知识的流动、支持员工生产力和价值创造的内部结构,主要包括组织结构与运作流程、员工制度体系、企业文化环境、信息技术系统等要素。

在结构资本的测量方面,学者们对结构资本的细分维度和测量题项也同样因为研究背景的不同存在差异。在 N.邦迪斯(Bontis)的实证研究中,没有对结构资本做进一步的细分,而是提出了包含支持性气氛、实施新创意、支持创意的开发等在内的 16 个测量题项来度量结构资本。T.E.J.恩斯特龙(Engstrom)从效率与效益、更新与发展、系统和步骤、气氛等四个维度对结构资本进行划分,并将每个维度设计若干指标或题项进行定量化测量。D.帕拉西奥斯—马奎斯(D.Palacios-Marques)则将结构资本划分为 7 个维度,分别是知识的获得程度和利用、法律保护的内部知识、外部知识、组织文化、知识水平以及与战略的一致性程度、现有知识的有效利用程度、知识的交流和扩散的社会机制。题项设计共 40 个,通过验证性因子分析对收集到的数据进行分析,验证结果表明了该维度设计的有效性。以本研究对知识型企业结构资本的概念界定为基础,并参照借鉴以往学者对结构资本的维度及题项设计,本研究将知识型企业的结构资本分别从组织结构与运作流程、员工制度体系、企业文化环境、信息技术系统等四个维度进行测量,共设计题项 21 个,如表 5-2 所示。

表 5-2　知识型企业结构资本的初始测量量表

知识型企业结构资本的测量题项
A.组织结构与运作流程
J1 企业能因外界环境的变化而敏捷调整组织结构
J2 企业部门之间能快速相互支援
J3 企业的组织结构有利于员工间的信息交流
J4 公司能迅速发展新产品以满足市场需求
J5 公司的产品及服务的品质为产业水准之上
J6 企业整体的运作流程十分顺畅
J7 公司运营流程有助于产品的创新

续表

知识型企业结构资本的测量题项
B.员工制度体系
J8 企业的责权利关系是非常明确的
J9 企业每个工作流程都有完整明确的书面说明文件
J10 企业有明确的措施防止内部知识和信息被滥用或剽窃
J11 企业有明确的支持部门间及员工间知识共享的相关政策规定
J12 企业能有效快速落实各项制度或政策的执行
C.企业文化环境
J13 企业文化倡导不断学习创新
J14 企业文化营造的氛围是开放且彼此信任的
J15 企业文化提倡并鼓励促进员工相互合作
J16 企业能够营造知识共享与交流的环境
D.信息技术系统
J17 企业整体的信息基础建设很完备
J18 企业通过信息科技紧密连接组织内部的工作流程
J19 企业的信息技术系统允许并容易存取资料
J20 企业能够通过信息技术网络完成所有的工作任务
J21 企业应用信息技术(如建立数据库、内部网等)有效促进了员工间的知识共享与合作交流

资料来源:M.S.H.亨格(Heng)①:J1;N.邦迪斯(Bontis):J2,J5,J14,J15,J16;G.德斯(Dess)②:J3;约翰逊(Johnson):J4,J17;林克斯可(Dzinkowski):J6,J19;戴乾文③:J7;P.H.布格(P.H.Bukh)④:J9;K.瑞林顿(K.Rilington)⑤:J10;古斯瑞(Guthrie):J18,J20;范布伦(Van Buren):J21;孙芳桦(2009)⑥:J13;自行设计:J11,J12。

---

① 参见 M.S.H.Heng,"Mapping intellectuall capital in a small manufacturing enterprise",*Journal of Intellectual Capital*,Vol. 2,No. 1(2001),pp. 53-60.

② 参见 G.Dess & J.C.Picken,*Beyond Productivity*:*How Leading Companies Achieve Superior Performance by Leveraging Their Human Capital*,NewYork:John Wiley&Sons,Inc,1999,pp.89-90.

③ 参见戴乾文:《智力资本与企业核心竞争力及经营绩效之关联性研究》,博士学位论文,厦门大学,2001 年,第 37—39 页。

④ 参见 P.H.Bukh,"Constructing intellectual capital statements",*Scandinavian Journal of Management*,Vol. 17,No. 1(2001),pp. 87-108.

⑤ 参见 K.Rilington,"Exploring Performance Effetcs Form The Bundling Of Intellectual Cpaital",*The Academy of Management Journal*,Vol. 44,No. 1(2002),pp. 13-26.

⑥ 参见孙芳桦:《智力资本对高技术企业绩效的影响机理研究》,硕士学位论文,浙江师范大学,2009 年,第 45—46 页。

（三）知识型企业关系资本的定义与初始测量量表

L.爱德文森（Edvinsson）将关系资本界定为组织与顾客或其他组织往来之间的关系，又称为外部关系。除了包括传统的顾客关系以外，还包括供应链厂商上下游之间及相关环境之间的关系把握。他认为在激烈的竞争环境下，唯有与顾客合作才能创造价值和利润。同时，他认为企业可以从了解顾客形态、维系顾客持续性、强化顾客角色、提供顾客支援、追踪顾客动向等方面来把握企业与顾客的关系。当企业与外界的疆界越来越不明显时，虚拟化的经营更需要企业做好关系的联系和沟通，向上做好原材料的供给网络，向下做好配销商和经销商的通路，使企业在完善的供应链当中得到最大收益。托马斯·A.斯图尔特（Stewart）指出关系资本是在顾客资本的基础上扩大化而来的，他认为组织与顾客间来往的关系，包括深度、广度及黏度，将这一关系扩大后的与供应商之间的关系，也应该称为关系资本。约翰逊（Johnson）认为关系资本应该包括社会利害关系人、顾客关系、供应商关系，企业与这些外部机构的互动关系是获取长期经营成功的关键。N.邦迪斯（Bontis）指出关系资本应主要包括企业与市场通路、供应商、顾客的良好关系，同时也包括与政府和产业相关部门的关系[1]。根据以往学者对关系资本的内涵界定，本研究将知识型企业的关系资本理解为企业在经营产品或服务的过程中与各利益相关者所建立的合作交易与互动关系网络。

对于关系资本的测量指标，也有一些比较有代表性的量表设计。R.卡普兰（Kaplan）提出关系资本的 5 个比较典型的测量指标，分别为：市场占有率、顾客占有率、顾客延伸率、顾客满意率、顾客获利率[2]。L.爱德文森（Edvinsson）和 Malone 设计了关系资本的 10 个测量题项，其中也包括市场占有率、顾客满意指数、顾客数等指标。斯维柏（Sveiby）将关系资本划分为成长更新指标、效率指标、稳定指标三个二级指标，共设计 9 个三级指标。范布伦

---

① 参见 Bontis，N.，"Intellectual capital and the nature of business in Malaysia"，*Journal of Intellectual Capital*，Vol. 1，No. 1（2000），pp. 85–100.

② 参见 Kaplan，R.，*The balanced Scorecard：Translating strategy into action*，Boston：Harvard Business School Press，1996，pp. 11–34.

（Van Buren）共设计关系资本 15 个测量指标，其中包括 5 个核心指标，分别为：顾客满意度、顾客持续度、产品与服务品质、顾客关系的平均期限、再订购率等，其他 10 个指标为选择性指标。N.邦迪斯（Bontis）提出关系资本 20 个测量题项，题项内容主要涉及企业与顾客之间的关系①。林克斯可（Dzinkowski）设计了 8 个比较典型的关系资本测量题项，题项内容包括企业与顾客的关系，也强调企业与供应商之间的关系。以本研究对知识型企业关系资本的概念界定为基础，并参照借鉴以往学者对关系资本的维度和题项设计，本研究将知识型企业的关系资本分别从交易关系质量、知识互动强度两个维度进行测量，共设计题项 10 个，如表 5-3 所示。

表 5-3　知识型企业关系资本的初始测量量表

知识型企业关系资本的测量题项
A.交易关系质量
G1 企业产品或服务的市场占有率在行业内排名前列
G2 顾客的忠诚度很高
G3 顾客对本企业产品和服务满意度很高
G4 多数供应商能提供良好的产品和服务
G5 企业与多数供应商保持着长期信任的关系
G6 企业具有比较完善的营销渠道
G7 企业与合作伙伴能创造双赢的局面
B.知识互动强度
G8 企业非常重视并经常搜集顾客的反馈和意见
G9 企业与供应商的互动交流频率很高
G10 企业创新活动能从供应商处获得许多信息支持

资料来源：林克斯可（Dzinkowski）、古斯瑞（Guthrie）：G2；N.邦迪斯（Bontis）：G3；P.H.苏利文（P.H.Sullivan）②：G4，G7，G9；D.帕拉西奥斯—马奎斯（D.Palacios-Marques）：G5，G10；自行设计：G1，G6，G8，G11。

———————

① 参见 Bontis, N., "Intellectual Capital and Business Performance in Malaysian Industries", *Journal of Intellectual Capital*, Vol. 1, No. 1（2000）, pp. 223-247.

② 参见 P.H.Sullivan, "Valuing Intangibles Companies: An Intellectual Cpaital Approach", *Journal of Intellectual Capital*, Vol. 1, No. 4（2000）, pp. 328-340.

（四）知识型企业创新资本的定义与初始测量量表

在以往学者对智力资本结构的研究中，单独将创新资本作为智力资本一个划分维度进行内涵界定的文献并不多见，主要是因为学者们多数都认同并借鉴智力资本三维度的划分方式，所以创新资本的内涵就被隐含到结构资本的界定当中了。随着少数学者对知识信息经济时代智力资本结构维度的有针对性研究，创新资本逐渐从结构资本中划分出来，成为智力资本的一个重要维度。胡伯特（Hubert）认为界定创新资本的范围包括创新特征、企业创新氛围、创新成果等。谢晖等在知识型企业智力资本结构维度的研究中，将智力资本界定为企业的创新智力和能力，主要包括企业的研发投入、创新成果、创新支持机制等内容。在参照该定义理解的基础上，本研究将知识型企业的创新资本界定为企业在提高创新成果产出方面所具备的资源基础和保证机制，主要包括创新活动投入、创新知识管理、创新激励机制等测量内容。

关于创新资本的测量题项设计，刘超在研究智力资本对企业成长影响机制的过程中，将创新资本划分为创新意愿和创新能力两个维度，共借鉴设计创新资本 7 个测量题项。申小莉在研究动漫企业智力资本结构的文献中，从创新投入情况和创新支持情况两个维度，共借鉴和自行设计创新资本 6 个测量题项，其中有 2 个测量题项是自行设计，分别为"创新部门和市场部门紧密合作开发新项目"、"积极与其他科研机构合作创造新产品"[①]。本研究主要在借鉴胡伯特（Hubert）、林克斯可（Dzinkowski）、瑞林顿（Rilington）、N.邦迪斯（Bontis）等智力资本测量中有关创新要素题项设计的基础上，结合本研究对创新资本的理解和界定，主要从创新活动投入、创新知识管理、创新激励机制三个维度重新设计创新资本测量题项 16 个，作为本研究中知识型企业创新资本的初始测量量表，如表 5-4 所示。

---

① 参见申小莉：《动漫企业智力资本结构及其对企业绩效的影响与提升研究》，博士学位论文，中南大学，2010 年，第 67—68 页。

表 5-4　知识型企业创新资本的初始测量量表

知识型企业创新资本的测量题项
A.创新活动投入
C1 过去几年开发的创新产品非常多
C2 创新投入占销售收入的比例很高
C3 从事创新研究的员工数量和专业素质都很高
C4 创新部门和市场部门紧密合作开发新项目
C5 积极与其他科研机构合作创造新产品
B.创新知识管理
C6 企业的每个工作流程(包括生产、销售、财务、研发等流程)都有完整明确的书面说明文件
C7 企业对于产品知识的记录和归档有明文规定
C8 企业对于工艺、流程知识的记录和归档有明文规定
C9 企业收集员工个人的成文知识归入资料库或数据库
C10 企业收集员工个人的工作经验归入资料库或数据库
C11 企业的各类文件和知识资料对员工开放查阅与学习
C.创新激励机制
C12 企业文化和管理团队鼓励员工创新
C13 企业为员工创新能力的培养提供一定的培训支持
C14 企业能够为员工的知识创新活动提供大量的信息技术支持
C15 企业拥有比较完善的创新绩效考核机制
C16 企业拥有比较完善的知识共享考核机制

资料来源:胡伯特(Hubert):C1、C2、C3、C12;申小莉:C4、C5;布格(Bukh):C6;瑞林顿(Rilington):C7、C8、C9、C10;自行设计:C11、C13、C14、C15、C16。

二、知识型企业组织学习能力的定义与测量

本研究在汇总并借鉴如学者王振江、杨国安对组织学习能力内涵界定的基础上,以知识的流动路线作为逻辑维度,将组织学习能力重新界定为组织为适应内外部环境变化或满足自身的创新战略需求,而表现出的整体对外界显性及隐性知识的消化吸收能力,然后通过一定的知识交流机制和平台进行知识共享的能力,以及最后在知识扩散过程中对各类知识的整合应用能力。在

该界定中,主要突出强调组织的知识吸收能力、知识共享能力及知识整合能力等三个方面的能力,所以本研究也将从知识吸收能力、知识共享能力及知识整合能力三个维度对组织学习能力进行划分和测量。本研究以目前理论界普遍认同采用的 W.科恩(W.Cohen)、利文索尔(Levinthal)、扎赫拉(Zahra)、乔治(George)对知识吸收能力的定义为借鉴,将知识吸收能力的操作性定义界定为企业能够对组织内外各类知识信息的价值进行识别、获取、消化并转化应用于商业目的的能力;以宝贡敏、巴尔托(Barto)等对知识共享能力的定义为借鉴,将知识共享能力的操作性定义界定为企业通过各种手段(语言、图表、比喻、类比)和各种方式(面对面交流、电话、网络)将来自内部员工个体、部门团队及企业外部的知识信息在企业内部网络间进行传播扩散及应用的能力;以K.N.野中郁次郎(K.N.Nonaka)、任浩、顾新建等对知识整合能力的定义为借鉴,将知识整合能力的操作性定义界定为组织对不同来源、不同层次、不同结构、不同内容的知识的有机融合和创新,并使之具有较强的柔性、条理性、系统性,必要时对原有知识体系进行重构,以不断更新企业核心知识体系的能力。知识型企业组织学习能力三个维度的初始测量量表设计如表5-5所示。

表 5-5　知识型企业组织学习能力的初始测量量表

知识型企业组织学习能力的测量题项
A.知识吸收能力
X1 企业拥有充足的渠道从外界获取大量的知识和信息
X2 企业总是在追求获得需要的新知识
X3 企业经常进行市场调查研究,以了解顾客需要
X4 企业经常对本地其他同行企业的产品或技术进行详细分析
X5 企业经常去高等院校、科研院所等机构搜集技术信息,了解开发新产品的机会
X6 企业能够持续搜集行业发展的相关信息
X7 企业能够将外界获取的知识和信息加以系统化整理和分类
X8 企业对所搜集知识信息的未来发展方向能够做到很好把握
B.知识共享能力
X9 企业团队内部及团队相互间的知识学习与交流活动很频繁

续表

知识型企业组织学习能力的测量题项
X10 企业员工愿意将自己的经验和知识与同事共享,并提供一定的协助
X11 企业有专门的员工进行知识分享与交流的信息平台
X12 企业经常与合作伙伴进行定期或不定期的信息交流和共享
X13 企业的知识学习和交流活动都能取得很好的效果
C.知识整合能力
X14 企业对文件或制程的处理都是通过高度电脑化来进行
X15 企业强调以书面规则和程序来整合知识
X16 企业能够整合多个领域的专家知识使项目取得成功
X17 企业员工能够有效地将与目标任务相关的新知识和原先积累的知识结合起来
X18 企业员工能够将与目标任务相关的不同零散知识有效结合起来
X19 企业能通过整合各合作企业的知识进行协同创造

资料来源:翕吉马(Atuahene-Gima)①:X1;安卓维纳(Andrawina)②:X2,X3;M.尼托(M.Nieto)③:X4;朱学梅④:X5;吉安图恩(Jantunen)⑤:X6;J.C.华恩(J.C.Huang)⑥:X14,X15;郑梅莲(2008):X16;T.A.迪瓦娜(Tiwana)⑦:X17,X18;G.琳(Lin)⑧:X19;自行设计:X7,X8,X9,X10,X11,X12,X13。

---

① 参见 Kwaku Atuahene-Gima,"Inward technology licensing as an alternative to internal R&D in new product development:A conceptual framework",*Journal of Product Innovation Management*,Vol. 9,No. 2(June 1992),pp. 156-167.

② 参见 L.Andrawina,R.Govindaraju,T.A.Samadhi and I.Sudirman,"*Absorptive capacity moderates the relationship between knowledge sharing capability and innovation capability*",*Industrial Engineering and Engineering Management*,2008.

③ 参见 Nieto,M.,"Absoptive capacity,technological opportunity,Knowledge Spillovers,and innovative effert",*Technovation*,Vol. 25,No. 10(2005),pp. 1141-1157.

④ 参见朱学梅:《知识溢出、吸收能力对高技术产业集群的影响研究》,博士学位论文,吉林大学,2006 年,第 70—71 页。

⑤ 参见 Jantunen,A.,"Knowledge-processing capabilities and innovative Performance:an empirical study",*European Journal of Innovation Management*,Vol. 8,No. 3(2005),pp. 336-349.

⑥ 参见 J.C.Huang,"Knowledge integration Processes and dynamics within the context of cross-functional Projects",*International Journal of Project Management*,Vol. 21,No. 3(2003),pp. 167-176.

⑦ 参见 Tiwana,A.,"Expertise integration and creativity in information Systems development",*Journal of Management Information Systems*,Vol. 22,No. 1(2005),pp. 13-44.

⑧ 参见 Lin,G.,"Identification of homogenous regions for regional frequency analysis using the self-organizing map",*Journal of Hydrology*,Vol. 324,No. 1(2006),pp. 1-93.

三、知识型企业知识创新绩效的定义与测量

本研究在综合知识创新各不同学者观点理解的基础上,将知识创新界定为企业通过知识管理,在知识吸收、知识共享和知识整合的基础上,不断追求新的发展领域、探索新的发展规律、创立新学说,并将知识不断应用到新的价值创造空间,推动企业核心竞争力的不断增强,实现企业的经营成功的行为活动。在文献综述部分,本研究归纳了知识创新的分类主要有技术知识创新、市场知识创新、管理知识创新,这一分类主要是从知识内容和形式上进行划分的。对于企业而言,管理知识的创新和市场知识的创新归根结底都要辅助于企业的技术知识创新,主要表现在产品的价值创收和工艺流程的效率改进等方面。所以,本研究主要以技术知识创新中的产品创新和工艺创新作为知识型企业知识创新的两个核心内容。产品创新主要是以面向用户和消费者为导向,围绕产品改进和创造更新而进行的创新活动,其绩效主要从企业表现出来的新产品品质、顾客满意度、利润目标、市场占有率等创新结果来测量。工艺创新主要是以配合产品设计和生产为导向,围绕产品的加工过程、工艺路线、设备安置等进行的创新,其绩效也主要从企业表现出来的生产效率改进程度和产品成本控制效果等创新结果来测量。总体而言,本研究中知识型企业知识创新绩效的初始测量量表如表5-6所示。

表5-6 知识型企业知识创新绩效的初始测量量表

知识型企业知识创新绩效的测量题项
Z1 整体而言,企业新产品开发的成功率是很高的
Z2 长期以来,企业新产品开发的品质水准在行业内是居于领先位置的
Z3 企业开发的新产品所收到的顾客满意程度都很高
Z4 企业开发的新产品都能达到预定的利润目标
Z5 企业开发的新产品都能达到预定的市场占有率
Z6 长久以来,企业新产品开发中的核心技术应用在行业内是很超前的
Z7 整体而言,企业产品生产工艺流程的改进取得显著的成效

续表

知识型企业知识创新绩效的测量题项
Z8 企业对生产工艺流程的改进有效推动了新产品上市的成功
Z9 企业对产品生产流程的改进大大提高了产品的生产效率
Z10 企业对产品生产流程的改进大大降低了产品的生产成本

资料来源:刘美慧①:Z1,Z2;麦克多诺(McDonough)②:Z3;博西迪(Bossidy)③:Z4,Z5;自行设计:Z6,Z7,Z8,Z9,Z10。

四、控制变量的测量

本研究认为,企业的知识创新绩效除了受到企业智力资本和组织学习能力的影响之外,还可能受到诸如企业规模等因素的影响,因此有必要引入控制变量。根据相关文献,本研究选择了企业性质、企业规模和企业经营年限三个控制变量。这三个控制变量都是分类型变量,分别对应于问卷第一部分的问题 1、2、3。其中,企业性质分为国有企业(含国有控股)、民营企业(含民营控股)、中外合资企业、外商独资企业和其他五类。企业的规模主要按照员工人数来划分,具体 50 人以下,51—100 人,101—200 人,201—500 人,501—1000 人,1001—2000 人和 2000 人以上共七个等级。企业的经营年限具体分为 5 年以下,5—10 年,10—15 年,15—20 年,20 年以上 5 个类型。

---

① 参见刘美慧:《不同创新类型下新产品发展阶段跨部门互动之探讨》,硕士学位论文,"国立中央大学",1999 年,第 21—45 页。

② 参见 McDonough,E.F.,"An Investigation of The Use of Global,Virtual,and Collocated New Produet Development Teams",*The Journal of Product Innovation Management*,Vol. 18,No. 2(2001),pp. 110.

③ 参见 L. Bossidy & R. Charan,*Execution:The Discipline of Getting Things Done*,NewYork:Crown Press,2002,pp. 23-30.

第三节　小样本测试

一、小样本数据的搜集和分析

小样本调研是在江苏省南京市进行的,根据中国南京软件网统计的南京市软件企业目录,根据简单随机抽样的原则,选取了20家调查企业,调查对象主要以销售主管、研发主管和人力资源主管为主,也就是每个企业至少保证三份问卷的调查。此次调查共发放问卷60份,共回收问卷54份,对问卷的有效性进行检测,将无效问卷予以删除。删除无效问卷的原则有三:(1)问卷中有多处缺答的;(2)问卷回答中有前后矛盾现象;(3)问卷中"不确定"选项过多地予以删除。经过以上三个原则的筛选,最后获得有效问卷47份。在企业性质方面,其中包括国有企业性质4家,民营企业11家,中外合资和外商独资企业5家。在企业规模方面,201—500人之间的企业13家,501—1000人之间的企业4家,1001—2000人之间的企业3家。

二、小样本数据描述性统计

小样本调查问卷中各变量测量条款的均值、标准差、偏态和峰值等描述性统计变量详见附表3。一般认为,当偏度绝对值小于3,峰值绝对值小于10,表明样本基本上服从于正态分布。从附表2可以看出,偏度绝对值均小于3,而峰值绝对值均小于4。各测量条款的值基本服从正态分布,可以进行下一步分析。

三、小样本检验的程序和标准

本研究为了提高问卷的效度和信度,在大规模发放问卷和收集数据之前进行问卷前测,也就是要进行问卷的小样本测试。在前测阶段,本研究主要将以下两个方面同时进行筛选变量的测量题项:信度分析和探索性因素分析。其中,信度分析是用来精简问卷,删除对测量变量毫无贡献的问卷题项,以增进每个测量变量的信度;探索性因素分析主要是确定量表的基本构成与题项。总之,前测分析主要是得到精简的、有效的变量测量量表。具体的方法和步骤如下。

首先,对各潜变量的测量条款净化,剔除信度较低的条款。邱吉尔(Churchill)强调,在进行探索性因子分析前要进行测量条款的净化并删除"垃圾测量条款"。假如没有净化测量条款,直接进行因子分析,很可能导致多维度的结果,因而很难解释每个因子的含义。采用的方法是利用纠正条款的总相关系数(Corrected-Item Total Correlation,CITC)进行测量条款的净化,对于CITC值小于0.3且删除后可以增加 a 值的条款予以删除①。本研究以0.3作为净化测量条款的标准,并利用 a 信度系数法(The Cronbach Alpha,简称 a 系数)检测质量条款的信度。假如删除某个测量条款,a 系数增大,则表示可以删除该条款。在测量条款净化前后,都要重新计算 a 系数②。剩余测量条款的 a 系数超过0.7,这说明信度符合要求。

其次,对所有变量的测量条款进行净化后,要对样本进行 KMO 样本充分性测度(Kaiser-Meyer-Olykin Measure of Sampling Adequacy)和巴特莱特球体检验(Bartlett Test of Sphericity)以判断是否可以进行因子分析。"一般认为,KMO 在0.9以上,非常适合;0.8—0.9,很适合;0.7—0.8,适合;0.6—0.7,不太适合;0.5—0.6,很勉强;0.5以下,不适合。巴特莱特球体检验的统计值显著性概率小于等于显著性水平时,可以做因子分析"。根据这一原则对于KMO 值在0.6以下的,不进行进一步分析;对于 KMO 值在0.7以上的,则进行因子分析;对于0.6—0.7的以理论研究为基础,根据实际情况决定是否进行因子分析。

最后,对所有变量进行探索性因子分析。探索性因子分析的目的是从一群杂乱无章的数据中找到共同的属性,并检验不同变量间的区分效度,也就是不同变量之间的差异化程度。区分效度主要通过评价测量项目的因子载荷,

---

① 参见卢纹岱:《SPSS for Window 统计分析》,电子工业出版社2002年版,第76—79页。

② 参见刘怀伟:《商务市场中顾客关系的持续机制研究》,博士学位论文,浙江大学,2003年,第39—41页。

进行分析。本书采用的 EFA 主要利用主成分方法（Principle Component Methods），并采用最大方差法（Varimax）来进行分析，在因子个数的选择方面，采用特征值（Eigenvalue）大于 1 的标准。同时，在评价项目的区分效度时，遵循如下几个原则：

（1）一个项目自成一个因子时，则删除，因为其没有内在一致性。

（2）项目在所属因子的载荷量必须大于 0.5，则其具有收敛效度，否则删除。

（3）每一项目其所对应的因子载荷必须接近 1（越大越好），但在其他因子的载荷必须接近于 0（越小越好），这样才具有区分效度。因此，如果项目在所有因子的载荷均小于 0.5，或者在两个或两个以上因子的载荷大于 0.5，属于横跨因子现象，应该删除。

以上标准保证了每一个概念测量的单因子性，同时防止测量横跨因子现象，经过上述分析后，将探索性因子分析剔除测量条款的变量重新计算信度。

四、小样本量表的信度检验

按照前文的分析方法对模型中的各个变量进行数据分析，具体分析结果如下。

（一）知识型企业人力资本量表的 CITC 和信度分析

首先采用 CITC 法和 a 信度系数法净化量表的测量题项。从表 5-7 可以看出，知识型企业人力资本的测量题项中，第 6、第 7、第 11、第 14、第 16、第 21 个测量题项（R6、R7、R11、R14、R16、R21）的 CITC 指数分别为 0.154、0.092、0.136、0.255、0.104、0.047，远小于 0.3，且删除这六个测量题项后 a 系数有所上升，从 0.767 上升到 0.807，所以将这六个测量题项予以删除。六个测量题项删除后，其他测量题项的 CITC 值都大于 0.3，量表整体的信度系数为 0.807，大于 0.7，说明量表符合研究的要求。

表 5-7　知识型企业人力资本的 CITC 和信度分析

测量题项	初始 CITC	最后 CITC	删除该项目后的 a 系数	a 系数
A.知识经验				
R1	0.539	0.493	0.714	
R2	0.372	0.521	0.643	
R3	0.681	0.653	0.720	
R4	0.528	0.516	0.697	
R5	0.473	0.525	0.747	
R6	0.154	删除		
B.工作能力				
R7	0.092	删除		
R8	0.481	0.531	0.732	
R9	0.519	0.498	0.696	
R10	0.637	0.621	0.735	
R11	0.136	删除		
R12	0.483	0.507	0.740	
C.组织承诺				初始 a=0.767
R13	0.521	0.643	0.753	最终 a=0.807
R14	0.255	删除		
R15	0.417	0.426	0.712	
R15	0.429	0.462	0.733	
R16	0.104	删除		
R17	0.561	0.548	0.719	
R18	0.377	0.405	0.823	
D.创新意识				
R19	0.333	0.471	0.742	
R20	0.482	0.463	0.710	
R21	0.047	删除		
R22	0.359	0.352	0.768	
R23	0.721	0.767	0.741	

(二)知识型企业结构资本量表的 CITC 和信度分析

首先采用 CITC 法和 a 信度系数法净化量表的测量题项。从表 5-8 可以看出,知识型企业结构资本的测量题项中,第 4、第 5、第 9、第 21 个测量题项(J4、J5、J9、J21)的 CITC 指数分别为 0.017、0.291、0.283、0.194,远小于 0.3,

且删除这四个测量题项后 a 系数有所上升,从 0.652 上升到 0.720,所以将这四个测量题项予以删除。四个测量题项删除后,其他测量题项的 CITC 值都大于 0.3,量表整体的信度系数为 0.720,大于 0.7,说明量表符合研究的要求。

表 5-8　知识型企业结构资本的 CITC 和信度分析

测量题项	初始 CITC	最后 CITC	删除该项目后的 a 系数	a 系数
A.组织结构与运作流程				
J1	0.481	0.356	0.713	
J2	0.592	0.578	0.744	
J3	0.335	0.354	0.719	
J4	0.017	删除		
J5	0.291	删除		
J6	0.634	0.701	0.742	
J7	0.335	0.463	0.720	
B.员工制度体系				
J8	0.427	0.460	0.741	
J9	0.283	删除		
J10	0.563	0.551	0.824	初始 a=0.652
J11	0.329	0.406	0.785	最终 a=0.720
J12	0.667	0.673	0.721	
C.企业文化环境				
J13	0.538	0.491	0.708	
J14	0.373	0.520	0.771	
J15	0.681	0.654	0.802	
J16	0.528	0.516	0.758	
D.信息技术系统				
J17	0.483	0.529	0.775	
J18	0.376	0.428	0.769	
J19	0.562	0.549	0.816	
J20	0.369	0.417	0.754	
J21	0.194	删除		

(三)知识型企业关系资本量表的 CITC 和信度分析

首先采用 CITC 法和 a 信度系数法净化量表的测量题项。从表 5-9 可以看出,知识型企业关系资本的测量题项中,第4和第6两个测量题项(G4、G6)的CITC指数分别为0.201、0.107,远小于0.3,且删除这两个测量题项后a系数有所上升,从0.696上升到0.767,所以将这两个测量题项予以删除。两个测量题项删除后,其他测量题项的CITC值都大于0.3,量表整体的信度系数为0.767,大于0.7,说明量表符合研究的要求。

表5-9 知识型企业关系资本的CITC和信度分析

测量题项	初始CITC	最后CITC	删除该项目后的a系数	a系数
A.交易关系质量				
G1	0.449	0.636	0.774	
G2	0.488	0.518	0.706	
G3	0.375	0.423	0.758	
G4	0.201	删除		
G5	0.672	0.631	0.814	初始a=0.696
G6	0.107	删除		最终a=0.767
G7	0.553	0.652	0.736	
B.知识互动强度				
G8	0.418	0.530	0.708	
G9	0.552	0.573	0.740	
G10	0.646	0.661	0.772	
G11	0.357	0.404	0.734	

(四)知识型企业创新资本量表的CITC和信度分析

首先采用CITC法和a信度系数法净化量表的测量题项。从表5-10可以看出,知识型企业创新资本的测量题项中,第4、第5、第11、第12四个测量题项(C4、C5、C11、C12)的CITC指数分别为0.057、0.069、0.007、0.186,远小于0.3,且删除这四个测量题项后a系数有所上升,从0.713上升到0.748,所以将这四个测量题项予以删除。四个测量题项删除后,其他测量题项的CITC值都大于0.3,量表整体的信度系数为0.748,大于0.7,说明量表符合研究的要求。

表 5-10 知识型企业创新资本的 CITC 和信度分析

测量题项	初始 CITC	最后 CITC	删除该项目后的 a 系数	a 系数
A.创新活动投入				
C1	0.359	0.410	0.768	
C2	0.538	0.596	0.756	
C3	0.569	0.590	0.781	
C4	0.057	删除		
C5	0.069	删除		
B.创新知识管理				
C6	0.434	0.450	0.767	
C7	0.545	0.604	0.795	
C8	0.736	0.783	0.706	初始 a=0.713
C9	0.676	0.692	0.738	最终 a=0.748
C10	0.622	0.664	0.711	
C11	0.007	删除		
C.创新激励机制				
C12	0.186	删除		
C13	0.549	0.710	0.792	
C14	0.338	0.436	0.698	
C15	0.532	0.514	0.801	
C16	0.656	0.760	0.817	

（五）组织学习能力的 CITC 和信度分析

首先采用 CITC 法和 a 信度系数法净化量表的测量题项。从表 5-11 可以看出，知识型企业组织学习能力的测量题项中，第 7、第 8、第 13、第 14、第 18 五个测量题项（X7、X8、X13、X14、X18）的 CITC 指数分别为 0.041、0.018、0.092、0.177、0.294，远小于 0.3，且删除这五个测量题项后 a 系数有所上升，从 0.701 上升到 0.793，所以将这五个测量题项予以删除。五个测量题项删除后，其他测量题项的 CITC 值都大于 0.3，量表整体的信度系数为 0.793，大于 0.7，说明量表符合研究的要求。

表 5-11　组织学习能力的 CITC 和信度分析

测量题项	初始 CITC	最后 CITC	删除该项目后的 a 系数	a 系数
A.知识吸收能力				
X1	0.665	0.748	0.771	
X2	0.397	0.752	0.792	
X3	0.423	0.489	0.710	
X4	0.335	0.691	0.821	
X5	0.416	0.721	0.767	
X6	0.548	0.697	0.786	
X7	0.041	删除		
X8	0.018	删除		
B.知识共享能力				
X9	0.548	0.697	0.712	初始 a=0.701
X10	0.473	0.544	0.728	最终 a=0.793
X11	0.530	0.514	0.756	
X12	0.621	0.665	0.781	
X13	0.092	删除		
C.知识整合能力				
X14	0.177	删除		
X15	0.410	0.476	0.847	
X16	0.656	0.760	0.810	
X17	0.436	0.741	0.832	
X18	0.294	删除		
X19	0.325	0.628	0.757	

（六）知识创新绩效的 CITC 和信度分析

首先采用 CITC 法和 a 信度系数法净化量表的测量题项。从表 5-12 可以看出,知识创新绩效的测量题项中,第 2 个测量题项($Z2$)的 CITC 指数为 0.064,远小于 0.3,且删除这个测量题项后 a 系数有所上升,从 0.721 上升到 0.810,所以将这个测量题项予以删除。该测量题项删除后,其他测量题项的 CITC 值都大于 0.3,量表整体的信度系数为 0.810,大于 0.7,说明量表符合研究的要求。

表 5-12　知识创新绩效的 CITC 和信度分析

测量题项	初始 CITC	最后 CITC	删除该项目后的 a 系数	a 系数
Z1	0.589	0.537	0.741	
Z2	0.064	删除		
Z3	0.720	0.784	0.801	
Z4	0.562	0.572	0.756	
Z5	0.495	0.483	0.737	初始 a=0.721
Z6	0.448	0.656	0.725	最终 a=0.810
Z7	0.553	0.591	0.753	
Z8	0.671	0.630	0.710	
Z9	0.426	0.718	0.834	
Z10	0.375	0.412	0.771	

五、小样本量表的探索性因子分析

对测量条款进行初步净化后,就要对 6 个变量 68 个测量题项(6 个变量的初始测量量表共有 90 个,根据量表净化结果,删除 22 个)进行 KMO 样本充分性测度(Kaiser-Meyer-Olykin Measure of Sampling Adequacy)和巴特莱特球体检验(Bartlett Test of Sphericity)以判断是否可以进行因子分析。然后,根据前面所描述的探索性因子分析对区分效度的分析方法与判断标准,采用特征值大于 1 作为因子选择标准,利用主成分计算方法,并采用 Varimax 旋转,得到不同项目的因子负荷系数,通过将因子与变量进行一一对应,得到探索性因子分析结果。

(一)知识型企业人力资本的探索性因子分析

在上一步的检验中,人力资本的测量题项有 6 个被删除,对剩余的 18 个测量条款做探索性因子分析。

表 5-13　知识型企业人力资本的 KMO 样本测度与 Bartlett 球体检验

KMO 样本测度		0.778
Bartlett 球体检验	Bartlett 检验卡方值	145.591
	自由度 df	32
	显著性检验 Sig.	0.000

由表 5-13 可以看出,KMO 值为 0.778,大于 0.7,并且 Bartlett 球体检验的卡方统计值不显著,可以做因子分析,表 5-14 是因子分析的结果。

表 5-14　知识型企业人力资本维度的测量分析

成分	初始特征值			提取的平方和与载荷量		
	总体	方差解释	累计解释	总体	方差解释	累计解释
1	4.469	30.732	30.732	4.469	30.732	30.732
2	2.422	17.916	48.648	2.422	17.916	48.648
3	1.243	13.135	61.783	1.243	13.135	61.783
4	.937	5.234	67.017			
5	.885	4.189	71.206			
6	.879	3.510	74.716			
7	.827	3.416	78.132			
8	.764	3.223	81.355			
9	.743	3.207	84.562			
10	.696	2.281	86.843			
11	.631	2.192	89.035			
12	.528	2.072	91.107			
13	.514	2.065	93.172			
14	.461	1.854	95.026			
15	.385	1.486	96.512			
16	.297	1.311	97.823			
17	.213	1.173	98.996			
18	.106	1.004	100.000			

分析得到三个因子,特征值分别为 4.469、2.422、1.243,并且累计解释方差达到 61.783%。表 5-15 详细列出了旋转后的各因子负荷值,可以看出各因子的负荷值均在 0.5 以上,表示收敛度很好。

表 5-15　知识型企业人力资本维度的因子分析

题项	成分		
	因子 1	因子 2	因子 3
R1	.598	.012	.018
R2	.714	.032	-.074
R3	.793	.271	.077
R4	.833	.061	-.107
R5	.674	.105	-.018
R8	.701	-.154	.049
R9	.587	.024	-.007
R10	.611	-.022	.028
R12	.643	.088	.116
R13	-.047	.913	.027
R15	.092	.819	.077
R17	-.133	.767	.042
R18	-.065	.663	.063
R19	.067	.163	.876
R20	.034	-.125	.803
R22	-.115	-.216	.905
R23	.234	.021	.765
R24	.083	.004	.763

探索性因子分析得到三个因子,因子 1 包含 R1、R2、R3、R4、R5、R8、R9、R10、R12,这 9 个测量题项与员工知识经验和工作能力有关;因子 2 包含 R13、R15、R17、R18,这 4 个题项与员工对组织、团队和同事的忠诚即组织承诺有关;因子 3 包含 R19、R20、R22、R23、R24,这 5 个题项与企业员工整体的创新意识有关。

因此,与原先设想的四维度不同,探索性因子分析的结果表明知识型企业人力资本具有 3 个维度:企业员工的知识经验和工作能力、员工对组织的承诺、企业员工整体的创新意识。对于三个因子的适合性将在大样本检验中进行确定性因子分析。

(二)知识型企业结构资本的探索性因子分析

在上一步的检验中,结构资本的测量题项中有 4 个被删除,对剩余的 17 个测量条款做探索性因子分析。

表 5-16　知识型企业结构资本的 KMO 样本测度与 Bartlett 球体检验

KMO 样本测度		0.811
Bartlett 球体检验	Bartlett 检验卡方值	282.863
	自由度 df	45
	显著性检验 Sig.	0.000

由表 5-16 可以看出,KMO 值为 0.811,大于 0.7,并且 Bartlett 球体检验的卡方统计值不显著,可以做因子分析,表 5-17 是因子分析的结果。

表 5-17　知识型企业结构资本维度的测量分析

成分	初始特征值			提取的平方和与载荷量		
	总体	方差解释	累计解释	总体	方差解释	累计解释
1	5.184	39.137	39.137	5.184	39.137	39.137
2	3.651	14.486	53.623	3.751	14.486	53.623
3	1.538	9.403	63.026	1.538	9.403	63.026
4	.822	4.668	67.694			
5	.745	4.512	72.206			
6	.701	4.078	76.284			
7	.637	3.523	79.807			
8	.603	3.149	82.956			
9	.521	3.056	86.012			
10	.506	2.421	88.433			

成分	初始特征值			提取的平方和与载荷量		
	总体	方差解释	累计解释	总体	方差解释	累计解释
11	.432	2.216	90.649			
12	.426	2.198	92.847			
13	.411	2.031	94.878			
14	.308	1.476	96.354			
15	.251	1.304	97.658			
16	.152	1.292	98.950			
17	.112	1.050	100.000			

分析得到三个因子，特征值分别为 5.184、3.751、1.538，并且累计解释方差达到 63.026%。表 5-18 详细列出了旋转后的各因子负荷值，可以看出各因子的负荷值均在 0.5 以上，表示收敛度很好。

表 5-18　知识型企业结构资本维度的因子分析

题项	成分		
	因子 1	因子 2	因子 3
J1	.856	.304	.241
J2	.881	-.182	.107
J3	.864	.019	.147
J6	.836	-.135	-.104
J7	.717	-.373	-.072
J8	-.127	.912	-.051
J10	-.106	.837	-.143
J11	.130	.806	.063
J12	.011	.765	.058
J13	-.104	.133	.923
J14	-.403	.066	.837
J15	.204	.127	.804
J16	.085	.102	.756

续表

题项	成分		
	因子 1	因子 2	因子 3
J17	.187	−.092	.742
J18	.219	.732	−.074
J19	.231	.716	.121
J20	.340	.819	.139

探索性因子分析得到三个因子,因子 1 包含 J1、J2、J3、J6、J7,这 5 个测量题项与企业组织结构和运作流程有关;因子 2 包含 J8、J10、J11、J12、J18、J19、J20,这 7 个题项与企业管理制度和信息技术系统有关;因子 3 包含 J13、J14、J15、J16、J17,这 5 个题项与企业的文化环境有关。

因此,与原先设想的四维度不同,探索性因子分析的结果表明知识型企业结构资本具有 3 个维度:企业的组织结构和运作流程、企业的管理制度和信息技术系统、企业的文化环境。对于三个因子的适合性将在大样本检验中进行确定性因子分析。

(三)知识型企业关系资本的探索性因子分析

在上一步的检验中,关系资本的测量题项中有 2 个被删除,对剩余的 9 个测量条款做探索性因子分析。

表 5-19　知识型企业关系资本的 KMO 样本测度与 Bartlett 球体检验

KMO 样本测度		0.747
Bartlett 球体检验	Bartlett 检验卡方值	296.457
	自由度 df	58
	显著性检验 Sig.	0.000

由表 5-19 可以看出,KMO 值为 0.747,大于 0.7,并且 Bartlett 球体检验的卡方统计值不显著,可以做因子分析,表 5-20 是因子分析的结果。

表5-20 知识型企业关系资本维度的测量分析

成分	初始特征值			提取的平方和与载荷量		
	总体	方差解释	累计解释	总体	方差解释	累计解释
1	4.481	47.863	47.863	4.481	47.863	47.863
2	1.769	20.745	68.608	1.769	20.745	68.608
3	.637	8.997	77.605			
4	.541	6.234	83.839			
5	.503	4.732	88.571			
6	.423	4.531	93.102			
7	.271	3.437	96.539			
8	.204	2.254	98.793			
9	.126	1.207	100.000			

分析得到两个因子,特征值分别为 4.481、1.769,并且累计解释方差达到 68.608%。表5-21 详细列出了旋转后的各因子负荷值,可以看出各因子的负荷值均在 0.5 以上,表示收敛度很好。

表5-21 知识型企业关系资本维度的因子分析

题项	成分	
	因子1	因子2
G1	.873	-.103
G2	.864	-.013
G3	.905	.043
G5	.243	.845
G7	-.168	.936
G8	.781	.019
G9	.020	.781
G10	.013	.822
G11	-.006	.813

探索性因子分析得到两个因子,因子 1 包含 G1、G2、G3、G8,这 4 个测量题项主要涉及企业与顾客的关系;因子 2 包含 G5、G7、G9、G10、G11,这 5 个题项主要涉及企业与供应商及其他主要合作伙伴的关系。

因此,与原先设想的两个维度划分稍有不同,探索性因子分析的结果表明知识型企业关系资本具有 2 个维度:企业与顾客的关系、企业与供应商及其他合作伙伴的关系。对于两个因子的适合性将在大样本检验中进行确定性因子分析。

(四)知识型企业创新资本的探索性因子分析

在上一步的检验中,创新资本的测量题项中有 4 个被删除,对剩余的 12 个测量条款做探索性因子分析。

表 5-22　知识型企业创新资本的 KMO 样本测度与 Bartlett 球体检验

KMO 样本测度		0.882
Bartlett 球体检验	Bartlett 检验卡方值	354.691
	自由度 df	46
	显著性检验 Sig.	0.000

由表 5-22 可以看出,KMO 值为 0.882,大于 0.7,并且 Bartlett 球体检验的卡方统计值不显著,可以做因子分析,表 5-23 是因子分析的结果。

表 5-23　知识型企业创新资本维度的测量分析

成分	初始特征值			提取的平方和与载荷量		
	总体	方差解释	累计解释	总体	方差解释	累计解释
1	4.153	37.948	37.948	4.153	37.948	37.948
2	2.640	16.241	54.189	2.640	16.241	54.189
3	1.221	11.573	65.762	1.221	11.573	65.762
4	.894	7.203	72.965			
5	.708	5.311	78.276			
6	.631	5.027	83.303			
7	.547	4.535	87.838			

成分	初始特征值			提取的平方和与载荷量		
	总体	方差解释	累计解释	总体	方差解释	累计解释
8	.474	4.016	91.854			
9	.369	3.254	95.108			
10	.232	2.484	97.592			
11	.201	1.261	98.853			
12	.131	1.147	100.000			

分析得到三个因子,特征值分别为4.153、2.640、1.221,并且累计解释方差达到65.762%。表5-24详细列出了旋转后的各因子负荷值,可以看出各因子的负荷值均在0.5以上,表示收敛度很好。

表5-24 知识型企业创新资本维度的因子分析

题项	成分		
	因子1	因子2	因子3
C1	.923	.241	.133
C2	.847	.107	-.113
C3	.903	.143	.059
C6	-.064	.887	.048
C7	-.025	.879	-.180
C8	.014	.870	.035
C9	.227	.765	.051
C10	-.125	.845	.094
C13	.058	-.127	.787
C14	.124	-.106	.721
C15	.096	.048	.809
C16	.065	.097	.635

探索性因子分析得到三个因子,因子1包含C1、C2、C3,这3个测量题项主要与企业的创新活动投入有关;因子2包含C6、C7、C8、C9、C10,这5个题

项主要与企业的创新知识管理有关;因子3包含C13、C14、C15、C16,这4个题项主要与企业创新激励机制有关。

因此,与原先设想的三个维度划分相同,探索性因子分析的结果进一步表明知识型企业创新资本具有3个维度:企业的创新活动投入、创新知识管理、创新激励机制。对于三个因子的适合性将在大样本检验中进行确定性因子分析。

(五)知识型企业组织学习能力的探索性因子分析

在上一步的检验中,组织学习能力的测量题项中有5个被删除,对剩余的14个测量条款做探索性因子分析。

表 5-25　知识型企业组织学习能力的 KMO 样本测度与 Bartlett 球体检验

KMO 样本测度		0.803
Bartlett 球体检验	Bartlett 检验卡方值	247.516
	自由度 df	25
	显著性检验 Sig.	0.000

由表 5-25 可以看出,KMO 值为 0.803,大于 0.7,并且 Bartlett 球体检验的卡方统计值不显著,可以做因子分析,表 5-26 是因子分析的结果。

表 5-26　组织学习能力维度的测量分析

成分	初始特征值			提取的平方和与载荷量		
	总体	方差解释	累计解释	总体	方差解释	累计解释
1	4.201	41.035	41.035	4.201	41.035	41.035
2	2.914	19.672	60.707	2.914	19.672	60.707
3	1.591	10.589	71.296	1.591	10.589	71.296
4	.711	6.161	77.457			
5	.604	4.302	81.759			
6	.532	4.223	85.982			
7	.510	3.407	89.389			
8	.453	3.021	92.410			

成分	初始特征值			提取的平方和与载荷量		
	总体	方差解释	累计解释	总体	方差解释	累计解释
9	.414	2.243	94.653			
10	.378	2.127	96.780			
11	.296	1.175	97.955			
12	.255	1.036	98.991			
13	.141	1.009	100.000			

分析得到三个因子,特征值分别为 4.201、2.914、1.591,并且累计解释方差达到 71.296%。表 5-27 详细列出了旋转后的各因子负荷值,可以看出各因子的负荷值均在 0.5 以上,表示收敛度很好。

表 5-27　组织学习能力维度的因子分析

题项	成分		
	因子1	因子2	因子3
X1	.788	.065	.014
X3	.716	-.043	-.073
X4	.727	-.069	.022
X5	.854	.083	-.120
X6	.886	.123	.151
X9	-.116	.872	.084
X10	.080	.863	.138
X11	-.013	.906	.106
X12	-.043	.859	.008
X15	.186	.024	.801
X16	.107	.019	.875
X17	.031	-.050	.911
X19	.126	.921	.907

探索性因子分析得到三个因子,因子 1 包含 X1、X3、X4、X5、X6,这 5 个测

142

量题项主要与企业的知识吸收能力有关;因子2包含X9、X10、X11、X12、X19,这5个题项主要与企业的知识共享能力有关;因子3包含X15、X16、X17,这3个题项主要与企业的知识整合能力有关。

因此,与原先设想的三个维度划分大致相同,探索性因子分析的结果进一步表明知识型企业组织学习能力具有3个维度:知识吸收能力、知识共享能力、知识整合能力,只是对第19个题项的所负荷的因子有所变化,从知识整合能力转移到知识共享能力。对于三个因子的适合性将在大样本检验中进行确定性因子分析。

(六)知识型企业知识创新绩效的探索性因子分析

在上一步的检验中,知识创新绩效的测量题项中有1个被删除,对剩余的9个测量条款做探索性因子分析。

表 5-28　知识型企业知识创新绩效的 KMO 样本测度与 Bartlett 球体检验

KMO 样本测度		0.866
Bartlett 球体检验	Bartlett 检验卡方值	387.992
	自由度 df	56
	显著性检验 Sig.	0.000

由表 5-28 可以看出,KMO 值为 0.866,大于 0.7,并且 Bartlett 球体检验的卡方统计值不显著,可以做因子分析,表 5-29 是因子分析的结果。

表 5-29　知识创新绩效维度的测量分析

成分	初始特征值			提取的平方和与载荷量		
	总体	方差解释	累计解释	总体	方差解释	累计解释
1	3.418	60.267	60.267	3.418	60.267	60.267
2	1.269	15.791	76.058	1.269	15.791	76.058
3	.912	6.403	82.461			
4	.854	5.261	87.722			
5	.701	3.645	91.367			

续表

成分	初始特征值			提取的平方和与载荷量		
	总体	方差解释	累计解释	总体	方差解释	累计解释
6	.658	3.523	94.890			
7	.529	2.164	97.054			
8	.427	1.636	98.690			
9	.232	1.310	100.000			

分析得到两个因子,特征值分别为 3.418、1.269,并且累计解释方差达到 76.058%。表 5-30 详细列出了旋转后的各因子负荷值,可以看出各因子的负荷值均在 0.5 以上,表示收敛度很好。

表 5-30　知识创新绩效维度的因子分析

题项	成分	
	因子 1	因子 2
Z1	.805	-.140
Z3	.747	.013
Z4	.816	-.110
Z5	.778	.004
Z6	.892	-.008
Z7	.029	.802
Z9	.076	.913
Z10	.190	.798

探索性因子分析得到两个因子,因子 1 包含 Z1、Z3、Z4、Z5、Z6,这 5 个测量题项主要涉及企业产品知识创新绩效的内容;因子 2 包含 Z7、Z9、Z10,这 3 个题项主要涉及企业工艺知识创新绩效的内容。

因此,与原先设想的单维度划分不同,探索性因子分析的结果表明知识型企业知识创新绩效具有 2 个维度:产品知识创新绩效和工艺知识创新绩效。对于两个因子的适合性将在大样本检验中进行确定性因子分析。

第四节　量表修正与补充

本章定义了测量变量、详细设计了测量条款并作了预调研。根据预调研数据的分析结果,剔除了相关度较低的 22 条条款。因不符合测试要求而被提出的条款有:R6、R7、R11、R14、R16、R21、J4、J5、J9、J21、G4、G6、C4、C5、C11、C12、X7、X8、X13、X14、X18、Z2。同时根据各变量探索性因子分析的结果,对原设想的维度进行了调整,最终的维度确定具体如下:人力资本包括企业员工的知识经验和工作能力、员工对组织的承诺、企业员工整体的创新意识等三个维度;结构资本包括企业的组织结构和运作流程、企业的管理制度和信息技术系统、企业的文化环境等三个维度;关系资本包括企业与顾客的关系、企业与供应商及其他合作伙伴的关系等两个维度;创新资本包括企业的创新活动投入、创新知识管理、创新激励机制等三个维度;组织学习能力包括知识吸收能力、知识共享能力、知识整合能力等三个维度;知识创新绩效包括产品知识创新绩效和工艺知识创新绩效等两个维度。另外,将小样本初始量表中知识整合能力维度的测量题项"X19 企业能通过整合各合作企业的知识进行协同创造"更正为大样本正式问卷中知识共享能力维度的测量题项"X10 企业能够与其他合作企业通过一定程度的知识共享进行协同创造"。在对初始量表进行以上修正与补充后,最终形成正式问卷。

第五节　本章小结

本章首先说明了问卷的设计原则和过程,包括每个测量变量操作性定义的界定、测量条款设计的理论依据和产生过程。其次,对问卷进行前测分析以检验初始问卷的有效性和可靠性,通过小样本分析发现初始问卷中存在的问题,比如测量条款的表述不规范,多个测量条款表达的内容相同,测量条款的测量内容与测量维度不一致等。经过对小样本问卷进行 CITC 和信度分析,删除了不适合的测量题项;通过进一步的探索性因子分析,确定了每个变量所包含的因子个数及每个因子下所负荷的测量题项。在小样本检测之后，对问卷的初始测量量表进行最后的修正和补充，形成本研究的大规模发放问卷。

第六章 知识型企业智力资本对知识创新绩效影响的大样本调查与数据分析

本章内容主要分为两个部分,第一部分主要介绍数据的获取过程,包括样本程序、调研时间、地点与对象,以及问卷的发放情况;第二部分主要介绍数据分析过程,对所获的数据进行统计分析,并对分析结果进行阐述和解释。这部分包括:对样本分布情况和数据整体情况做统计描述;对测量题项的信度和效度进行评估;对上一章变量探索性因子分析得出的二阶因子,进行确定性因子分析,以确定维度的合适性,同时对知识型企业智力资本的四维结构假设作进一步验证;对控制变量影响中介变量和结果变量的影响效果进行分析,然后对模型的中介效应以及研究理论的各个假设做出检验,最后参照检验结果对原始模型给出修正。

第一节 数据搜集、样本描述及分析方法

一、数据搜集

本研究概念模型中的各个变量,由于没有可以利用的二手数据,因此采用问卷调研的方式获取分析数据。问卷的大规模发放和数据搜集过程主要包括以下几个步骤:

(一)研究母体的界定

本书主要研究知识型企业的智力资本对知识创新绩效的影响机制,因此

研究目标母体界定为知识型企业。而根据不同的划分标准,知识型企业存在很多不同的行业类型,所以为了排除不同行业背景对本书研究内容的干扰,以提高本书研究假设的针对性和研究结论应用的有效性,本研究选择软件行业企业作为知识型企业的代表企业,使研究母体得到进一步细分和聚焦。软件企业指以计算机软件开发生产、系统集成、应用服务和其他相应技术服务为其经营业务和主要经营收入,具有一种以上由本企业开发或由本企业拥有知识产权的软件产品,或者提供通过资质等级认定的计算机信息系统集成等技术服务的企业。

（二）分析单位的界定

本书主要从知识型企业系统研究的视角出发分析其所拥有的人力资本、结构资本、关系资本、创新资本等对企业整体的知识创新绩效的影响,因此本研究选择企业层面作为分析单位。

（三）抽样架构与抽样方法

由于企业调研的难度很大,为保证调研的顺利进行和提高问卷的回收率,笔者在导师和朋友的帮助下,选择具有一定社会关系的城市作为调查区域,并在该城市相关人员的协助下进行问卷的调查和回收。笔者最终确定本次调查的区域为南京、苏州、无锡、上海四个城市。然后根据有关部门获取的四个城市的软件企业目录,从业务范围和企业产品两方面确定软件企业的抽样架构,用简单随机抽样法选择拟调查企业。

（四）样本容量确定

结构方程模型（SEM）是本研究的主要分析方法。关于结构方程所要求的样本量,不同的学者有不同的看法,且存在较大差异。巴戈齐（Bagozzi）认为线性结构方程模型所要求的样本数至少必须超过 50 个,最好达到估计参数的五倍以上。格尔比恩（Gerbing）则建议在应用结构方程模型时,样本至少要有 150 个。海瑞尔（Haire）认为样本数量起码要大于 100 个,但是样本也不能太大,如超过了 400,则最大似然估计将会变得非常的敏感,从而使所有的适合度指标变得很差。本特勒（Bentler）则认为如果变项符合常态或椭圆的分布,每个变项 5 个样本是足够的。侯杰泰等认为结构方程研究至少要 100 个到 200 个样本①。

综合上述不同学者的观点,本书的样本容量在上述原则下,努力保持样本容量在合理的范围内。同时,根据马国庆关于成本约束和样本容量的关系,适当考虑了样本容量选择的经济原则,确定发放问卷 350 份,并尽可能保证比较高的回收率。

（五）问卷填写人员的选择

为了要确定问卷填写人员有足够的知识和信息量来填写问卷,本研究所设定的受访对象为样本企业的高层经理人员,例如负责产品研发的项目经理、产品经理或产品主管、负责客户业务的营销或主管经理、企业的人力资源部主管等中高层管理人员。

（六）调查方法的选择

在调查方法的选择上,根据张绍勋对小规模访谈、电话访谈、邮寄问卷及互联网四种调查方法进行的综合比较,明确了适合本研究的问卷调查方法②。根据有关学者的建议和研究者的实际情况,本研究的问卷调查主要采取走访调查、邮寄问卷和电子邮件文件问卷三种方法。对于说明情况后愿意接受采访的,主要采用走访调查的方式进行。剩余的则采取邮寄问卷和发送电子邮件的方式进行。

（七）问卷的发放与回收

本研究通过走访、邮寄和电子邮件共发放问卷 350 份,回收问卷 289 份,通过电子邮件方式回收问卷 135 份,通过走访调查回收问卷 85 份,通过邮寄方式回收问卷 69 份,问卷回收率为 82.6%。问卷的调查时间从 2011 年 6 月下旬到 2011 年 9 月中旬,历时近三个月。对于回收的 289 份问卷,经过仔细筛选,共剔除无效问卷 23 份,剔除的问卷主要有三种情况:(1)问卷主要题项部分填写不完整的删除;(2)问卷中"不确定"选项选择过多者予以删除;(3)返回的电子问卷中无法打开或者乱码太多的问卷。删除无效问卷后,剩余有

---

① 参见侯杰泰、温忠麟、成子娟:《结构方程模型及其应用》,教育科学出版社 2004 年版,第 125—127 页。

② 参见张绍勋:《研究方法》,沧海书局 2004 年版,第 88—92 页。

效问卷265份,有效问卷回收率为75.71%。从问卷的城市分布来看,南京91份,上海70份,苏州61份,无锡43份。

二、样本描述

样本分布情况主要通过企业的性质、企业规模、问卷填写人员所在部门、职位等指标来进行分析。

（一）企业性质

将样本按照企业的性质进行分类,详细分布见表6-1。

表6-1　样本的企业性质分布状况

企业性质	频次	百分比（%）	累计百分比（%）
国有企业（含国有控股）	49	18.5	18.5
民营企业（含民营控股）	132	49.8	68.3
中外合资企业	42	15.8	84.1
外商独资企业	33	12.5	96.6
其他	9	3.4	100
合计	265	100	

资料来源:根据调研数据整理,本章除注明的表外,其他表均来自本研究。

从样本企业的性质分布状况来看,国有企业（含国有控股）和民营企业（含民营控股）所占比重最大,其中国有企业49家,所占比重18.5%;民营企业132家,所占比重49.8%;中外合资企业42家,所占比重15.8%;外商独资企业33家,所占比重12.5%;其他性质的企业9家,所占比重3.4%。

（二）企业规模

将样本企业的规模按照员工人数进行分类,详细分布如表6-2所示。

表6-2　样本企业的规模分布情况

企业员工人数	测量代码	样本个数	所占比例（%）
50人以下	1	6	2.3

续表

企业员工人数	测量代码	样本个数	所占比例(%)
51—100 人	2	43	15.9
101—200 人	3	75	28.2
201—500 人	4	61	23.1
501—1000 人	5	50	18.9
1001—2000 人	6	21	8.1
2001 人以上	7	9	3.5

从根据企业员工人数衡量的样本企业的规模分布状况来看,员工人数在101—200 人之间的有 75 家,所占比重最大,达到 28.2%。其次是员工人数在201—500 人之间的企业数量为 61 家,所占比例为 23.1%。其他的依次是501—1000 人之间的企业数为 50 家,所占比例为 18.9%。51—100 人之间的企业数为 43 家,所占比例为 15.9%。其他与员工人数很少和员工人数很多的企业都较少,50 人以下的企业为 6 家,所占比例为 2.3%。员工人数在 1001人以上的企业共计 30 家,所占比例为 11.6%。

（三）问卷填写人员信息

将样本企业填写人员所在部门和职位、在企业内的工作年限等基本信息进行汇总,详细分布如表 6-3 和表 6-4 所示。

表 6-3　样本的问卷填写人员所在部门和职位的分布情况

	类别	频次	所占百分比(%)
所在部门	管理	69	26.0
	技术	57	21.5
	生产	32	12.1
	销售	43	16.2
	研发	64	24.2

	类别	频次	所占百分比(%)
	高层	37	14.0
企业职位	中层	125	47.2
	基层	78	29.4
	普通员工	25	9.5

从问卷填写人员的部门分布状况来看,管理、技术、研发部门填写人员较多,所占比例分别为26.0%、21.5%、24.2%。而生产和销售部门的问卷填写人员共有75人,分别为12.1%和16.2%。从问卷填写人员在企业内的职位分布状况来看,中层员工人数最多,所占比例为47.2%;其次是基层员工为78人,所占比例29.4%。问卷填写人员中高层管理人员和普通员工所占的比例都较少,分别为14.0%和9.5%,各有37人和25人。

表6-4 样本的问卷填写人员在企业工作时间

企业员工工作时间	测量代码	样本个数	所占比例(%)
1年以下	1	5	1.9
1—2年	2	23	8.7
2—3年	3	25	9.4
3—5年	4	54	20.4
5—7年	5	51	19.2
7—10年	6	64	24.2
10年以上	7	43	16.2

从问卷填写人员在企业的工作时间分布状况来看,在企业内工作时间在3年以上的问卷填写人员共有212人,所占比例为80%。在企业内工作时间在1年以内的共有5人,所占比例为1.9%。其余人员共有48人,所占比例为18.1%。

三、样本数据的描述性统计分析

在进行下一步分析前,需要检验各变量题项所获取数据是否符合正态分布。一般认为偏度绝对值小于 3,峰值绝对值小于 10,可以认为数据满足正态分布的要求①。

对大样本各变量测量题项调查数据做描述性统计见附表 4。从附表 4 中可以看出,偏度绝对值均小于 3,且峰度绝对值均小于 5。各测量题项的值基本服从正态性分布,可以进行下一步分析。

四、统计分析方法

本研究在此章节中使用的统计方法如下:

(一)本研究使用 CITC 法对样本测量题项再次进行净化,并用 a 系数法对量表内部一致性信度进行检验。

(二)结构方程模型(Structural Equation Modeling)是应用线性方程系统表示观测变量与潜在变量之间及潜在变量之间关系的一种统计方法。结构方程模型可分为测量方程(measurement equation)和结构方程(structural equation)两部分。测量方程是描述潜变量(latent variables)与观测指标之间的关系,其本质是验证性因子分析或确定性因子分析(confirmatory factor analysis,CFA),而结构方程则是描述潜变量之间的关系。本研究使用 AMOS7.0 软件结构方程的方法对潜变量进行确定性因子分析,检验量表的聚合效度和区分效度,并进一步验证知识型企业智力资本的四维结构假设。

(三)本研究使用 SPSS15.0 对控制变量进行独立样本 T 检验和方差分析、对中介效应进行检验,以及对变量间的因果关系做回归分析。

对于确定性因子分析使用结构方程方法时,需要对模型的整体适配度指标进行评价,本研究主要采用的整体适配度评价指标:卡方指标、拟合优度指数(GFI)和调整拟合优度指标(AGFI)、标准拟合指数(NFI)、增量拟合指数

---

① 参见黄芳铭:《结构方程模式:理论与应用》,中国税务出版社 2003 年版,第 79—83 页。

（IFI）和相对拟合指数（CFI）以及近似误差均方根（RMSEA）等。其含义、取值
范围及理想标准值如表 6-5 所示。

表 6-5　整体适配度指标含义取值参考范围及其理想标准值范围

类型	指标	参考标准	理想标准值	含义
绝对拟合指数	x^2/df	0 以上	小于 5 即可，小于 3 更佳	卡方指数 x^2 代表观察矩阵与理论估计矩阵之间的不适配性，是很多指标的基础，容易受到样本数量的影响，用 x^2/df 来修正
	拟合优度指数 GFI	0—1 之间，但可能出现负值	大于 0.9，大于 0.85 也可接受	理论方差、协方差能够解释观测数据方差、协方差的程度
	调整拟合优度指数 AGFI	0—1 之间，但可能出现负值	大于 0.9，大于 0.85 也可接受	对 GFI 进行修正，减少样本数量的影响
	近似误差均方根 RMSEA	0 以上	小于 0.10，小于 0.05 更佳	错误模型比较敏感，容易解释模型的质量。模型不简约时加以惩罚
相对拟合指数	标准拟合指数 NFI	0—1 之间	大于 0.9，大于 0.85 也可接受	理论模型相对于基准模型卡方的减少程度
	增量拟合指数 IFI	0 以上，大多在 0—1 之间	大于 0.9，大于 0.85 也可接受	对 NFI 的修正，减少其对样本量的依赖
	相对拟合指数 CFI	0—1 之间	大于 0.9，大于 0.85 也可接受	克服 NFI 缺陷，不受样本影响

资料来源：根据侯杰泰、温忠麟和成子娟（2004）；黄芳铭（2005）；邱皓政、林碧芳（2009）等相关研究整理得出。

第二节　样本的信度和效度检验

为了保证对数据处理的可靠性，需要在分析之前检验变量的可靠性和有效性。另外，因为在上一章的探索性因子分析中，人力资本、结构资本、关系资本、创新资本、组织学习能力、知识创新绩效等均探索出二阶因子，也需要对二阶因子的有效性做进一步的检验。对于变量的内部一致性信度依然采用上一章的 CITC 和 a 系数法，分析工具为 SPSS15.0。效度分为内容效度、收敛效度和区分效度。内容效度依据量表设计的科学合理性，用主观感觉判断。收敛

效度和区分效度的检验使用验证性因子分析,分析工具为统计软件 A-MOS7.0。

一、变量的内部一致性信度分析

(一)知识型企业人力资本的内部一致性信度分析

知识型企业人力资本初始测量量表的小样本检验中,按照检验标准:CITC 值小于 0.5 以及删除后 a 系数提高,且大于 0.7,删去六个原测量题项 R6、R7、R11、R14、R16、R21。依据此标准,继续对知识型企业人力资本的大样本数据进行检验,数据分析结果如表 6-6 所示。所有测量条款的 CITC 值均大于 0.5,且所有条款的删除均不会导致 a 系数的增加,因此没有条款被删除,并且量表的整体 a 系数为 0.891,大于 0.7,测量量表符合信度要求。

表 6-6 知识型企业人力资本维度的 CITC 与信度分析

编号	CITC	删除后 a 系数	整体 a 系数
R1	.673	.885	
R2	.721	.864	
R3	.689	.880	
R4	.697	.873	
R5	.699	.872	
R6	.703	.881	
R7	.712	.864	
R8	.705	.857	
R9	.653	.843	
R10	.662	.807	.891
R11	.681	.834	
R12	.624	.858	
R13	.723	.869	
R14	.707	.824	
R15	.711	.861	
R16	.623	.853	
R17	.667	.839	
R18	.684	.825	

（二）知识型企业结构资本的内部一致性信度分析

知识型企业结构资本量表初始测量量表在小样本检验中,按检验标准: CITC 值小于 0.5 以及删除后 a 系数提高,且大于 0.7,删去四个原测量题项 J4、J5、J9、J21。依据此标准,继续对知识型企业结构资本大样本数据进行检验,数据分析结果如表 6-7 所示。所有测量条款的 CITC 值均大于 0.5,且所有条款的删除均不会导致 a 系数的增加,因此没有条款被删除,并且量表的整体 a 系数为 0.901,大于 0.7,测量量表符合信度要求。

表 6-7　知识型企业结构资本维度的 CITC 与信度分析

编号	CITC	删除后 a 系数	整体 a 系数
J1	.683	.881	
J2	.695	.878	
J3	.660	.914	
J4	.672	.880	
J5	.624	.886	
J6	.653	.875	
J7	.637	.893	
J8	.654	.878	
J9	.672	.869	.901
J10	.684	.892	
J11	.692	.903	
J12	.701	.896	
J13	.663	.885	
J14	.658	.883	
J15	.629	.854	
J16	.673	.907	
J17	.647	.879	

（三）知识型企业关系资本的内部一致性信度分析

知识型企业关系资本量表初始测量量表在小样本检验中,按检验标准:CITC 值小于 0.5 以及删除后 a 系数提高,且大于 0.7,删去两个原测量题项 G4、G6。依据此标准,继续对知识型企业关系资本大样本数据进行检验,数据分析结果如表 6-8 所示。所有测量条款的 CITC 值均大于 0.5,且所有条款的删除均不会导致 a 系数的增加,因此没有条款被删除,并且量表的整体 a 系数为 0.887,大于 0.7,测量量表符合信度要求。

表 6-8　知识型企业关系资本维度的 CITC 与信度分析

编号	CITC	删除后 a 系数	整体 a 系数
G1	.616	.864	
G2	.672	.852	
G3	.683	.897	
G4	.634	.886	
G5	.670	.892	.887
G6	.654	.885	
G7	.690	.878	
G8	.664	.864	
G9	.692	.853	

（四）知识型企业创新资本的内部一致性信度分析

知识型企业创新资本量表初始测量量表在小样本检验中,按检验标准:CITC 值小于 0.5 以及删除后 a 系数提高,且大于 0.7,删去四个原测量题项 C4、C5、C11、C12。依据此标准,继续对知识型企业创新资本大样本数据进行检验,数据分析结果如表 6-9 所示。所有测量条款的 CITC 值均大于 0.5,且所有条款的删除均不会导致 a 系数的增加,因此没有条款被删除,并且量表的整体 a 系数为 0.856,大于 0.7,测量量表符合信度要求。

表6-9 知识型企业创新资本维度的 CITC 与信度分析

编号	CITC	删除后 a 系数	整体 a 系数
C1	.686	.852	
C2	.673	.863	
C3	.665	.873	
C4	.655	.824	
C5	.642	.838	
C6	.673	.832	.856
C7	.648	.840	
C8	.651	.858	
C9	.674	.833	
C10	.609	.861	
C11	.611	.842	
C12	.624	.860	

(五)组织学习能力的内部一致性信度分析

组织学习能力量表初始测量量表在小样本检验中,按检验标准:CITC 值小于0.5以及删除后 a 系数提高,且大于0.7,删去五个原测量题项 X7、X8、X13、X14、X18。依据此标准,继续对组织学习能力大样本数据进行检验,数据分析结果如表6-10所示。所有测量条款的 CITC 值均大于0.5,且所有条款的删除均不会导致 a 系数的增加,因此没有条款被删除,并且量表的整体 a 系数为0.902,大于0.7,测量量表符合信度要求。

表 6-10　组织学习能力维度的 CITC 与信度分析

编号	CITC	删除后 a 系数	整体 a 系数
X1	.677	.892	
X2	.745	.886	
X3	.722	.888	
X4	.731	.898	
X5	.607	.889	
X6	.645	.894	
X7	.732	.899	.902
X8	.684	.892	
X9	.605	.893	
X10	.624	.886	
X11	.671	.876	
X12	.656	.903	
X13	.632	.899	

（六）知识创新绩效的内部一致性信度分析

知识创新绩效量表初始测量量表在小样本检验中,按检验标准:CITC 值小于 0.5 以及删除后 a 系数提高,且大于 0.7,删去一个原测量题项 Z2。依据此标准,继续对知识创新绩效大样本数据进行检验,数据分析结果如表 6-11 所示。所有测量条款的 CITC 值均大于 0.5,且所有条款的删除均不会导致 a 系数的增加,因此没有条款被删除,并且量表的整体 a 系数为 0.894,大于 0.7,测量量表符合信度要求。

表 6-11　知识创新绩效维度的 CITC 与信度分析

编号	CITC	删除后 a 系数	整体 a 系数
Z1	.674	.885	
Z2	.666	.884	
Z3	.783	.867	
Z4	.776	.886	
Z5	.754	.873	.894
Z6	.732	.878	
Z7	.692	.865	
Z8	.671	.859	
Z9	.650	.898	

二、变量的内容效度分析

内容效度是指测量方法是否涵盖了它所需要的测量的概念的所有内容。从两个方面判断量表的内容效度:第一,测量工具是否真正测量到研究者所要测量的变量;第二,测量工具是否涵盖了所要测量的变量。内容效度的判断依赖于测量题项产生的实际背景,更多的是靠研究者在主观上的判断,主要依赖于逻辑的处理而非设计的分析,依赖于研究社群对理论定义的认同。内容效度评价可以通过分析相关文献以及与相关人员、该领域专家进行访谈,来对测量题项的语义是否清晰、是否具有代表性等进行综合评估。

本书对测量项目的内容效度,采用了上述两种方法控制。其一,本书的所有变量测量条款的设置,均是在智力资本、组织学习能力、知识创新等理论背景下参考已有的相关研究文献,直接对成熟的量表进行修正后采用,当没有合适的量表直接采用时,则根据概念定义,结合其相关研究背景和实践背景来进行条款设置。其二,在文献分析的基础上,采用预调研的方式,对南京市 20 家软件企业进行小样本测试以及与企业高层管理及相关专家等交换了意见,在他们的建议以及小样本数据处理结果基础上,最终形成了大样本调查使用量表。因此,可以认为本研究所采用的量表在一定程度上涵盖了所测量的内容,条款较清楚,具有较好的内容效度。

三、变量的收敛效度与区分效度分析

收敛效度指用不同的方法测量同一内容应当有较高的相关度,以反映测量方法的有效性。收敛效度可以由潜变量提取的平均方差(Average Variance Extracted,AVE)来解释。AVE 评价了潜变量相对于测量误差来说解释的方差总量,如果提取的平均方差在 0.5 以上,则表示潜变量的测量有足够的收敛效度,AVE 的最低水平为 0.5。

区分效度指同一方法可以区分不同的测量内容,同一方法不同内容间的相关度低。区分效度的检验方法一般采用将不同变量的 AVE 均方根和不同变量间的相关系数相比较的方法。如果一个变量与它的测量题项共有的方差大于该变量与其他变量共有的方差,则其就有了区分性。因此,如果这两个变量的 AVE 的均方根大于两个变量之间的相关系数,则表明其区分效度很好。

(一)知识型企业人力资本的收敛效度和区分效度分析

由上一章探索性因子分析可知,知识型企业人力资本维度是一个二阶因子,分为"知识经验和工作能力"、"员工对组织的承诺"和"员工的创新意识"三个维度,分别包括 9 个、4 个、5 个测量题项。基于上述分析,本章对知识型企业人力资本维度进行确定性因子分析。分析模型见图 6-1,分析结果如表 6-12 所示。从表 6-12 可以看出,知识型企业人力资本维度的确定性因子分析拟合效果很好,各类指标均超过评价标准,绝对拟合指数 χ^2/df = 3.326,GFI = 0.934,AGFI = 0.901,RMSEA = 0.089,均优于评价标准;相对拟合指数 NFI = 0.897,IFI = 0.912,CFI = 0.911。同时,各个测量题项的标准化因子负荷均大于 0.7。并且"知识经验和工作能力"因子的 AVE 值为 0.90338,"员工对组织的承诺"因子的 AVE 值为 0.77871,"员工的创新意识"因子的 AVE 值为 0.90732,均大于 0.5 的最低标准,表明量表具有较好的收敛效度。

对知识型企业人力资本变量进行区分效度的检验结果如表 6-13 所示。该表显示了各因子的相关系数,其中括号内是各因子的 AVE 的平方根。从表

6-13可知,各因子AVE的平方根均大于其所在行和列的相关系数值,说明量表有很好的区分效度。

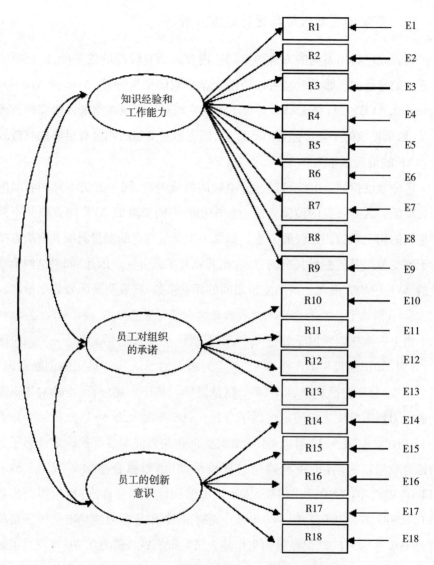

图 6-1　知识型企业人力资本的确定性因子分析模型

表6-12 知识型企业人力资本收敛效度分析

题项	标准化因子负荷	标准误差(S.E.)	临界比(C.R.)	AVE
R1	.732			
R2	.837	.071	12.782	
R3	.805	.067	12.640	
R4	.779	.069	11.444	
R5	.753	.072	11.083	0.90338
R6	.765	.077	11.179	
R7	.743	.064	10.691	
R8	.801	.083	12.176	
R9	.774	.078	11.325	
R10	.760			
R11	.783	.081	11.932	0.77871
R12	.796	.077	12.347	
R13	.747	.069	11.699	
R14	.801			
R15	.793	.091	13.640	
R16	.784	.082	12.362	0.90732
R17	.804	.073	13.725	
R18	.788	.076	12.687	
拟合优度指标	χ^2/df = 3.326 GFI = 0.934 AGFI = 0.901 RMSEA = 0.089 NFI = 0.897 IFI = 0.912 CFI = 0.911			

表6-13 知识型企业人力资本区分效度分析

	知识经验和工作能力	员工对组织的承诺	员工的创新意识
知识经验和工作能力	(0.95046)		
员工对组织的承诺	0.62	(0.88245)	
员工的创新意识	0.71	0.69	(0.95253)

（二）知识型企业结构资本的收敛效度和区分效度分析

由上一章探索性因子分析可知，知识型企业结构资本维度是一个二阶因子，分为"组织结构和运作流程"、"企业制度和信息技术系统"和"企业文化环境"三个维度，分别包括 5 个、7 个、5 个测量题项。基于上述分析，本章对知识型企业结构资本维度进行确定性因子分析。分析模型见图 6-2，分析结果如表 6-14 所示。从表 6-14 可以看出，知识型企业结构资本维度的确定性因子分析拟合效果很好，各类指标均超过评价标准，绝对拟合指数 $\chi^2/df =$ 3.636，GFI = 0.947，AGFI = 0.913，RMSEA = 0.078，均优于评价标准；相对拟合指数 NFI = 0.931，IFI = 0.943，CFI = 0.942。同时，各个测量题项的标准化因子负荷均大于 0.7。并且"组织结构和运作流程"因子的 AVE 值为 0.923636，"企业制度和信息技术系统"因子的 AVE 值为 0.904457，"企业文化环境"因子的 AVE 值为 0.904481，均大于 0.5 的最低标准，表明量表具有较好的收敛效度。

对知识型企业结构资本变量进行区分效度的检验结果如表 6-15 所示。该表显示了各因子的相关系数，其中括号内是各因子的 AVE 的平方根。从表 6-15 可知，各因子 AVE 的平方根均大于其所在行和列的相关系数值，说明量表有很好的区分效度。

表 6-14　知识型企业结构资本收敛效度分析

题项	标准化因子负荷	标准误差（S.E.）	临界比（C.R.）	AVE
J1	.816			
J2	.823	.062	12.216	
J3	.807	.071	11.603	0.923636
J4	.825	.069	12.754	
J5	.806	.073	11.149	

题项	标准化因子负荷	标准误差（S.E.）	临界比（C.R.）	AVE
J6	.749			
J7	.783	.078	11.347	
J8	.811	.081	12.564	
J9	.806	.069	12.444	0.904457
J10	.814	.080	12.730	
J11	.792	.083	11.690	
J12	.776	.071	10.716	
J13	.765			
J14	.772	.074	10.493	
J15	.805	.083	12.896	0.904481
J16	.781	.088	11.225	
J17	.793	.079	11.656	
拟合优度指标	χ^2/df = 3.636　GFI = 0.947　AGFI = 0.913　RMSEA = 0.078　NFI = 0.931　IFI = 0.943　CFI = 0.942			

表6-15　知识型企业结构资本区分效度分析

	组织结构和运作流程	企业制度和信息技术系统	企业文化环境
组织结构和运作流程	(0.96106)		
企业制度和信息技术系统	0.69	(0.95103)	
企业文化环境	0.84	0.76	(0.95104)

（三）知识型企业关系资本的收敛效度和区分效度分析

由上一章探索性因子分析可知,知识型企业关系资本维度是一个二阶因子,分为"与顾客的关系"、"与供应商及其他合作伙伴关系"两个维度,分别包括4个、5个测量题项。基于上述分析,本章对知识型企业关系资本维度进行确定性因子分析。分析模型见图6-3,分析结果如表6-16所示。从表6-16可以看出,知识型企业关系资本维度的确定性因子分析拟合效果很好,各类指

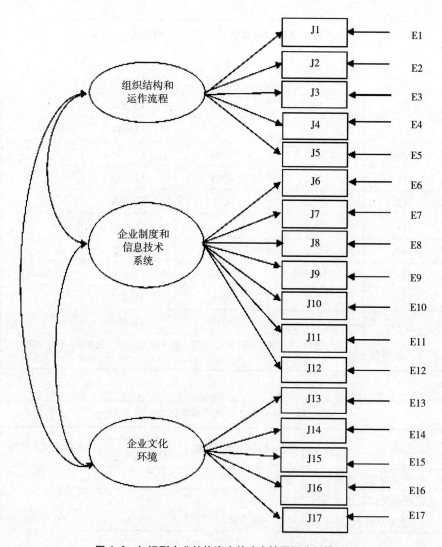

图6-2 知识型企业结构资本的确定性因子分析模型

标均超过评价标准,绝对拟合指数 $\chi^2/df = 1.529$,GFI = 0.949,AGFI = 0.927,RMSEA = 0.041,均优于评价标准;相对拟合指数 NFI = 0.965,IFI = 0.987,CFI = 0.987。同时,各个测量题项的标准化因子负荷均大于0.7。并且"与顾客的关系"因子的 AVE 值为0.924660,"与供应商及其他合作伙伴关系"因子的 AVE 值为0.915632,均大于0.5 的最低标准,表明量表具有较好的收敛效度。

对知识型企业关系资本变量进行区分效度的检验结果如表 6-17 所示。该表显示了各因子的相关系数,其中括号内是各因子的 AVE 的平方根。从表 6-17 可知,各因子 AVE 的平方根均大于其所在行和列的相关系数值,说明量表有很好的区分效度。

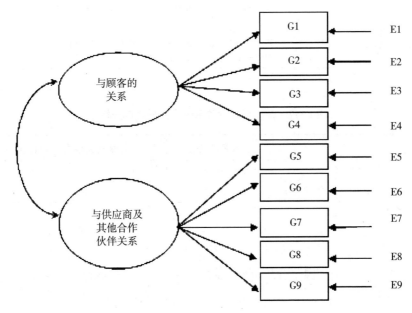

图 6-3　知识型企业关系资本的确定性因子分析模型

表 6-16　知识型企业关系资本收敛效度分析

题项	标准化因子负荷	标准误差(S.E.)	临界比(C.R.)	AVE
G1	.826			
G2	.843	.087	12.755	0.924660
G3	.818	.065	12.203	
G4	.829	.072	12.268	

续表

题项	标准化因子负荷	标准误差（S.E.）	临界比（C.R.）	AVE
G5	.866			
G6	.859	.094	11.989	
G7	.873	.089	12.034	0.915632
G8	.891	.075	12.266	
G9	.797	.081	11.072	
拟合优度指标	χ^2/df = 1.529 GFI = 0.949 AGFI = 0.927 RMSEA = 0.041 NFI = 0.965 IFI = 0.987 CFI = 0.987			

表6-17　知识型企业关系资本区分效度分析

	与顾客的关系	与供应商及其他合作伙伴关系
与顾客的关系	(0.96160)	
与供应商及其他合作伙伴关系	0.79	(0.95689)

（四）知识型企业创新资本的收敛效度和区分效度分析

由上一章探索性因子分析可知,知识型企业创新资本维度是一个二阶因子,分为"创新活动投入"、"创新知识管理"和"创新激励机制"三个维度,分别包括3个、5个、4个测量题项。基于上述分析,本章对知识型企业创新资本维度进行确定性因子分析。分析模型见图6-4,分析结果如表6-18所示。从表6-18可以看出,知识型企业创新资本维度的确定性因子分析拟合效果很好,各类指标均超过评价标准,绝对拟合指数 χ^2/df = 1.711,GFI = 0.987,AGFI = 0.956,RMSEA = 0.043,均优于评价标准;相对拟合指数 NFI = 0.975,IFI = 0.984,CFI = 0.984。同时,各个测量题项的标准化因子符合均大于0.7。并且"创新活动投入"因子的 AVE 值为0.924208,"创新知识管理"因子的AVE 值为0.918556,"创新激励机制"因子的 AVE 值为0.920169,均大于0.5的最低标准,表明量表具有较好的收敛效度。

对知识型企业创新资本变量进行区分效度的检验结果如表6-19所示。

该表显示了各因子的相关系数,其中括号内是各因子的 AVE 的平方根。从表 6-19 可知,各因子 AVE 的平方根均大于其所在行和列的相关系数值,说明量表有很好的区分效度。

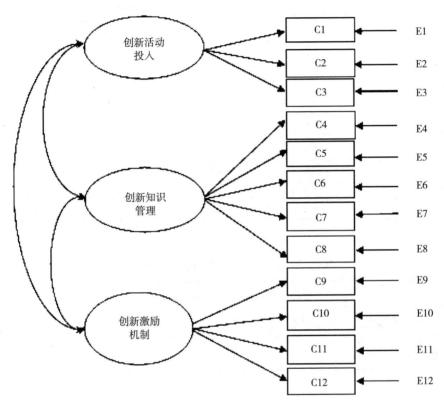

图 6-4　知识型企业创新资本的确定性因子分析模型

表 6-18　知识型企业创新资本收敛效度分析

题项	标准化因子负荷	标准误差(S.E.)	临界比(C.R.)	AVE
C1	.834			
C2	.818	.083	16.692	0.924208
C3	.827	.085	17.387	

续表

题项	标准化因子负荷	标准误差(S.E.)	临界比(C.R.)	AVE
C4	.907			
C5	.911	.093	26.548	
C6	.854	.081	22.175	0.918556
C7	.872	.083	24.462	
C8	.713	.072	18.558	
C9	.804			
C10	.831	.069	19.892	
C11	.798	.074	19.287	0.920169
C12	.823	.087	19.534	
拟合优度指标	χ^2/df = 1.711 GFI = 0.987 AGFI = 0.956 RMSEA = 0.043 NFI = 0.975 IFI = 0.984 CFI = 0.984			

表6-19　知识型企业创新资本区分效度分析

	创新活动投入	创新知识管理	创新激励机制
创新活动投入	(0.96136)		
创新知识管理	0.64	(0.95841)	
创新激励机制	0.71	0.73	(0.95925)

(五)组织学习能力的收敛效度和区分效度分析

由上一章探索性因子分析可知,组织学习能力维度是一个二阶因子,分为"知识吸收能力"、"知识共享能力"和"知识整合能力"三个维度,分别包括5个、5个、3个测量题项。基于上述分析,本章对组织学习能力维度进行确定性因子分析。分析模型见图6-5,分析结果如表6-20所示。从表6-20可以看出,组织学习能力的确定性因子分析拟合效果很好,各类指标均超过评价标准,绝对拟合指数χ^2/df = 3.583,GFI = 0.956,AGFI = 0.899,RMSEA = 0.091,均优于评价标准;相对拟合指数 NFI = 0.938,IFI = 0.949,CFI = 0.949。同时,各个测量题项的标准化因子符合均大于0.7。并且"知识吸收能力"因子的

AVE 值为 0.910042,"知识共享能力"因子的 AVE 值为 0.924877,"知识整合能力"因子的 AVE 值为 0.930219,均大于 0.5 的最低标准,表明量表具有较好的收敛效度。

对组织学习能力变量进行区分效度的检验结果如表 6-21 所示。该表显示了各因子的相关系数,其中括号内是各因子的 AVE 的平方根。从表 6-21 可知,各因子 AVE 的平方根均大于其所在行和列的相关系数值,说明量表有很好的区分效度。

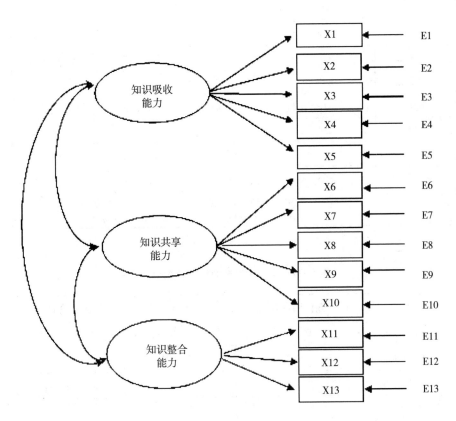

图 6-5 组织学习能力的确定性因子分析模型

表6-20　组织学习能力收敛效度分析

题项	标准化因子负荷	标准误差(S.E.)	临界比(C.R.)	AVE
X1	.782			
X2	.802	.087	14.764	
X3	.845	.091	15.639	0.910042
X4	.796	.062	14.648	
X5	.784	.078	14.342	
X6	.801			
X7	.808	.056	15.909	
X8	.796	.072	17.077	0.924877
X9	.839	.063	16.436	
X10	.817	.077	17.055	
X11	.854			
X12	.890	.076	24.462	0.930219
X13	.863	.094	22.534	
拟合优度指标	χ^2/df = 3.583　GFI = 0.956　AGFI = 0.899　RMSEA = 0.091 NFI = 0.938　IFI = 0.949　CFI = 0.949			

表6-21　组织学习能力区分效度分析

	知识吸收能力	知识共享能力	知识整合能力
知识吸收能力	(0.95396)		
知识共享能力	0.77	(0.96171)	
知识整合能力	0.83	0.72	(0.96448)

（六）知识创新绩效的收敛效度和区分效度分析

由上一章探索性因子分析可知,知识创新绩效维度是一个二阶因子,分为"产品知识创新"、"工艺知识创新"两个维度,分别包括 6 个、3 个测量题项。基于上述分析,本章对知识创新绩效维度进行确定性因子分析。分析模型见

图 6-6,分析结果如表 6-20 所示。从表 6-20 可以看出,知识创新绩效维度的确定性因子分析拟合效果很好,各类指标均超过评价标准,绝对拟合指数 $\chi^2/df = 1.457$,GFI $= 0.920$,AGFI $= 0.896$,RMSEA $= 0.028$,均优于评价标准;相对拟合指数 NFI $= 0.886$,IFI $= 0.946$,CFI $= 0.945$。同时,各个测量题项的标准化因子符合均大于 0.7。并且"产品知识创新"因子的 AVE 值为 0.914026,"工艺知识创新"因子的 AVE 值为 0.920527,均大于 0.5 的最低标准,表明量表具有较好的收敛效度。

　　对知识创新绩效变量进行区分效度的检验结果如表 6-23 所示。该表显示了各因子的相关系数,其中括号内是各因子的 AVE 平方根。从表 6-23 可知,各因子 AVE 的平方根均大于其所在行和列的相关系数值,说明量表有很好的区分效度。

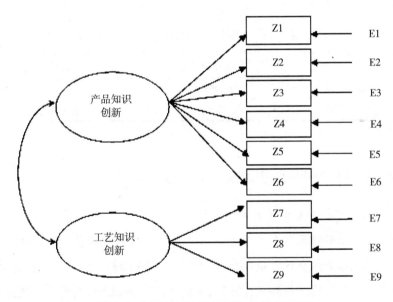

图 6-6　知识创新绩效的确定性因子分析模型

表6-22　知识创新绩效收敛效度分析

题项	标准化因子负荷	标准误差（S.E.）	临界比（C.R.）	AVE
Z1	.805			
Z2	.815	.085	16.220	
Z3	.793	.092	15.891	0.914026
Z4	.833	.070	17.019	
Z5	.821	.063	16.671	
Z6	.843	.068	17.280	
Z7	.823		16.385	
Z8	.808	.078	15.540	0.920527
Z9	.792	.091	14.843	
拟合优度指标	$\chi^2/df = 1.457$　GFI = 0.920　AGFI = 0.896　RMSEA = 0.028 NFI = 0.886　IFI = 0.946　CFI = 0.945			

表6-23　知识创新绩效区分效度分析

	产品知识创新	工艺知识创新
产品知识创新	(0.95605)	
工艺知识创新	0.65	(0.95944)

四、知识型企业智力资本四维结构的检验

（一）知识型企业智力资本多维结构比较检验

为进一步检验知识型企业智力资本结构思维模型的假设，本研究将根据智力资本结构量表的具体测量项目进行验证性因子分析。鉴于以往研究多将智力资本划分为二维结构和三维结构，因此本研究分别将智力资本二维结构、三维结构以及四维结构作为可识别的备选模型，通过一系列验证性因子分析检验各模型之间的差异。单因素模型表示所有项目测量同一个因素知识资本；二因素模型表示两个分组项目测量人力资本和结构资本两个因素；三因素模型表示三个分组项目测量人力资本、结构资本和关系资本三个因素；四因素模型表示四个分组项目测量人力资本、结构资本、关系资本和创新资本。本研

究分别对智力资本结构的单因素模型、二因素模型、三因素模型和四因素模型进行了验证性因素分析,四个备择模型的分析结果见表6-24。

表6-24　知识型企业智力资本因素结构测量模型的各种拟合指标比较

测量模型	χ^2	df	χ^2/df	GFI	AGFI	NFI	IFI	CFI	RMSEA
独立模型	1467.30***	81	20.1						
单因素模型	496.45***	66	7.522	0.732	0.634	0.721	0.733	0.729	0.197
二因素模型	355.87***	66	5.392	0.829	0.753	0.808	0.814	0.862	0.146
三因素模型	229.28***	66	3.474	0.847	0.856	0.795	0.852	0.874	0.112
四因素模型	100.52*	66	1.523	0.951	0.943	0.922	0.987	0.987	0.041

注:*** P< 0.001, ** P< 0.01, * P< 0.05。

从表中结果可以看出,四因素模型的χ^2值为100.52,其显著性水平为0.067,表示χ^2不显著,模型拟合较好。$\chi^2/df<2$,GFI、AGFI、NFI、CFI、IFI等各项拟合指标都大于0.9,并且根均方误差RMSEA为0.041,低于0.05的标准优良值,说明该模型拟合非常好。与此同时,将四因素模型与单因素模型、二因素模型和三因素模型进行比较,数据结果表明另外三个模型的拟合度均不是很理想,拟合程度远远低于四因素结构模型。

（二）知识型企业智力资本高阶因子结构模型验证

本研究进一步对智力资本结构进行高阶因子结构模型验证,结构方程模型验证结果如表6-25所示。

表6-25　知识型企业智力资本结构方程模型检验

测量模型	χ^2	df	χ^2/df	GFI	AGFI	NFI	IFI	CFI	RMSEA
独立模型	1467.30***	81	20.1						
验证模型	113.54**	73	1.421	0.973	0.962	0.958	0.99	0.99	0.029

注:*** P< 0.001, ** P< 0.01, * P< 0.05。

知识型企业智力资本结构方程模型验证数据显示,知识型企业智力资本高阶因子结构模型的χ^2值为 113.54,显著水平为 0.068,表示χ^2不显著,模型拟合较好。χ^2/df值为 1.421,小于 2,在可接受的范围以内。GFI、AGFI、NFI、IFI、CFI 等各项拟合指标都在 0.9 以上,并且根均方误差 RMSEA 为 0.029,低于 0.03 的优良拟合标准值,说明该模型拟合非常良好。本研究同时建立了结构方程模型的示意图,如图 6-7 所示。

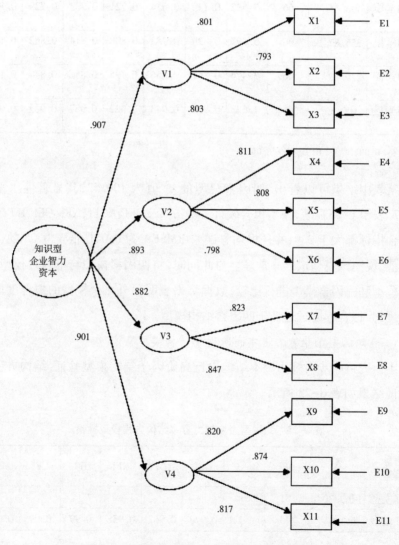

图 6-7　知识型企业智力资本高阶因子结构模型

在知识型企业智力资本高阶因子结构模型示意图中,人力资本(V1)、结构资本(V2)、关系资本(V3)、创新资本(V4)为一级指标,构成了知识型企业智力资本的基本因素准层,员工的知识经验和工作能力(X1)、员工对组织的承诺(X2)、员工的创新意识(X3)等三个指标测度人力资本;组织结构和运作流程(X4)、企业制度和信息技术系统(X5)、企业文化环境(X6)等三个指标测度结构资本;企业与顾客的关系(X7)、企业与供应商及其他合作伙伴的关系(X8)等两个指标测度关系资本;创新活动投入(X9)、创新知识管理(X10)、创新激励机制(X11)等三个指标测度创新资本。

知识型企业智力资本的四个维度在更高一阶上聚合为同一个因素,同时在高阶因子结构模型验证数据分析结果显示,各个维度对高阶因子的因素负荷在 0.79—0.91 之间,满足高阶因子的因子负荷要求,从而验证了假设 1。

第三节　控制变量的单因素方差分析和独立样本 T 检验

在前面的分析中,中介变量和结果变量除了受到自变量的影响外,还会受到控制变量的影响。本研究的控制变量主要有两个,即企业性质和企业规模。这两个控制变量都是采用编码测量,属于分类型自变量,通过单因素方差分析和独立样本 T 检验,可以检验控制变量对中介变量和结果变量的影响,以决定在后面的假设中是否需要进一步考虑。

因为本书研究的变量,除了控制变量以外,其余均是不可直接观测的潜变量,因此,需要对研究模型中的中介变量和结果变量进行赋值。通用的赋值方法有两类,一种方法是采用因子分析方法,计算它们的因子值作为潜变量的计算值;另一种方法是通过采用均值的方法,直接计算潜变量的计算值。在普通相关分析中,通常采用后者,本研究也采取这一方法,相关变量的描述性统计可参见附表 4。

一、企业性质对中介变量和结果变量的影响分析

对于企业性质,本研究将其分为 5 类,分别是国有企业(含国有控股)、民营企业(含民营控股)、中外合资企业、外商独资企业以及其他类型企业。在分析中首先将样本根据企业性质分成 5 组,采用单因素方差分析方法(One-way ANOVA)进行分析,判断企业性质对组织学习能力和知识创新绩效的影响是否有显著差异,方差齐性分析的结果如表 6-26 所示。

表 6-26 企业性质对组织学习能力和知识创新绩效影响的方差分析

	方差分析			方差齐性检验		
	Sum of Square	df	F 值	Sig.	Levene	Sig.
组织学习能力	476.741	316	.872	.486	1.408	.230
知识创新绩效	428.648	316	.945	.443	2.024	.092

注:方差齐性检验的显著性水平为 0.05。

根据方差是否齐性采用不同的方法进行进一步分析,对于方差为齐性的采用 LSD 方法对均值进行两两比较,对于方差为非齐性的采用 Tamhane 法对均值进行两两比较。从表 6-26 的方差齐性检验结果来看,应采用 LSD 方法对不同性质的企业进行两两比较,两两均值检验的结果都不显著。因此可以得出初步结论,就所调查的企业而言,在置信度为 95%的水平下,企业性质对组织学习能力的知识创新绩效都没有显著差异。

二、企业规模对中介变量和结果变量的影响分析

在本研究中,对于企业规模的测量也是采用 7 级量表,依次是"非常小到非常大",4 代表中等规模的企业。本研究根据企业规模的得分值将企业划分为两类,以 4 为分界点划分为"中等以上(≥4)"和"中等以下(<4)"。由于样本只有两组,采用独立样本 T 检验来分析企业规模对组织学习能力和知识创新绩效的影响是否有显著性差异,如表 6-27 所示。

表 6-27　企业规模对组织学习能力和知识创新绩效影响的方差分析

	规模	样本数	均值	方差齐性检验		均值差异检验	
				F 值	Sig.	Sig.	均值差
组织学习能力	中等以上	141	4.9020	5.274	.023	.412	.1063
	中等以下	124	4.8152				
知识创新绩效	中等以上	141	4.9876	1.626	.202	.811	.0311
	中等以下	124	5.0187				

注:方差齐性检验的显著性水平为 0.05。

从表 6-27 可以看出,就所调查的企业而言,在置信度为 95% 的水平上,企业规模对组织学习能力和知识创新绩效没有影响。本研究之所以得出企业规模对组织学习能力和知识创新绩效没有影响的结论,原因之一可能在于样本企业中,规模很大和很小的企业所占比例很小。

从本研究的控制变量对中介变量和结果变量影响检验结果来看,控制变量对中介变量和结果变量都没有显著性影响,其中可能的原因之一是本研究在做调查问卷时,已经对所调查的企业有事先的要求,排除了一些极端情况,比如企业成立时间太短,此外企业规模太小的企业在样本企业中所占的比例非常小。所以分析的结果仅仅针对样本企业而言,并不意味着这两个控制变量在其他情况下对组织学习能力和知识创新绩效没有影响。根据样本企业的数据分析,控制变量对中介变量和结果变量的影响不显著,所以在后面通过结构方程进行假设检验过程中,不再考虑。

第四节　中介变量的检验

在本研究中,知识吸收能力、知识共享能力、知识整合能力等组织学习能力的三个维度作为知识型企业智力资本(人力资本、结构资本、关系资本、创新资本等四个维度)和知识创新绩效(产品知识创新、工艺知识创新等两个维度)的中介变量。具体过程可以分为以下四步:(1)检验自变量和中介变量的相关关系;(2)检验自变量和因变量的相关关系;(3)考虑当中介变量作用时,自变量对因变量的影响程度:是有所减弱还是减弱不显著? 如果自变量对因变量的影响减弱到不显著水平,说明中介变量起到完全的中介作用,即自变量完全通过中介变量影响因变量;如果虽然减弱,但仍达到显著水平,说明中介变量只起到部分中介作用,即自变量对因变量的影响只有一部分是通过中介变量实现的。此时自变量一方面通过中介变量影响因变量,同时也直接对因变量起作用。

一、自变量与中介变量的相关检验

自变量与中介变量相关关系的检验用 Person 相关分析方法,检验采用的软件工具是 SPSS15.0 for Windows,结果如表 6-28 所示。

表 6-28　自变量与中介变量相关性分析结果

中介变量　　　　自变量	知识吸收能力	知识共享能力	知识整合能力
人力资本	.593**	.515**	.672***
结构资本	.301**	.556***	.263**
关系资本	.416**	.260**	.408***
创新资本	.472***	.353***	.552***

注:***P< 0.001,** P< 0.01(双侧检验)。

从上面的分析结果来看,知识型企业人力资本、结构资本、关系资本、创新资本等四个变量与知识吸收能力、知识共享能力和知识整合能力等三个变量之间均存在显著的相关关系。

二、自变量与因变量的相关检验

自变量与因变量相关系数的检验采用 Person 相关分析方法,检验采用的软件工具是 SPSS15.0 for Windows,结果如表 6-29 所示。

表6-29 自变量与因变量相关性分析结果

自变量 ＼ 因变量	产品知识创新绩效	工艺知识创新绩效
人力资本	.612***	.547***
结构资本	.543***	.497***
关系资本	.373***	.400***
创新资本	.654***	.609***

注:***P< 0.001, **P< 0.01(双侧检验)。

从表6-29的分析结果来看,知识型企业人力资本、结构资本、关系资本、创新资本等四个自变量和产品知识创新、工艺知识创新等两个因变量之间均存在显著的相关关系。

三、中介变量与因变量之间的相关检验

中介变量与因变量相关关系的检验采用 Person 相关分析方法,检验采用的软件工具是 SPSS15.0 for Windows,结果如表6-30所示。

表6-30 中介变量与因变量相关性分析结果

中介变量 ＼ 因变量	产品知识创新绩效	工艺知识创新绩效
知识吸收能力	.620***	.568***
知识共享能力	.544***	.372***
知识整合能力	.655***	.643***

注:***P< 0.001, **P< 0.01(双侧检验)。

从表6-30的分析结果来看,知识吸收能力、知识共享能力、知识整合能力等三个中介变量和产品知识创新、工艺知识创新等两个因变量之间存在显著的相关关系。

四、中介变量作为控制变量进行偏相关分析

本部分将知识吸收能力、知识共享能力、知识整合能力等三个中介变量作

为控制变量,对自变量与因变量之间的关系进行偏相关分析,来考察自变量与因变量之间的相关性变化情况。偏相关分析结果如表6-31所示。

表6-31 自变量与因变量相关性分析结果

自变量 \ 因变量	产品知识创新绩效	工艺知识创新绩效
人力资本	.264**	.217**
结构资本	.176	.083
关系资本	.258	.106
创新资本	.206**	.182**

注:***P< 0.001, **P< 0.01, *P< 0.05。

从上面的偏相关分析结果来看,在对中介变量知识吸收能力、知识共享能力、知识整合能力的影响进行控制后,所有自变量与因变量的相关系数均明显降低,并且结构资本、关系资本分别与产品知识创新绩效、工艺知识创新绩效的相关关系变得不再显著。根据前面的判断标准,基本可以得出结论:知识吸收能力、知识共享能力、知识整合能力在人力资本分别与产品创新绩效及工艺产品创新绩效之间有部分中介作用;知识吸收能力、知识共享能力、知识整合能力在结构资本分别与产品创新绩效及工艺产品创新绩效之间有完全中介作用;知识吸收能力、知识共享能力、知识整合能力在关系资本分别与产品创新绩效及工艺产品创新绩效之间有完全中介作用;知识吸收能力、知识共享能力、知识整合能力在创新资本分别与产品创新绩效及工艺产品创新绩效之间有部分中介作用。本书提出的以知识吸收能力、知识共享能力、知识整合能力作为中介变量的理论模型可以作为下一步分析的基础。

第五节 研究假设检验

假设检验即对本书的待检验模型中各变量之间的关系进行验证。在前面信度、效度检验及相关分析的基础上,本部分将进一步采用多元回归分析(Multiple Regression Analysis)方法来检验本研究的假设。相关分析可以说明各变量之间是否存在关系以及关系的紧密度与方向,回归分析则可进一步指明关系的方向,说明因素之间是否存在因果关系。考虑到变量之间可能存在多重共线性的问题,本研究采用逐步回归法(Stepwise),逐步剔除不重要的解释变量。检验采用的软件工具是 SPSS15.0 for Windows。

为了确保正确使用模型得出合理的结论,需要检验回归模型中是否存在多重共线性、异方差和序列相关三大问题。

多重共线性是指解释变量之间存在着严重的线性相关。变量之间存在着显著的相关关系,可能使回归方程出现严重的多重共线性问题,导致我们错误地删除变量以及得出虚假的回归结果,从而难以对回归方程作出精确的估计。多重共线性的检验可以用方差膨胀因子(variance inflation factor,VIF)指数来检验。一般认为,当 0<VIF<10 时,不存在多重共线性;当 10<VIF<100 时,存在较强的多重共线性;当 VIF>100 时,存在严重的多重共线性。本研究所有回归模型的 VIF 值都处于 0—10 之间,因此不存在多重共线性问题。

异方差是指回归模型中的不同残差项之间具有不同的方差。如果出现异方差,说明回归分析的结果不再具有无偏、有效的特点。异方差稳态的检验可以利用三点图来判断,本研究对下面将介绍的各回归模型以被解释变量为横坐标进行了残差项的散点图分析,结果显示,散点图呈无序状态,因此,在本研究的所有回归模型中均不存在异方差问题。

序列相关指的是不同的残差项之间具有相关关系。序列相关也是在进行回归分析前需解决的问题。由于本研究样本采用的是截面数据,因此不可能出现不同期的样本值之间的序列相关问题。序列相关可以用回归模型中 DW 统计量来判断。本研究中所有回归模型的 DW 值均接近 2,因此本研究模型不存在序列相关问题。

以上三大问题的检验都显示,可以正式进行回归检验的分析和讨论。

一、知识型企业智力资本对知识吸收能力的回归分析

知识型企业智力资本包括人力资本、结构资本、关系资本、创新资本四个

维度。将这四个维度作为自变量,知识吸收能力作为因变量,采用多元回归的分析方法检验它们之间的关系。

经过多次回归,四个变量全部进入了回归方程。从表6-32可见,修正 $R^2 = 0.724$,即进入回归方程的这四个变量解释了因变量总差异的72.4%。由表6-32则可进一步看出,F统计量的显著性概率 $P = 0.000 < 0.01$,即拒绝总体回归系数均为0的假设。因此,最终的回归方程应包括这四个变量,且整体效果理想。由表6-33可见,知识型企业人力资本、关系资本、创新资本这三个变量的t统计值的显著性概率都小于0.001,结构资本的t统计值的显著性概率等于0.01小于0.05,且t统计值大于2,因此这四个变量对因变量均有显著影响,并具有较好的预测效果。

表6-32　知识型企业智力资本对知识吸收能力的回归模型数据

模型	R	R^2	修正 R^2	估计的标准误差	F 统计量	显著性概率	Durbin-Watson
—	.850	.724	.721	.57275	176.208	.000	1.800

a 预测变量:(常数)、人力资本、结构资本、关系资本、创新资本
b 因变量:知识吸收能力

表6-33　知识型企业智力资本对知识吸收能力的回归系数

预测变量	非标准化系数		标准化系数	t 统计值	显著性	共线性统计量	
	B	标准误	β			容许度	VIF
常数	.591	.202		2.911	.003		
人力资本	.679	.043	.684	19.857	.000	.597	1.680
结构资本	.213	.051	.235	10.484	.009	.382	2.516
关系资本	.431	.039	.453	13.462	.000	.431	2.283
创新资本	.429	.045	.447	13.285	.000	.417	1.957

a 因变量:知识吸收能力

由表6-32可以看出,Durbin-Watson统计量的值为1.800,接近2,因此回归模型中残差间相互独立,基于回归模型作出的结论是可靠的。由表6-33

可以看到,容许度的值为 0—1 的范围内,方差膨胀因子 VIF 的值在 0—10 的范围内,数值不大,从而拒绝变量之间共线性的假设,表明回归模型不存在多重共线性问题。

从表中可以得到标准化后的回归方程:

知识吸收能力 = 0.684 × 人力资本 + 0.235 × 结构资本 + 0.453 × 关系资本 + 0.447 × 创新资本

根据得出的回归方程,知识型企业人力资本对知识吸收能力具有显著正向影响(β = 0.684),假设 2a 得到支持;结构资本对知识吸收能力具有显著正向影响(β = 0.235),假设 3a 得到支持;关系资本对知识吸收能力具有显著正向影响(β = 0.453),假设 4a 得到支持;创新资本对知识吸收能力具有显著正向影响(β = 0.447),假设 5a 得到支持。

二、知识型企业智力资本对知识共享能力的回归分析

知识型企业智力资本包括人力资本、结构资本、关系资本、创新资本四个维度。将这四个维度作为自变量,知识共享能力作为因变量,采用多元回归的分析方法检验它们之间的关系。

经过多次回归,四个变量全部进入了回归方程。从表 6-34 可见,修正 $R^2 = 0.643$,即进入回归方程的这四个变量解释了因变量总差异的 64.3%。由表 6-34 则可进一步看出,F 统计量的显著性概率 P = 0.000<0.01,即拒绝总体回归系数均为 0 的假设。因此,最终的回归方程应包括这四个变量,且整体效果理想。由表 6-35 可见,知识型企业人力资本、结构资本、关系资本、创新资本这四个变量的 t 统计值的显著性概率都小于 0.001,因此这四个变量对因变量均有显著影响,并具有较好的预测效果。

表6-34　知识型企业智力资本对知识共享能力的回归模型数据

模型	R	R²	修正 R²	估计的标准误差	F 统计量	显著性概率	Durbin-Watson
—	.802	.643	.638	.63167	194.113	.000	1.706

a 预测变量:(常数)、人力资本、结构资本、关系资本、创新资本
b 因变量:知识共享能力

表6-35　知识型企业智力资本对知识共享能力的回归系数

预测变量	非标准化系数		标准化系数	t 统计值	显著性	共线性统计量	
	B	标准误	β			容许度	VIF
常数	.741	.202	—	2.911	.002		
人力资本	.594	.034	.582	19.857	.000	.542	1.841
结构资本	.553	.049	.569	10.484	.000	.503	1.806
关系资本	.314	.052	.337	9.236	.000	.401	1.624
创新资本	.416	.042	.401	13.285	.000	.446	1.757

a 因变量:知识共享能力

由表6-34可以看出,Durbin-Watson 统计量的值为1.706,接近2,因此回归模型中残差间相互独立,基于回归模型作出的结论是可靠的。由表6-35可以看到,容许度的值为0—1的范围内,方差膨胀因子 VIF 的值在0—10的范围内,数值不大,从而拒绝变量之间共线性的假设,表明回归模型不存在多重共线性问题。

从表中可以得到标准化后的回归方程:

知识共享能力 = 0.582 × 人力资本 + 0.569 × 结构资本 + 0.337 × 关系资本 + 0.401 × 创新资本

根据得出的回归方程,知识型企业人力资本对知识共享能力具有显著正向影响(β = 0.582),假设2b 得到支持;结构资本对知识共享能力具有显著正

向影响($\beta = 0.569$),假设 3b 得到支持;关系资本对知识共享能力具有显著正向影响($\beta = 0.337$),假设 4b 得到支持;创新资本对知识共享能力具有显著正向影响($\beta = 0.401$),假设 5b 得到支持。

三、知识型企业智力资本对知识整合能力的回归分析

知识型企业智力资本包括人力资本、结构资本、关系资本、创新资本四个维度。将这四个维度作为自变量,知识整合能力作为因变量,采用多元回归的分析方法检验它们之间的关系。

经过多次回归,四个变量全部进入了回归方程。从表 6-36 可见,修正 $R^2 = 0.698$,即进入回归方程的这四个变量解释了因变量总差异的 69.8%。由表 6-36 则可进一步看出,F 统计量的显著性概率 $P = 0.000 < 0.01$,即拒绝总体回归系数均为 0 的假设。因此,最终的回归方程应包括这四个变量,且整体效果理想。由表 6-37 可见,知识型企业人力资本、结构资本、关系资本、创新资本这四个变量的 t 统计值的显著性概率都小于 0.001,因此这四个变量对因变量均有显著影响,并具有较好的预测效果。

表 6-36　知识型企业智力资本对知识整合能力的回归模型数据

模型	R	R^2	修正 R^2	估计的标准误差	F 统计量	显著性概率	Durbin-Watson
—	.835	.698	.696	.76231	118.046	.000	1.642

a 预测变量:(常数)、人力资本、关系资本、创新资本
b 因变量:知识整合能力

表 6-37　知识型企业智力资本对知识整合能力的回归系数

预测变量	非标准化系数		标准化系数	t 统计值	显著性	共线性统计量	
	B	标准误	β			容许度	VIF
常数	.744	.219		2.945	.002		
人力资本	.608	.054	.614	6.782	.000	.488	2.572
结构资本	.401	.063	.412	4.231	.000	.342	1.853

预测变量	非标准化系数		标准化系数	t 统计值	显著性	共线性统计量	
	B	标准误	β			容许度	VIF
关系资本	.501	.038	.502	5.293	.000	.509	1.964
创新资本	.509	.052	.513	4.685	.000	.340	2.270

a 因变量:知识整合能力

由表 6-36 可以看出,Durbin-Watson 统计量的值为 1.642,接近 2,因此回归模型中残差间相互独立,基于回归模型作出的结论是可靠的。由表 6-37 可以看到,容许度的值为 0—1 的范围内,方差膨胀因子 VIF 的值在 0—10 的范围内,数值不大,从而拒绝变量之间共线性的假设,表明回归模型不存在多重共线性问题。

从表中可以得到标准化后的回归方程:

知识整合能力 = 0.614 × 人力资本 + 0.412 × 结构资本 + 0.502 × 关系资本 + 0.513 × 创新资本

根据得出的回归方程,知识型企业人力资本对知识整合能力具有显著正向影响(β = 0.614),假设 2c 得到支持;结构资本对知识整合能力具有显著正向影响(β = 0.412),假设 3c 得到支持;关系资本对知识整合能力具有显著正向影响(β = 0.502),假设 4c 得到支持;创新资本对知识整合能力具有显著正向影响(β = 0.513),假设 5c 得到支持。

四、知识型企业智力资本、组织学习能力、知识创新绩效的回归分析

知识型企业智力资本中只有人力资本和创新资本通过组织学习能力三个维度对知识创新绩效起部分中介作用,而结构资本和关系资本分别通过组织学习能力的两个维度对知识创新绩效起完全中介作用,因此只有将人力资本、

创新资本、知识吸收能力、知识共享能力、知识整合能力作为因变量,采用多元回归的分析方法检验它们之间的关系。

经过多次回归,五个变量全部进入了回归方程。从表 6-38 可见,修正 $R^2 = 0.736$,即进入回归方程的这五个变量解释了因变量总差异的 73.6%。由表 6-38 则可进一步看出,F 统计量的显著性概率 P = 0.000 < 0.01,即拒绝总体回归系数均为 0 的假设。因此,最终的回归方程应包括这五个变量,且整体效果理想。由表 6-39 可见,知识型企业人力资本、创新资本、知识吸收能力、知识共享能力、知识整合能力这五个变量的 t 统计值的显著性概率都小于 0.001,因此这五个变量对因变量均有显著影响,并具有较好的预测效果。

表 6-38　知识型企业智力资本等对知识创新绩效的回归模型数据

模型	R	R^2	修正 R^2	估计的标准误差	F 统计量	显著性概率	Durbin-Watson
—	.858	.736	.732	.53724	176.955	.000	1.766

a 预测变量:(常数)、人力资本、创新资本、知识吸收能力、知识共享能力、知识整合能力
b 因变量:知识创新绩效

表 6-39　知识型企业智力资本等对知识创新绩效的回归系数

预测变量	非标准化系数		标准化系数	t 统计值	显著性	共线性统计量	
	B	标准误	β			容许度	VIF
常数	.390	.109		2.032	.043		
人力资本	.325	.057	.334	3.813	.000	.294	2.253
创新资本	.287	.038	.302	7.342	.000	.467	2.069
知识吸收能力	.421	.042	.417	4.801	.000	.428	2.277
知识共享能力	.489	.047	.387	4.176	.000	.344	3.053
知识整合能力	.403	.051	.409	4.252	.000	.373	3.312

a 因变量:知识创新绩效

由表 6-38 可以看出,Durbin-Watson 统计量的值为 1.766,接近 2,因此回

归模型中残差间相互独立,基于回归模型作出的结论是可靠的。由表 6-39 可以看到,容许度的值为 0—1 的范围内,方差膨胀因子 VIF 的值在 0—10 的范围内,数值不大,从而拒绝变量之间共线性的假设,表明回归模型不存在多重共线性问题。

从表中可以得到标准化后的回归方程:

知识创新绩效 = 0.334 × 人力资本 + 0.302 × 创新资本 + 0.417 ×

知识吸收能力 + 0.387 × 知识共享能力 + 0.409 × 知识整合能力

根据得出的回归方程,知识型企业人力资本对知识创新绩效具有显著正向影响($\beta=0.334$),假设 7a 得到支持;知识型企业创新资本对知识创新绩效具有显著正向影响($\beta=0.302$),假设 7d 得到支持;结合上节中介作用分析,人力资本通过组织学习能力部分中介作用正向影响知识创新绩效,假设 8a 得到支持;结合上节中介作用分析,人力资本通过组织学习能力部分中介作用正向影响知识创新绩效,假设 8d 得到支持;知识吸收能力对知识创新绩效具有显著正向影响($\beta=0.417$),假设 6a 得到支持;知识共享能力对知识创新绩效具有显著正向影响($\beta=0.387$),假设 6b 得到支持;知识整合能力对知识创新绩效具有显著正向影响($\beta=0.409$),假设 6c 得到支持。结合上节中介作用分析,由于完全中介原因,知识型企业结构资本与知识创新绩效没有直接正向影响,假设 7b 没有得到支持,而假设 8b 得到支持;由于完全中介原因,知识型企业关系资本与知识创新绩效没有直接正向影响,假设 7c 没有得到支持,而假设 8c 得到支持。

五、假设结果分析

本章以江苏省知识型企业智力资本的实际情况为样本,通过对知识型企业智力资本四个维度对中介变量、因变量以及中介变量对因变量的直接影响、间接影响等的实证分析,得出了大部分支持假设以及小部分不支持假设的结论,现对假设检验的结果分析如下:

（一）知识型企业智力资本四维结构假设检验结果分析

假设1是知识型企业智力资本主要由四个维度构成，即人力资本、结构资本、关系资本、创新资本。本研究在一系列探索性因子分析和验证性因子分析的基础上，首先对智力资本结构的单因素模型、二因素模型、三因素模型和四因素模型的拟合情况进行了比较检验。通过比较四个模型在 χ^2、χ^2/df、GFI、AGFI、NFI、CFI、IFI 等各项拟合指标情况，得出四因素模型的拟合程度最佳，其他三个模型的拟合程度都不是很理想。其中，四因素模型的 χ^2 值为100.52，其显著性水平为0.067，表示 χ^2 不显著，模型拟合较好。$\chi^2/df<2$，GFI、AGFI、NFI、CFI、IFI 等各项拟合指标都大于0.9，并且根均方误差 RMSEA 为0.041，低于0.05的标准优良值，说明该模型拟合非常好。其次，又进一步对智力资本四维结构进行高阶因子结构模型验证，数据分析结果表明知识型企业智力资本的四个维度在更高一阶上聚合为同一个因素，且各个维度对高阶因子的因素负荷在0.79—0.91之间，满足高阶因子的因素负荷的要求，从而验证了假设1，说明在当前的知识信息经济时代的创新竞争背景下，知识型企业智力资本更倾向于人力资本、结构资本、关系资本、创新资本的四维度结构划分。

（二）知识型企业智力资本对组织学习能力的假设检验结果分析

假设2是知识型企业人力资本对组织学习能力存在正向影响，进一步细分为如下三个假设：假设2a 知识型企业人力资本对知识吸收能力存在正向影响；假设2b 知识型企业人力资本对知识共享能力存在正向影响；假设2c 知识型企业人力资本对知识整合能力存在正向影响。人力资本对知识吸收能力具有显著正向影响（$\beta=0.684$，$p<0.001$），假设2a 得到支持；人力资本对知识共享能力具有显著正向影响（$\beta=0.582$，$p<0.001$），假设2b 得到支持；人力资本对知识整合能力具有显著正向影响（$\beta=0.614$，$p<0.001$），假设2c 得到支持。如上检验结果说明：知识型企业员工所具有的知识经验、员工整体所具有的基本业务能力和管理能力、员工对组织的承诺、员工所具有创新意识及管理者对创新意识的重视和培训等会影响员工们对企业内外各类知识和信息的识别汲取、各类知识和信息在企业内部的交流扩散以及对不同知识和信息的整合应

用,从而影响企业组织整体的学习能力,即企业人力资本是企业整体学习能力的重要影响因素。

假设 3 是知识型企业结构资本对组织学习能力存在正向影响,进一步细分为如下三个假设:假设 3a 知识型企业结构资本对知识吸收能力存在正向影响;假设 3b 知识型企业结构资本对知识共享能力存在正向影响;假设 3c 知识型企业结构资本对知识整合能力存在正向影响。结构资本对知识吸收能力具有显著正向影响($\beta = 0.235, p < 0.001$),假设 3a 得到支持;结构资本对知识共享能力具有显著正向影响($\beta = 0.569, p < 0.001$),假设 3b 得到支持;结构资本对知识整合能力具有显著正向影响($\beta = 0.412, p < 0.001$),假设 3c 得到支持。如上检验结果说明:企业整体组织结构和运作流程的弹性和环境应变能力、企业制度的明确程度和执行力度、信息技术系统的应用等会影响员工获取外界知识信息的渠道、企业各部门之间信息共享与交流协助,同时也会影响员工在知识整合过程中所需要的信息技术的应用支持,从而使结构资本成为企业整体学习能力的重要影响因素。

假设 4 是知识型企业关系资本对组织学习能力存在正向影响,进一步细分为如下三个假设:假设 4a 知识型企业关系资本对知识吸收能力存在正向影响;假设 4b 知识型企业关系资本对知识共享能力存在正向影响;假设 4c 知识型企业关系资本对知识整合能力存在正向影响。关系资本对知识吸收能力具有显著正向影响($\beta = 0.453, p < 0.001$),假设 4a 得到支持;关系资本对知识共享能力具有显著正向影响($\beta = 0.337, p < 0.001$),假设 4b 得到支持;关系资本对知识整合能力具有显著正向影响($\beta = 0.502, p < 0.001$),假设 4c 得到支持。如上检验结果说明:企业与客户之间的关系通过企业的市场占有率及双方之间的互动学习等影响企业从客户市场中对相关信息反馈的吸收、共享与整合;同时企业与外部供应商、相关专家和研究机构的合作交流通过保持并扩大相关知识网络的共性和重叠等推动各类信息的共享及新知识的吸收与整合。

假设 5 是知识型企业创新资本对组织学习能力存在正向影响,进一步细分为如下三个假设:假设 5a 知识型企业创新资本对知识吸收能力存在正向影响;假设 5b 知识型企业创新资本对知识共享能力存在正向影响;假设 5c 知识型企业创新资本对知识整合能力存在正向影响。创新资本对知识吸收能力具有显著正向影响（$\beta = 0.447, p < 0.001$），假设 5a 得到支持；创新资本对知识共享能力具有显著正向影响（$\beta = 0.401, p < 0.001$），假设 5b 得到支持；创新资本对知识整合能力具有显著正向影响（$\beta = 0.513, p < 0.001$），假设 5c 得到支持。如上检验结果说明：企业通过对研发创新活动的持续经济投入、对存在创新潜力的各类产品及工艺知识经验的归档与管理、对员工创新能力培训、对员工共享行为及创新行为的考核与激励等影响员工自身的学习热情、为团队创新绩效而共享自身知识经验的积极性和主动性，进而影响到企业整体组织学习氛围和组织学习能力的挖掘与提升。

（三）组织学习能力对知识创新绩效的假设检验结果分析

假设 6 是知识型企业组织学习能力对知识创新绩效存在正向影响，进一步细分为：假设 6a 知识型企业的知识吸收能力对知识创新绩效存在正向影响；假设 6b 知识型企业的知识共享能力对知识创新绩效存在正向影响；假设 6c 知识型企业的知识整合能力对知识创新绩效存在正向影响。知识吸收能力对知识创新绩效具有显著正向影响（$\beta = 0.417, p < 0.001$），假设 6a 得到支持；知识共享能力对知识创新绩效具有显著正向影响（$\beta = 0.387, p < 0.001$），假设 6b 得到支持；知识整合能力对知识创新绩效具有显著正向影响（$\beta = 0.409, p < 0.001$），假设 6c 得到支持。如上检验结果说明：企业对组织内外各类信息知识的识别与获取、所获知识信息在企业部门、团队及员工相互间的交流与扩散分享、不同来源的相关知识的融合应用等都直接影响着企业产品和工艺方面的知识创新，所以使得企业整体的组织学习能力成为企业创造知识创新绩效的重要影响因素。

（四）知识型企业智力资本对知识创新绩效的假设检验结果分析

假设 7 是知识型企业智力资本对知识创新绩效存在正向影响，进一步细分为：假设 7a 知识型企业人力资本对知识创新绩效存在正向影响；假设 7b 知识型企业结构资本对知识创新绩效存在正向影响；假设 7c 知识型企业关系资本对知识创新绩效存在正向影响；假设 7d 知识型企业创新资本对知识创新绩效存在正向影响。人力资本对知识创新绩效存在正向影响（$\beta = 0.334, p <$

0.001)，假设 7a 得到支持；创新资本对知识创新绩效存在正向影响（β＝0.302，p<0.001），假设 7d 得到支持；知识型企业结构资本对知识创新绩效没有正向影响，假设 7b 没有得到支持；知识型企业关系资本对知识创新绩效没有正向影响。企业员工所具备的先验知识储备、研发人员及专家比例、领导者的创新意识和支持力度，其他人才资源如营销人员和管理人员等的业务能力、管理能力与沟通协调能力等都会直接影响企业的产品和工艺知识的创新绩效；企业对创新活动持续经济投入、创新研究人员的素质和数量配备，对产品和工艺流程等具有潜在创新挖掘机会的知识和经验的归档与管理，对员工知识共享、团队及个人创新行为和绩效的考核等都对企业的知识创新绩效起到直接的激励和影响作用。

（五）组织学习能力中介作用的假设检验结果分析

假设 8 是知识型企业智力资本通过组织学习能力间接影响知识创新绩效，进一步细分为：假设 8a 知识型企业人力资本通过组织学习能力间接影响知识创新绩效；假设 8b 知识型企业结构资本通过组织学习能力间接影响知识创新绩效；假设 8c 知识型企业关系资本通过组织学习能力间接影响知识创新绩效；假设 8d 知识型企业创新资本通过组织学习能力间接影响知识创新绩效。在知识型企业智力资本、组织学习能力、知识创新绩效的回归分析中得出：人力资本通过组织学习能力三个维度的部分中介作用对知识创新绩效产生正向影响，假设 8a 得到验证；创新资本通过组织学习能力三个维度的部分中介作用对知识创新绩效产生正向影响，假设 8d 得到验证；结构资本通过组织学习能力三个维度的部分中介作用对知识创新绩效产生正向影响，假设 8b 得到验证；关系资本通过组织学习能力三个维度的部分中介作用对知识创新绩效产生正向影响，假设 8c 得到验证。对于该中介作用假设的提出，笔者认为人力资本中员工对组织的承诺以及员工的创新意识在一定程度上会通过推动员工自身学习能力的提升而正向影响企业的知识创新绩效；创新资本中的创新激励机制则通过对员工学习行为的考核激励和创新能力的培训等间接正向影响企业的知识创新绩效；在结构资本与知识创新绩效的相关性检验中，得出结构资本无论与产品知识创新绩效还是工艺创新绩效之间都存在正相关关系,而在知识创新绩效的多元回归中,结构资本却没有进入回归方程,说明结构资本中的组织结构和运作流程、企业制度和信息技术系统、企业文化环境等要素虽然与知识创新绩效关系密切,但必须通过转化成组织的学习能力才能对知识创新绩效产生正向影响;在关系资本与知识创新绩效的相关性检验中,同样也得到关系资本无论与产品知识创新绩效还是工艺创新绩效之间都存在正相关关系,而在知识创新绩效的多元回归中,关系资本也同样没有进入回归方程,说明关系资本中企业与顾客的关系质量、企业与供应商及其他合作伙伴的关系质量等虽然同样与知识创新绩效关系密切,但也必须借助组织学习能力的转化,从中吸收共享及整合各种相关知识信息,实现知识创新绩效的提升。

最后将本书的研究假设检验结果总结在表 6-40 中,以及最终模型如图 6-8 所示。

表6-40　假设检验结果汇总表

假设	假设内容	假设性质	结论
假设 1	知识型企业智力资本主要由四个维度构成,即人力资本、结构资本、关系资本、创新资本	验证性	支持
假设 2	知识型企业人力资本对组织学习能力存在正向影响	验证性	
假设 2a	知识型企业人力资本对知识吸收能力存在正向影响	验证性	支持
假设 2b	知识型企业人力资本对知识共享能力存在正向影响	验证性	支持
假设 2c	知识型企业人力资本对知识整合能力存在正向影响	验证性	支持
假设 3	知识型企业结构资本对组织学习能力存在正向影响	开拓性	
假设 3a	知识型企业结构资本对知识吸收能力存在正向影响	验证性	支持
假设 3b	知识型企业结构资本对知识共享能力存在正向影响	开拓性	支持
假设 3c	知识型企业结构资本对知识整合能力存在正向影响	开拓性	支持
假设 4	知识型企业关系资本对组织学习能力存在正向影响	验证性	
假设 4a	知识型企业关系资本对知识吸收能力存在正向影响	验证性	支持
假设 4b	知识型企业关系资本对知识共享能力存在正向影响	验证性	支持

假设	假设内容	假设性质	结论
假设 4c	知识型企业关系资本对知识整合能力存在正向影响	验证性	支持
假设 5	知识型企业创新资本对组织学习能力存在正向影响	开拓性	
假设 5a	知识型企业创新资本对知识吸收能力存在正向影响	开拓性	支持
假设 5b	知识型企业创新资本对知识共享能力存在正向影响	开拓性	支持
假设 5c	知识型企业创新资本对知识整合能力存在正向影响	开拓性	支持
假设 6	知识型企业组织学习能力对知识创新绩效存在正向影响	开拓性	
假设 6a	知识型企业的知识吸收能力对知识创新绩效存在正向影响	开拓性	支持
假设 6b	知识型企业的知识共享能力对知识创新绩效存在正向影响	开拓性	支持
假设 6c	知识型企业的知识整合能力对知识创新绩效存在正向影响	开拓性	支持
假设 7	知识型企业智力资本对知识创新绩效存在正向影响	开拓性	
假设 7a	知识型企业人力资本对知识创新绩效存在正向影响	开拓性	支持
假设 7b	知识型企业结构资本对知识创新绩效存在正向影响	开拓性	支持
假设 7c	知识型企业关系资本对知识创新绩效存在正向影响	开拓性	支持
假设 7d	知识型企业创新资本对知识创新绩效存在正向影响	开拓性	支持
假设 8	知识型企业智力资本通过组织学习能力间接影响知识创新绩效	开拓性	
假设 8a	知识型企业人力资本通过组织学习能力间接影响知识创新绩效	开拓性	支持
假设 8b	知识型企业结构资本通过组织学习能力间接影响知识创新绩效	开拓性	不支持
假设 8c	知识型企业关系资本通过组织学习能力间接影响知识创新绩效	开拓性	不支持
假设 8d	知识型企业创新资本通过组织学习能力间接影响知识创新绩效	开拓性	支持

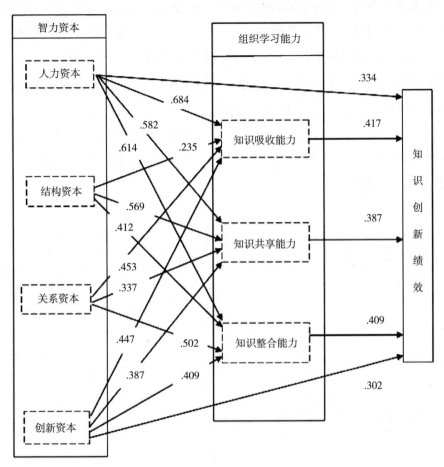

图 6-8　本研究理论模型

第六节　本章小结

本章在前几章论述的基础上,首先对数据的收集过程、样本的分布情况、样本的描述性统计分析及样本的统计分析方法进行了说明。然后继续采用CITC 和 a 系数法对来检测变量的内部一致性信度,检测结果显示各变量的内部一致性效度都在可接受的范围之内。接着,通过结构方程模型的验证性因子分析进一步检测了各变量的收敛效度和区分效度,使各变量的因子划分得到进一步的明确。为进一步验证知识型企业智力资本的四维结构假设,本研究根据智力资本结构量表的具体测量项目,使用 AMOS7.0 软件结构方程的方法比较智力资本二维结构、三维结构以及四维结构各拟合指标的差异,比较结果表明单因素模型、二因素模型和三因素模型的拟合度均不是很理想,拟合程度远远低于四因素结构模型。最后,使用 SPSS15.0 对控制变量进行独立样本 T 检验和方差分析、对中介效应进行检验,以及对变量间的因果关系做回归分析,验证相关假设。

第七章　研究结论与展望

第一节　研究结论

一、知识型企业智力资本四维结构划分的科学性和合理性

本研究基于对国内外企业智力资本研究以及相关文献的梳理,界定知识型企业智力资本概念及其四个构成维度:人力资本、结构资本、关系资本、创新资本。测量量表是在借鉴现有相关变量的测量量表的基础上,结合企业访谈、调研以及专家意见等编制而成。本研究借助基于问卷调研所获得的数据,以探索性因子分析、验证性因子分析到研究模型的实证研究结果分析,表明知识型企业智力资本概念的提出及其四个维度划分具有合理性。

本研究对量表的信度和效度进行了检验。信度分析结果表明:人力资本的整体 a 系数为 0.891,结构资本的整体 a 系数为 0.901,关系资本的整体 a 系数为 0.887,创新资本的整体 a 系数为 0.856,表明量表具有较高的内部一致性信度。收敛效度的分析结果表明:人力资本中"知识经验和工作能力"因子的 AVE 值为 0.90338,"员工对组织的承诺"因子的 AVE 值为 0.77871,"员工的创新意识"因子的 AVE 值为 0.90732,均大于 0.5 的最低标准,表明人力资本量表具有较好的收敛效度。结构资本中"组织结构和运作流程"因子的 AVE 值为 0.923636,"企业制度和信息技术系统"因子的 AVE 值为 0.904457,"企业文化环境"因子的 AVE 值为 0.904481,均大于 0.5 的最低标准,表明结构资本量表具有较好的收敛效度。关系资本中"与顾客的关系"因子的 AVE 值为 0.924660,"与供应商及其他合作伙伴关系"因子的 AVE 值为 0.915632,

均大于0.5的最低标准,表明关系资本量表具有较好的收敛效度。创新资本中"创新活动投入"因子的AVE值为0.924208,"创新知识管理"因子的AVE值为0.918556,"创新激励机制"因子的AVE值为0.920169,均大于0.5的最低标准,表明创新资本量表具有较好的收敛效度。区分效度的分析结果显示在量表中各因子的AVE的平方根均大于其所在行和列的相关系数值,说明量表有很好的区分效度。

本研究模型的检验中,所提出的假设大部分也得到了实证分析的支持,使本研究能够更系统、更全面地揭示知识型企业智力资本、组织学习能力及知识创新绩效之间的内在作用机制。因此,基于我国文化背景下知识型企业智力资本的概念及其四个构成维度具有一定的科学性和合理性。

二、知识型企业智力资本对组织学习能力、知识创新绩效的直接影响

实证分析表明知识型企业智力资本的四个维度人力资本、结构资本、关系资本、创新资本都对组织学习能力的三个维度知识吸收能力、知识共享能力、知识整合能力具有直接正向影响。人力资本对知识吸收能力、知识共享能力、知识整合能力的影响系数分别为0.235、0.569、0.412,其中$p<0.001$;结构资本对知识吸收能力、知识共享能力、知识整合能力的影响系数分别为0.235、0.569、0.412,其中$p<0.001$;关系资本对知识吸收能力、知识共享能力、知识整合能力的影响系数分别为0.453、0.337、0.502,其中$p<0.001$;创新资本对知识吸收能力、知识共享能力、知识整合能力的影响系数分别为0.447、0.401、0.513,其中$p<0.001$。说明知识型企业员工所具备的先验知识、工作能力、创新意识水平,组织结构的柔性、对外适应性、员工参与性,企业与客户、供应商、其他合作伙伴的交流频率与合作关系质量,企业对各类创新活动的投入、创新知识的管理、创新行为的激励等都能够直接影响企业在知识的识别获取、共享交流、消化整合等方面的态度和行为表现。

实证分析表明知识型企业智力资本的人力资本和创新资本等两个维度对知识创新绩效具有直接正向影响。其中人力资本对知识创新绩效的影响系数

为 β=0.334,且水平显著 p<0.001;创新资本对知识创新绩效的影响系数为 β=0.302,且水平显著 p<0.001。这说明,企业所具有的人力资本存量,具体表现为员工所具有的先验知识水平、业务能力、管理能力,企业的专家数量储备等在很大程度上奠定了企业在知识创新方面取得高绩效的直接成功基础。同时,企业所具备的先前创新成果基础及其有效管理、企业对创新活动的持续经济投入等又更进一步为知识创新活动的成功提供了源源不断的知识储备和物质保证。

三、知识型企业智力资本通过组织学习能力对知识创新绩效的间接影响

实证分析结果表明知识型企业智力资本四个维度都通过组织学习能力三个维度的中介作用对知识创新绩效产生间接影响,其中人力资本和创新资本通过组织学习能力的部分中介作用来间接影响知识创新绩效,而结构资本和关系资本通过组织学习能力的完全中介作用来间接影响知识创新绩效。通过推理分析,笔者认为组织学习能力在一定程度上缓解了人力资本中的员工创新意识对知识创新绩效的影响,也就是说员工创新意识必须通过必然的员工学习能力转化才能对知识创新绩效起到推动作用;同样,创新资本中的创新知识管理、创新行为激励等也要通过转化为员工一定的学习能力才能有效正向影响企业知识创新绩效的提升。而结构资本和关系资本借助组织学习能力的完全中介作用影响知识创新绩效,说明结构资本的有机性越强,企业与客户、供应商及其他合作伙伴的交流互动越密切,并不意味着企业的知识创新绩效一定会更高,前者必须转化为员工对各类知识信息的识别获取、共享传播、整合应用的能力,才能发挥结构资本和关系资本优势对知识创新绩效的有效推动。

第二节　管理启示

一、持续开发人力资本以提高人力资源配置的合理性

人力资本是智力资本的重要组成部分,也是最根本最核心的资本积累。

作为智力资本中唯一具有能动性的鲜活要素,人力资本是知识型企业中最重要、最宝贵的资源,是知识型企业知识创新与持续成长的关键驱动力量。对知识型企业而言,人力资本不仅表现为每个成员个人所拥有的人力资本,更重要的是企业所拥有的人力资本的共同作用而创造的企业绩效。

结合本书的量表设计和实证结果分析,本研究对知识型企业的人力资本管理提出如下几点启示:首先,按照企业的长期战略规划积极引进各类专业人才,不断提高企业现有技术人员和管理人员等的专业知识储备和业务技术水平,把在职培训、技能培训、终身教育作为企业人力资本提升的首抓环节,构筑企业的人才高地。

其次,在知识型企业的人力资本管理中,构建组织与员工的心理契约和承诺,提高双方的相互信任。心理契约是以契约双方相互间的信任作为基础的,通过建立良好的心理契约,企业可以充分发挥员工的主动性和创造性,员工将个体的发展充分整合到企业的发展中,在动态条件下不断与企业保持良好的信赖关系,形成企业与全体员工之间的"生命共同体"。具体而言:(1)建立有效的沟通,营造良好的企业氛围。通过企业内部正式或非正式的交流,使下情能为上知、上意能迅速准确下达,确保企业内部信息和观念交流的快捷有效性,有助于在企业内部营造良好的组织氛围,影响员工的工作态度。(2)赋予员工充分的信任和自主权,提高员工参与度。在知识型企业中,人才是知识和技术的"承载者",是决定企业未来发展的关键因素。企业要将员工的知识和技术转变为企业的创新绩效,就必须赋予内部员工充分的自主权,善于倾听员工的意见,为员工的个性化发展提供充分空间,并鼓励员工参与企业管理,提高员工参与度,使他们承担一定责任,从而增加彼此之间的信任和协作性,让员工感到在企业所获得的信任和协作性,增强员工的成就感和自豪感,加固员工对组织的承诺,激发他们的进取精神和创新精神。

最后,加强员工的创新意识培养,使创新意识在普通员工、中高层管理者、企业领导者等各个层面得到扩散和渗透。在企业创新的浪潮中,创新不仅要在核心技术研发人员的意识中得以体现,更要在中高层管理者和企业领导层的意识中有所深入。企业管理者作为企业中支配资源最多的群体,他们掌握着计划、组织、协调、指挥、控制等关键职能,他们对创新的认识、态度和行为不仅关系到企业能否产出创新成果,更重要的是对营造企业创新环境、引导企业资源向创新方面倾斜发挥决定性作用。所以企业要加强员工尤其是中高层管理者的创新意识培养和引导,捕捉创新机会,以应对知识信息经济背景下的创新竞争。

二、构筑企业支持平台挖掘结构资本潜在效用

结构资本是智力资本的基础设施,在智力资本营运过程中,为人力资本、关系资本、创新资本的最佳利用创造条件,并与它们共同作用,驱动企业整体绩效。因此企业要进一步挖掘结构资本的潜在效用,构筑并坚固企业知识创新活动的支持平台。结合本书的量表设计和实证结果分析,本研究对知识型企业的结构资本管理提出如下几点启示:首先,通过降低组织的集权化程度和组织正式化程度来提高组织结构的有机性,弱化组织内部及组织与外部间的沟通边界,使组织能够更有效地审视外部环境,识别适宜的外部知识来源。组织结构内涵体现为组织的运行机制与组织能力。组织结构作为组织创新的载体会影响组织中个体的信息和知识交换,进而影响组织的知识创新。随着人类经济和社会化进程的发展,知识一方面成为日益重要的公共资源,一方面又是一种赖于高风险巨额投入的社会化产品,因而大部分知识逐渐演变为具有交换性的准公共产品。但是由于机械性组织结构都过多地强调分工、专业化、集中化与等级链等原则,十分不利于知识的生产、获取、共享和创新,对个人创造性的发挥起到一定的阻碍作用。同时,机械型组织缺少学习和创新氛围,不容易实现对知识员工的有效激励。所以,对知识型企业而言,有机型组织结构的构建更利于知识创新绩效的创造和创新意识在企业内部的扩散推广。

其次,营造创新文化氛围,激发员工的创新潜力。企业文化从某种意义上讲就是企业领导文化、价值观、行为规范、创新精神以及道德水平的集中体现。优秀的企业文化可以为企业创新活动提供动力和智力支持,通过正确"创新价值观"的引入和渗透,鼓励员工创新思想的迸发,宽容创新探索中的失败,使员工个体主动完成思想观念的转变,全面学习应用的各类知识和技能,激发

他们的创新潜力。

最后，重视信息技术工具的应用，提高其对员工创新活动的潜在支持。例如，信息技术工具通过连接组织内部的专家会帮助他们相互间知识获取和共享，并传播编码化的知识。信息技术工具的应用对组织通信能力的提升可以帮助组织对外界环境变化做出及时快速的反应并对外部环境保持敏感性。一般而言，组织信息技术主要是在组织知识创新中的知识整合化阶段（即显性知识间的转化）发挥其作用。同时也支持知识外部化和内部化过程。在知识整合化阶段，知识的编码、存取完全依赖于信息技术；在知识外部化阶段，电视会议系统、电话、E-mail 等通讯和信息技术能够强化和方便个体的沟通和交流，进而也促进了隐性知识向显性知识的转化过程；在知识内部化阶段，计算机仿真、虚拟现实等技术可以向个体提供实时的培训。有效的利用信息技术可以尽可能快地调节组织中的知识资产，从而使组织具有更高的知识转移和创新优势。

三、完善资源吸纳机制以拓宽企业关系网络

在某种程度上，关系资本可以视为人力资本运营的结果，其形成之后又对人力资本的价值创造和实现产生深远的作用和影响；同时关系资本又可以看作是结构资本的外延和扩张，结构资本在一定程度上决定并影响关系资本的形成，企业的创造价值和发展最终必须得到关系各方的认可，才能确保最终的经营成功。

知识型企业关系资本管理的关键是从企业外部获取知识，协助企业实现知识创新，提升企业价值。知识型企业的行业竞争特点决定其产品必然带有创新性，因此了解消费者需求很重要，但同时引领消费者的需求更重要。所以，企业与顾客进行知识共享和交流互动是关系资本管理的关键所在。同时，企业可以从供应商、科研机构、政府以及其他合作性竞争对手中吸纳相关知识信息，并构建集群关系资本网络，通过各自"核心能力"的整合达到知识创新的目的。

因此，知识型企业要优化智力资本管理的外部环境，拓展关系资本网络，

完善企业外部资源吸纳机制,积极从外部获取创新资源和知识信息,提高企业知识存量积累,打造企业独特的核心竞争力,提升企业的知识创新竞争优势。

四、增加创新资本的投入并激活企业创新机制

在实证研究部分,分析结果证明创新资本是知识型企业的一个重要维度,其对企业知识创新绩效的影响已上升到其他维度不可取代的位置。面对新技术和新知识的不断更新,知识型企业需要通过持续的研发投入、创新知识管理和创新激励机制使企业内部的知识激活。对员工创新行为的激励机制可以考虑从创新活动支持机制和创新成果收益机制两方面着手。一定的物质条件是保证员工技术创新成功的基本条件,这些条件包括先进的实验仪器和设备、必要的信息处理工具、舒适的工作环境等基本工作设施。另外,还有帮助员工释放工作压力、营造自由宽松氛围的休闲设施,供员工交流信息、碰撞思想的简单场所等一些似乎与工作无关但能促进员工技术创新的必要环境条件。成果收益机制就是通过处理好员工的知识共享行为、创新行为考核、创新成果绩效等与企业奖励之间的关系来激励员工的知识共享和创新行为。

五、关注企业智力资本在创新过程中的整合与协调

所谓智力资本的整合是指依据一定的目标需要和理念设计,在企业智力资本管理过程中,把不同实践要素按照合理的活动程序和配置比例,将分散的部分组合成一个整体,以发挥其总体的功效。知识创新只有经过真正意义上的智力资本整合,才能实现其应有的价值和绩效。

在知识型企业智力资本的整合发展中,在其智力资本的管理实践中,研究智力资本整合的目标就是解决创新过程中出现的问题和任务。由于知识型企业智力资本显性和隐性共存的事实,对知识型企业显性化知识来说,具有一定的指令性和可操作性,最有效的整合方式就是将其转化为企业制度和指令。对于不易表达和难于将其指令化的隐性知识而言,为了整合智力资本的价值形态,在企业管理实践中,智力资本隐性知识整合首先在创新团队成员间实现隐性知识的共享,这是将隐性知识在成员间实现共享的重要渠道和方式。其

次是通过拥有不同隐性知识员工的直接协作,实现隐性知识的整合。

第三节　研究不足与展望

目前,国内关于知识型企业智力资本的研究还处于起步阶段,仍有很多理论问题和实践问题有待深入研究。本研究是知识型企业智力资本对知识创新绩效影响机制的探索性研究,虽然已经完成所提出的理论构思,获得了一些研究成果,但仍存在一些不足,希望在后续的研究中能够进一步深入。

一、样本的地域分布进一步扩大

由于研究中个人能力的限制,只能在力所能及的长三角地区代表城市南京、苏州、无锡、上海等抽样、发放和回收问卷,而且每个城市的样本数量也不多。同时,也因为我国是一个幅员辽阔、文化丰富的国家,每个地区都表现出不同的文化特征、经济、社会发展水平,时代样本的代表性受到了限制,使得本研究结论的普适性有待进一步验证。因此,后续的研究可以在全国各个地区选择样本,使研究最大限度地体现我国知识型企业的智力资本情况。如果可能的话,还可以对不同地区的知识型企业智力资本进行对比研究,探索其中差异对企业知识创新绩效的影响差异。

二、模型测量数据的采集可以跨时间设计

受本研究的时间所限,笔者采用的是横截面数据,而横截面数据在变量间因果关系的检验上存在一定的局限。因而期望在以后的研究中能够有更充足的时间和精力考虑对知识型企业智力资本影响模型测量数据采集的跨时间设计,分阶段进行。通过在不同时点获取研究数据,可以避免横截面数据的局限。

三、知识型企业智力资本影响知识创新绩效的理论模型可以进一步拓展和细化

本研究将知识型企业智力资本分为人力资本、结构资本、关系资本、创新

资本,并引入知识吸收能力、知识共享能力、知识整合能力等组织学习能力三个维度变量作为中介变量,以揭示知识型企业智力资本对知识创新绩效的作用机制。为了获取更丰富的结论,可以考虑对现有模型进行更进一步的拓展,研究知识型企业智力资本四个维度的相互关系及这种相互关系对组织学习能力和知识创新绩效的影响。另外,本研究在假设提出和验证时仅考虑了知识型企业智力资本四个维度在组织学习能力的中介作用下对知识创新绩效的影响,但没有细化到各个维度下面的子维度对组织学习能力和知识创新绩效的影响。本研究虽然在整体上取得了一定的研究成果,但可能会因为细化因素实证分析的缺乏而忽略一些重要关系。希望在后续研究中能进一步完善此方面的研究。

参考文献

王兴成等:《知识经济》,中国经济出版社 1998 年版。

周江建、周运森:《知识信息经济对企业管理的挑战及其对策》,《现代管理科学》2004 年第 3 期。

杨运杰等:《知识型企业资本结构研究》,中国经济出版社 2006 年版。

Machlup Fritz, *The Production and Distribution of Knowledge in the United States*, New Jersey: Princeton University Press, 1962.

[日] 野中郁次郎等:《创造知识的企业》,李萌等译,知识产权出版社 2006 年版。

[美] 卡尔-爱立克·斯威比:《知识型企业的分析与评价》,王锦等译,海洋出版社 2002 年版。

Charls M. Savage, *Fifth Generation Management: Co-Creating through Virtual Enterprising, Dynamic Teaming, and Knowledge Networking*, Boston: Butterworth-Heinemann, 1996.

[美] 鲁迪·拉各斯:《知识优势》,吕巍等译,机械工业出版社 2002 年版。

Peter F. Drucker, *HBR: On Knowledge Management HAR*, Boston: Harvard Business School Press, 1987.

方统法等:《知识型企业初探》,《研究与发展管理》1999 年第 1 期。

段伟文:《论知识型组织的结构再造和文化重建》,《系统辩证学学报》2000 年第 3 期。

牛德生:《知识型企业:一个更为特别的合约》,《经济学家》2001 年第 3 期。

李东:《论知识型企业及其特征》,《上海企业》2001年第4期。

綦振法、王春涛:《略论知识型企业的组织模式创新》,《软科学》2002年第2期。

孙丽、梁战平:《论知识资本与知识型企业的界定》,《情报杂志》2003年第1期。

张晓玲、王文平:《知识型企业的组织与自组织管理》,《生产力研究》2004年第6期。

金富盛:《知识型企业的定量界定》,《统计与决策》2004年第6期。

邹德浩:《中国应打造世界级最佳知识型企业》,2004年12月27日,见http://www.people.com.cn/GB/guoji/14549/3081119.html。

陈蓓蕾:《知识型企业智力资本计量方法评述》,《经济论坛》2005年第7期。

杨运杰、谢瑞巧:《知识型企业资本结构研究》,中国经济出版社2006年版。

彭文彬:《论组织智能与知识型企业的构建》,《经济论坛》2006年第3期。

连小绮、郭东强:《知识型企业特征要素分析》,《企业经济》2006年第2期。

霍国庆、康鑫:《知识型企业的生存与发展战略》,《管理评论》2007年第8期。

[芬兰]赛德马兰卡:《智能型组织:绩效、能力和知识管理的整合》,佟博译,经济管理出版社2004年版。

艾洪德、李东阳、张向达:《发展智能型企业振兴辽宁经济》,《辽宁大学学报》1998年第5期。

[美]彼得·圣吉:《第五项修炼》,张成林译,中信出版社2011年版。

[美]戴维·A.加文:《学习型组织行动纲领》,邱昭良译,机械工业出版社2004年版。

张良:《创新型企业发展的成功经验及其启示》,《华东理工大学学报》

2000 年第 5 期。

[美]乔·蒂德、约翰·贝赞特:《创新管理:技术变革、市场变革和组织变革的整合》,陈劲译,中国人民大学出版社 2012 年版。

科技部:《关于开展创新型企业试点工作的通知》,2006 年 4 月 13 日,见 http://www.most.gov.cn。

疏礼兵、贾生华:《知识型企业特征及其对传统管理模式的挑战》,《价值工程》2004 年第 6 期。

[美]威廉·希曼:《企业量化管理实践》,吴维库译,机械工业出版社 2001 年版。

方统法、杨文学:《知识型企业初探》,《经济问题》1998 年第 8 期。

Bontis, N., "Assessing knowledge asserts: A review of the models used to measure intellectual capital", *International Journal of Management Review*, Vol. 3, No. 1(March 2001).

Feiwal G.R., *The Intellectual Capital of Michal Kalecki: A Study in Economic Theory and Policy*, Tennessee: The University of Tennessee Press, 1975.

Hall, R., "The Strategic Analysis of Intangible Resources", *Strategic Management Journal*, Vol. 13, No. 2(February 1992).

Knight D.J., "Performance Measure for Increasing Intellectual Capital", *Strategy and Leadership*, Vol. 27, No. 2(April 1999).

Masoulas, V., "Organizational Requirements Definition for Intellectual Capital management", *International Journal of Technology Management*, Vol. 16, No. 3 (March 1998).

Agor, W.H., "The measurement, use and development of intellectual Capital to increase public sector Produetivity", *Public Personnel Management*, Vol. 27, No. 2(July 1997).

L.Edvinsson &P.H.Sullivan(eds), "Developing a model for managing intellectual capital", *European Management Journal*, Vol. 14, No. 4(August 1996).

Thomas A.Stewart & Nicholas Brealey(eds), "Intellectual capital: The New

Wealth of Organizations", *Long Range Planning*, Vol. 30, No. 6 (December 1997).

Ulrich, D., "Intellectual Capital = Competence × Commitment", *Sloan Management Review*, Vol. 39, No. 2 (January 1998).

B.Lynn, "Intellectual Capital", *CMA Management*, Vol. 72, No. 1 (February 1999).

林文修:《演化式类神经网络为基底的企业危机诊断模型:智力资本之应用》,博士学位论文,"国立中央大学"咨讯管理研究所,2000 年。

陈美纯:《资讯科技投资与智力资本对企业绩效影响之研究》,博士学位论文,"国立中央大学"咨讯管理研究所,2001 年。

Engstrom, T.E.J., "Evaluating intellectual capital in the hotel industry", *Journal of Intellectual Capital*, Vol. 4, No. 3 (2003).

Alexander, S., "Meta-review of Knowledge management and IC literature: citation impact and research productivity rankings", *Knowledge and Process Management*, Vol. 11, No. 3 (2004).

Roland, B., "The importance of intellectual capital in the hotel industry", *Journal of Intellectual Capital*, Vol. 4, No. 3 (2003).

J.Roos & N.C.Dragonetti (eds.), *Intellectual capital: Navigate in the New Business Landscape*, New York: New York University Press.

Edvinsson, L., "Developing Intellectual Capital at Skandia", *Long Range Planning*, Vol. 30, No. 3 (June 1997).

Lynn, B. E., "Performance Evaluation in The New Economy: Bringing the Measurement and Evaluation of Intellectual Capital into the Management Planning and Control System", *International Journal of Technology Management*, Vol. 16, No. 3 (1998).

Bontis, N., "Managing organizational knowledge by diagnosing intellectual capital: framing and advancing the state of the field", *International Journal of Technology Management*, Vol. 18, No. 8 (1998).

Brooking, A., *Intellectual capital: core asset for the third millennium enterprise*,

London：International Thomson Business Press，1996.

陈劲、谢洪源、朱朝晖：《企业智力资本评价模型和实证研究》，《中国地质大学学报》（社科版）2004 年第 12 期。

W. Y. Wang & C. F. Chang，"Intellectual Capital and Performance in Causal Models Evidence From the Information Technology Industry in Taiwan"，*Journal of Intellectual Capital*，Vol. 6，No. 2（2005）.

L. J. Bassi & Van Buren，M E.，"Valuing investment in intellectual capital"，*International Journal of Technology Management*，Vol. 18，No. 8（1999）.

Van Buren & E. A. Mark，"Yard Stick for Knowledge Management"，*Training and Development*，Vol. 51，No. 3（1999）.

Burt，R. S.，"The contingent value of social capital"，*Administrative Science Quarterly*，Vol. 42，No. 2（1997）.

朱瑜、王雁飞、蓝海林：《智力资本理论研究新进展》，《外国经济与管理》2007 年第 9 期。

Barathi G Kamath.，"The intellectual capital performance of Indian banking sector"，*Journal of Intellectual Capital*，Vol. 8，No. 1（2007）.

Kim，"Crisis construction and organizational learning：Capability building in catching-up at Hyundai molo"，*A Journal of the institute of management sciences*，Vol. 9，No. 4（1998）.

王振江、汪盛强：《组织学习力测度》，《上海大学学报》（自然版）2000 年第 5 期。

牛继舜：《论组织学习能力的内涵》，《科技与管理》2004 年第 5 期。

王育民：《企业的生存能力与学习能力》，《经济科学》2000 年第 4 期。

马力、韩静轩：《中国企业建立学习型组织的思考》，《西安电子科技大学学报》2001 年第 1 期。

David，"High-impact Learning：Building and Diffusing Learning Capability"，*Organizational Dynamics*，Vol. 22，No. 2（1993）.

［美］大卫·欧瑞奇：《学习力——创新、推广和执行》，杨国安译，华夏出

版社 2005 年版。

R.Sanchez & I.Mahoney, "Modularity, flexibility, and Knowledge management in product and organization design", *Strategic Management Journal*, Vol. 17, No. 2 (1996).

James M.Sinkula, William E.Baker & Thomas Noordewier, "A framework for market-based organizational learning: linking values, knowledge, and behavior", *Journal of the academy of marketing science*, Vol. 25, No. 4(1997).

Babita Gupta, Lakshmi S.Iyer & Jay E.Aronson, "Knowledge management: practices and challenges", *Industrial Management & Data Systems*, Vol. 100, No. 1 (2000).

Adrian Williamson, "The learning organization information system (LOIS): looking for the next generation", *Information Systems Journal*, Vol. 11, No. 1 (2001).

Nick Bontis, "Managing An Organizational Learning System By Aligning Stocks and Flows", *Journal of Management Studies*, Vol. 39, No. 4(2002).

Mary M.Crossan & Iris Berdrow, "Organizational learning and strategic renewal", *Strategic Management Journal*, Vol. 24, No. 11(2002).

Gold, A.H., "Knowledge Management: An Organizational capabilities perspective", *Journal of Management Information Systems*, Vol. 18, No. 1(2001).

马小勇等:《企业组织学习能力与竞争力关系的研究》,《现代电力》2001年第 11 期。

刘常勇等:《组织学习能力对新产品开发绩效之影响》,《中山大学学报》2002 年第 5 期。

Heeseok Lee, "Knowledge Management Enablers, Processes, and Organizational Performance: An Integrative View and Empirical Examination", *Journal of Management Information Systems*, Vol. 20, No. 1(2003).

Yu, S.H., "Linking Organizational learning Drivers to Organizational learning Performance: An Exploratory Study", *Proceedings of the 37th Hwaaii International*

Confereneeon System Seienees, Vol. 37(2004).

［美］J.熊彼特:《经济发展理论》,何畏译,商务印书馆 2013 年版。

M.Debra, "Amidon.Knowledge innovation:The common language", *Journal of Technology Studies*, Vol. 19, No. 2(August 1993).

K.N.Nonaka, "The Concept of Ba:Building a Foundation for Knowledge Creation", *California Management Review*, Vol. 40, No. 3(1998).

Tim Edwards, "Innovation and Organizational Change:Developments Towards an Interactive Process Perspective", *Technology Analysis&Strategic Management*, Vol. 12, No. 4(2000).

T.H.Davenport, "Working Knowledge:How Organizations Manage What They Know", *Ubiquity*, Vol. 1, No. 24(2000).

J.N.Cummings, "Work Groups, Structural Diversity, and Knowledge Sharing in a Global Organization", *Management Science*, Vol. 50, No. 3(2004).

Mireille, "Factors Influencing Knowledge Creation and Innovation in an Organization", *Journal of European Industrial Training*, Vol. 29, No. 2(2005).

V.Kamtsiou, "Roadmapping as a Knowledge Creation Process:The Prolearn Roadmap", *Journal of Universal Knowledge Management*, Vol. 1, No. 3(2006).

陈晔武:《企业知识创新过程与工作环境因素之间的关系研究——浙江省 16 家高新技术企业的实证分析》,硕士学位论文,浙江大学,2004 年。

林山、黄培伦:《组织结构特性与组织知识创新间关系的实证研究框架》,《科学学与科学技术管理》2007 年第 7 期。

史海峰:《R&D 项目组技术知识创造影响因素的实证研究》,硕士学位论文,清华大学,2005 年。

陈晓:《组织创新氛围影响员工创造力的过程模型研究》,硕士学位论文,浙江大学,2006 年。

芮明杰、陈晓静:《隐性知识创新与核心竞争力的形成关系的实证研究》,《研究与发展管理》2006 年第 6 期。

崔杰等:《创新团队内部知识转移的影响因素实证研究》,《情报学报》

2008 年第 6 期。

[美] 迈克尔·波特:《竞争战略》,陈小悦译,华夏出版社 2005 年版。

[英] 阿尔弗雷德·马歇尔:《经济学原理》,彭逸林等译,人民日报出版社 2009 年版。

E.T.Penrose, *The theory of growth of the firm*, London: Basil Blackwell, 1959.

D.J.Teece, "Profiting from technological innovation: Implications for integration, collaboration licensing and public policy", *Research Policy*, Vol. 15, No. 6 (1986).

C.K.Prahalad, "The Core Competence of the Corporation", *Harvard Business Review*, Vol. 68, No. 3(1990).

Derothy Leonard Barton, "Core Capabilities and Core Rigidities: A Paradox in Managing New Product Development", *Strategic Management Journal*, Vol. 13 (1992).

D.J.Teece, "The dynamic capabilities of firms: an introduction", *Industrial and Corporate Change*, Vol. 3, No. 3(1994).

Gupta, A.K., "Organizing for knowledge flows within MNCs", *International Business Review*, Vol. 3, No. 4(1994).

Max H.Boisot, "Is your firm a creative destroyer? Competitive learning and knowledge flows in the technological strategies of firms", *Research Policy*, Vol. 24 (1995).

E.D.Darr, "The acquisition, transfer and depreciation of knowledge in service organization: Productivity in franchises", *Management Science*, Vol. 41, No. 11(Feb 1995).

钟琦:《企业内部知识流动网络分析》,博士学位论文,大连理工大学, 2008 年。

Martin Schulz, "The uncertain relevance of newness: organizational learning and knowledge flows", *Academy of Manangement Journal*, Vol. 44, No. 4(2001).

Hai Zhuge, "A knowledge flow model for peer to peer team knowledge sharing and management", *Expert Systems with Applications*, Vol. 23, No. 1(2002).

戴俊、朱小梅:《基于团队知识交流的组织知识转化机制研究》,《科研管理》2005 年第 3 期。

陈劲、谢洪源、朱朝晖:《企业智力资本评价模型和实证研究》,《中国地质大学学报》(社会科学版)2004 年第 6 期。

Cohen, W., "Absorptive capacity: a new perspective on learning and innovation", *Administrative Science Quarterly*, Vol. 35, No. 1(1990).

Brown S. L., "The art of continuous change: Linking complexity theory and time-paced evolution in relentlessly shifting organizations", *Administrative Science Quarterly*, Vol. 42, No. 1(March 1997).

Rothwell R., "Extemal linkages and innovation in small and Medium-sized enterprises", *R&D Management*, Vol. 21, No. 2(1991).

Vinding, A. L., "Absorptive Capacity and Innovation performance: A human capital approach", *Department of Business Studies-DRUID/IKE Group*, Aalborg University, Denmark, 2000.

G. W. Bock, "Behavioral intention formation knowledge sharing: Examining the roles of extrinsic motivators, social-psychological forces, and organizational climate", *MIS Quarterly*, Vol. 29, No. 1(2005).

F. Luthans, "Positive organizational behavior: Developing and managing psychological strengths", *Academy of Management Executive*, Vol. 16, No. 1(2002).

M. Hsu, "Knowledge sharing behavior in virtual communities: the Relationship between trust, self-efficacy, and outcome expectations", *International Journal of Human-Computer Studies*, Vol. 65, No. 2(2007).

Lin H., "Effeets of extrinsic and intrinsic motivation on employee knowledge sharing intentions", *Journal of Information Science*, Vol. 33, No. 2(2007).

A. Cabrera, "Determinants of individual engagement in knowledge sharing", *The International Journal of Human Resource Management*, Vol. 17, No. 2(2006).

张爽、汪克夷、奕晓琳:《自我效能,信任对知识共享的影响研究》,《科技管理研究》2008年第8期。

孙红萍、刘向阳:《个体知识共享意向的社会资本透视》,《科学学与科学技术管理》2007年第1期。

郑梅莲:《审计人员忠诚及其对知识共享与整合的研究》,博士学位论文,浙江大学,2008年。

Cohen, W., "Fortune favors the prepared firm", *Management Science*, Vol. 40, No. 2(1994).

Davenport, *Working knowledge: How organizations Manage What They Know*, Cambridge: Harvard Business School Press, 1998.

Lyles M.A., "Knowledge acquisition from foreign Parents in international joint ventures", *Journal of International Business Studies*, Vol. 27, No. 5(1996).

Brown, S.A., "Knowledge, communication, and Progressive use of information technology", Ph.D.Dissertation, University of Minnesota, 1997.

B. Kogut, " What firms do? Coordination, identity, and learning ", *Organizational Science*, Vol. 7, No. 5(1996).

Van Den Bosh, "Coevolution of firm absorptive capacity and knowledge environment: organizational forms and combinative capabilities", *Organization Sciences*, Vol. 10, No. 5(1999).

Jansen, J.J.P., "Managing potential and realized absorptive capacity: How do organizational antecedents matter?", *Acadamy Management J.*, Vol. 48, No. 6 (2005).

Abdelkader Daghfous, "Knowledge management as an organizational innovation: an absorptive capacity Perspective and a case study", *International Journal of Innovation and Learning*, Vol. 1, No. 4(2004).

LinYueh-Ysen, "An examination of the relationships between organizational learning culture, structure, organizational innovativeness and effectiveness: Evidence from Taiwanese organizations ", Doctorate Dissertations, University of Minnesota, 2006.

H. Welsch, J. Liao and M. Stoica, "Absorptive capacity and firm responsiveness: An empirical investigation of growth-oriented firms", Proceedings of 2nd USASBE/SBIDA Conference, 2001, An Entrepreneurial Odyssey, Orlando, USA.

Boynton, "The influence of IT management practice on IT use in large organizations", *MIS Quarterly*, Vol. 18, No. 3(1994).

Huber, G.P., "Organizational learning: the contributing process and the literature", *Organization Science*, Vol. 2, No. 1(1991).

Nonaka, I., *The Knowledge Creating Company: How Japanese Companies Create the Dynamics of Innovation*, Oxford: Oxford University Press.

George, "The effects of alliance Portfolio characteristics and absorptive capacity on Performance. A study of biotechnology firms", *The Journal of High Technology Management Research*, Vol. 12, No. 2(2001).

Tsai Wenpin, "Knowledge Transfer in Intra-organizational Networks: Effects of Network Position and Absorptive Capacity on Business Unit Innovation and Performance", *Academy of Management Journal*, Vol.44, No. 5(October 2001).

Yli-RenLko, H., "Social capital, knowledge acquisition, and knowledge exploitation in young technology-based firms", *Strategic Management Journal*, Vol. 22, No. 6(2011).

Nonaka, I., "The Knowledge Creating Company", *Harvard Business Review*, Vol.69, No. 6(1991).

De Fillippi, "The Boundary less Career: A Competeney-Based Perspective", *Journal of Organizational Behavior*, Vol.15, No. 4(July 1994).

Lane, P.J., "Relative absorptive capacity and inter-organizational learning", *Strategic Management Journal*, Vol.19, No. 5(1998).

Hansen, M.T., "Knowledge networks: Explaining effective knowledge sharing in multiunit companies", *Organization Science*, Vol. 13, No. 3(May-June 2002).

C.K.Prahalad, "Co-creating unique value with customer", *Strategy & Leader-*

ship, Vol. 32, No. 3(2004).

[美]J. 韦兰:《走进客户的心》,贺立斯译,经济日报出版社1998年版。

Garcia M., "Customer Knowledge Management", *Journal of the Operation Research Society*, Vol. 53, No. 8(2002).

Veugelers, R., "Intemal R&D expenditures and external technology sourcing", *Research Policy*, Vol. 26 No. 3(1997).

G. Alfano & G. Marwell, "Experiments on the Provisions of Public goods by Groups. Ⅲ. Nondivisibility and free riding in real groups", *Social Psychology Quarterly*, Vol. 43, No. 3(1980).

M. Deutsch, "A theory of cooperation and competition", *Human Relations*, Vol. 2, No. 2(1949).

常涛、廖建桥:《基于人力资源管理5P模型的知识共享策略》,《工业工程与管理》2008年第2期。

周培岩、葛宝山、陈丹:《公司创业视角下企业知识吸收能力与绩效关系研究》,《情报科学》2008年第10期。

C. L. Nicholls-Nixon, "Technology sourcing and output of established firms in a regime of encompassing technological change", *Strategic Management Journal*, Vol. 24, No. 7(July 2003).

Cockburn, I. M., "Absorptive capacity, coauthoring behavior, and the organization of research in drug discovery", *The Journal of Industrial Economics*, Vol. 46, No. 2(1998).

田庆锋、郭建民:《知识密集型企业创新能力影响因素实证研究》,《生产力研究》2008年第7期。

孔继红、茅宁:《吸收能力与组织探索性——开发性创新的形成及惯性》,《南京师大学报》(社科版)2007年第5期。

吴隆增、许长青、梁娉娉、谢洪明:《吸收能力对组织学习和组织创新的影响——珠三角地区高科技企业的实证研究》,《科技管理研究》2008年第5期。

W. Christine, "External knowledge acquisition, creativity and learning in organisational problemsolving", *International Journal of Technology Management*, Vol. 38, No. 1-2 (2007).

吴志新:《服务外包模式下组织知识共享的关键影响因素及其与外包绩效的关系研究——以对日软件外包企业为例》,博士学位论文,浙江大学, 2011 年。

Capon, N., "Determinants of financial performance: A meta-analysis", *Management Science*, Vol. 36, No. 10 (1990).

Wheel Wright, Clark, "Creating project plans to focus product development", *Harward Business Review*, Vol. 18, No. 6 (1992).

McEvily, "The Persistence of Knowledge-Based Advantage: An Empirical Test for Product Performance and Technological Knowledge", *Strategic Management Journal*, Vol. 23, No. 4 (2002).

Alberto Carneiro, "How does knowledge management influence innovation and competitiveness?", *Journal of Knowledge Management*, Vol. 4, No.2 (2000).

Jie Yang, "Knowledge integration and innovation: Securing new product advantage in high technology industry", *Journal of High Technology Management Research*, Vol. 16, No.12 (2005).

张庆普、单伟:《企业知识转化过程中的知识整合》,《经济理论与经济管理》2004 年第 6 期。

谢洪明、吴隆增、葛志良、王成:《技术知识特性、知识能量与组织创新的关系》,《科技管理研究》2007 年第 1 期。

Cook, S.D.N., "Bridging epistemologies: the generic dance between knowledge and knowing", *Organization Science*, Vol. 10, No. 4 (1999).

Hoek, R., "From tinkering around the edge to enhancing revenue growth", *supply chain-new product development*, Vol. 11, No. 5 (2006).

Tan, C. L., "Collaborative New Product Development Environments: Implications for Supply Chain Management", *Journal of Supply Chain Management*, Vol. 43, No. 3 (2007).

Athaide, G. A., "Understanding new product co-development relationships in technology-based, industrial markets", *Journal of Marketing Theory and Practice*, Vol. 11, No. 3(2003).

R. Chen and M. Li, "Strategic alliances and new product development: An empirical study of the U.S. semiconductor start-up firms", *Advances in Competitiveness Research*, Vol. 7, No. 1(1999).

Kotabe, M., "The role of strategic alliances in high-technology newproduct development", *Strategic Management Journal*, Vol. 16, No. 8(1995).

Keller, R. T., "Cross-functional project groups in research and new product development: Diversity, communications, job stress, and outcomes", *Academy of Management Journal*, Vol. 44, No. 3(2001).

Lam, P. K., "Managing conflict in collaborative new product development: a supplier perspective", *International Journal of Quality& Reliability Management*, Vol. 24, No. 7(2007).

Kalaignanam, K., "Asymmetric New Product Development Alliances: Win-Win or Win-Lose Partnerships?", *Management Science*, Vol. 53, No. 3(2007).

谢晖、雷井生:《知识型企业智力资本结构维度研究——基于知识创造过程的实证研究》,《科学学研究》2010 年第 7 期。

马庆国:《管理统计:数据获取、统计原理与 SPSS 工具与应用研究》,科学出版社 2002 年版。

荣泰生:《企业研究方法》,中国税务出版社 2005 年版。

F. Aker, T. Kinnear & K. Bernhardt, *Variation in the value orientation*, New York: Dun Donnelly, 1999.

杨静:《供应链内企业间信任的产生机制及其对合作的影响——基于制造业企业的研究》,博士学位论文,浙江大学,2006 年。

杨志蓉:《团队快速信任、互动行为与团队创造力研究》,博士学位论文,浙江大学,2006 年。

Gary S. Backer, "Human Capital and the economy", *Proceedings of the Ameri-*

can Philosophical Society, Vol. 136, No. 1 (Mar1992).

L.Edvinsson and M.S.Malone, *Intellectual capital: realizing your company's true value by finding its hidden brainpower*, New York: Haprer Business Press, 1997.

J.Roos, L. Edvinsson, and N. C. Dragonetti, *Intellectual Capital: navigating in the new business landscape*, New York: New York University Press, 1998.

G.Tovstiga & E.Tulugurova, "Intellectual Capital Practices and Performance in Russian Enterprise", *Journal of Intellectual Capital*, Vol. 8, No. 4(2007).

D.Palacios-Marques, "Validating and measuring IC in the biotechnology and teleeommunication industries", *Journal of Intellectual Capital*, Vol. 4, No. 3 (2003).

P.O.De Pbalos, "Evidence of intellectual capital measurement from Asia, Europe and the middle east", *Journal of Intellectual Capital*, Vol. 3, No. 3(2002).

刘超:《智力资本对企业成长影响机制研究》,博士学位论文,浙江大学,2009 年。

R.Petty, "Intellectual capital literature review: Measurement, reporting and management", *Journal of Intellectual Capital*, Vol. 1, No. 2(2000).

Dzinknowski, R., "The measurement and management of intellectual capaital", *An Introduction of Management Accounting*, Vol. 78, No. 2(2000).

M.Zwell and R. Ressle, "Powering the human drivers of financial Performance", *Strategic Finnance*, Vol. 91, No. 111(2000).

Hubert, "Tacit knowledge: the key to the strategic alignment of intellectual capital", *Strategy and Leadership*, Vol. 24, No. 2(1996).

Karl-Erik Sveiby, "A knowledge-based theory of the firm to guide in strategy formulation", *Journal of Intellectual Capital*, Vol. 2, No. 4(2001).

陈玉玲:《组织内人力资本的积累——智力资本管理的观点》,硕士学位论文,"国立中央大学",2001 年。

Heng, M.S.H., "Mapping intellectuall capital in a small manufacturing enterprise", *Journal of Intellectual Capital*, Vol. 2, No. 1(2001).

G.Dess & J.C.Picken, *Beyond Productivity*: *How Leading Companies Achieve Superior Performance by Leveraging Their Human CaPital*, NewYork: John Wiley & Sons, Inc, 1999.

戴乾文:《智力资本与企业核心竞争力及经营绩效之关联性研究》,博士学位论文,厦门大学,2001年。

Buhk, P. H., "Constructing intellectual capital statements", *Scandinavian Journal of Management*, Vol. 17, No. 1(2001).

Rilington, K., "Exploring Performance Effetcs Form The Bundling Of Intellectual Cpaital", *The Academy of Management Journal*, Vol. 44, No. 1(2002).

孙芳桦:《智力资本对高技术企业绩效的影响机理研究》,硕士学位论文,浙江师范大学,2009年。

Bontis, N., "Intellectual capaital and the nature of business in Malaysia", *Journal of Intellectual Capital*, Vol. 1, No. 1(2000).

Kaplan, R., *The balanced Scorecard*: *Translating strategy into action*, Boston: Harvard Business School Press, 1996.

Bontis, N., "Intellectual Capital and Business Performance in Malaysian Industries", *Journal of Intellectual Capital*, Vol. 1, No. 1(2000).

Sullivna, " Valuing Intangibles Companies: An Intellectual Cpaital Approach", *Journal of Intellectual Capital*, Vol. 1, No. 4(2000).

申小莉:《动漫企业智力资本结构及其对企业绩效的影响与提升研究》,博士学位论文,中南大学,2010年。

Kwaku Atuahene-Gima, "Inward technology licensing as an alternative to internal R&D in new product development: A conceptual framework", *Journal of Product Innovation Management*, Vol. 9, No. 2(June 1992).

Nieto, M., "Absoptive capacity, technological opportunity, Knowledge Spillovers, and innovative effert", *Technovation*, Vol. 25, No. 10(2005).

朱学梅:《知识溢出、吸收能力对高技术产业集群的影响研究》,博士学位论文,吉林大学,2006 年。

Jantunen, A., "Knowledge-processing capabilities and innovative Performance:an empirical study", *European Journal of Innovation Management*, Vol. 8, No. 3(2005).

Tiwana, A., "Expertise integration and creativity in information Systems development", *Journal of Management Information Systems*, Vol. 22, No. 1(2005).

G.Lin, "Identification of homogenous regions for regional frequency analysis using the self-organizing map", *Journal of Hydrology*, Vol. 324, No. 1(2006).

刘美慧:《不同创新类型下新产品发展阶段跨部门互动之探讨》,硕士学位论文,"国立中央大学",1999 年。

McDonough, E.F., "An Investigation of The Use of Global, Virtual, and Collocated New Product Development Teams", *The Journal of Product Innovation Management*, Vol. 18, No. 2(2001).

L.Bossidy & R., Charan, *Execution: The Discipline of Getting Things Done*, NewYork:Crown Press, 2002.

卢纹岱:《SPSS for Window 统计分析》,电子工业出版社 2002 年版。

刘怀伟:《商务市场中顾客关系的持续机制研究》,博士学位论文,浙江大学,2003 年。

Simonin, B.L., "Ambiguity and the process of knowledge transfer in strategic alliances:An empirical investigation of the role and antecedents of knowledge ambiguilty", *Journal of International Business Studies*, Vol. 33, No. 3(1999).

侯杰泰、温忠麟、成子娟:《结构方程模型及其应用》,教育科学出版社 2004 年版。

张绍勋:《研究方法》,沧海书局 2004 年版。

黄芳铭:《结构方程模式:理论与应用》,中国税务出版社 2003 年版。

Youndt, M.A., "HR configurations, intellectual capital, and organizational performance", *Journal of Managerial Issues*, Vol. 16, No. 3(2004), pp. 337-360.

Bernard Marr, *Perspectives on intellectual capital*, Netherlands:Elsevier, 2001, pp. 11-34.

Kuczmarski, T. D. , "Fostering an innovation mindset", *Journal of Consumer Marketing*, Vol. 13, No. 6(1996).

后　记

　　本书是在我博士论文的基础上修缮完成的。回首博士研究生阶段的学习和生活，要感谢我的恩师武博教授。恩师对于我的请教，有求必应，使我收获甚丰，深深感谢恩师的诸多教诲和宽容。该书的完成更是凝聚了老师的智慧和心血，从选题、构思、数据处理到内容的修改等都离不开他的指点，感谢他在百忙之中给予我的各种帮助，诸多感激无以言表，藏记于心。

　　感谢我的同事陈月艳副教授在本书出版准备过程中所提出的宝贵修改意见和方向指导，为本书的进一步完善奠定基础。同时，感谢浙江省哲学社会科学重点研究基地——浙江省信息化与经济社会发展研究中心、浙江省高校人文社科重点研究基地"管理科学与工程"、浙江省社科联、杭州电子科技大学人文社会科学研究基金等对本书出版所提供的大力资助。

　　感谢人民出版社的编辑对本书的出版所付出的各种努力和辛苦劳动。从整理校对书稿到封面设计、印刷排版，每一个环节都渗透着编辑工作的耐心和细心，对他们的工作付出满怀深深的敬意和谢意。

　　感谢父母对我多年的养育之恩，感谢他们不计任何回报地培养我；感谢他们一如既往地支持和鼓励我；感谢他们始终如一地包容我；感谢他们在我背后为我默默付出的一切。

　　用一颗永远感恩的心，感谢走过我生命中的每一个人！

闫　帅

2016 年 9 月

附表1 部分知识型企业访谈纲要

1.贵公司的基本概况：成立时间、业务范围、主要产品销售状况、公司未来前景。

2.贵公司近年来在产品开发创新和工艺开发创新开展的相关活动及获取成效？

3.请谈谈您对企业智力资本的了解，及其对各类创新活动的影响？

4.请介绍一下公司大致的人员结构、工作满意和离职状况？

5.介绍贵公司目前采用的组织结构大致概况？

6.贵公司目前的市场占有率、伙伴关系及社会声誉如何？

7.贵公司是否重视对运营过程中各类知识经验的总结和归档？

8.贵公司是否关注员工创新意识的培养和创新行为的激励投入？

9.请简单介绍一下公司在组织学习方面为员工创造的条件和平台？

10.请您谈一下对公司智力资本的管理和开发应该着重从哪几方面展开？

附表 2　知识型企业智力资本影响 知识创新绩效的问卷设计

尊敬的女士/先生：

　　您好。我是河海大学商学院技术经济管理专业博士研究生,主要研究知识型企业智力资本对知识创新绩效的影响机制。研究中需要进行数据的调查和分析,恳请您在百忙之中帮助填写这份问卷,答案没有对错之分,您的真实感知将对本书的研究起到莫大帮助。本次调研实行匿名方式,您所提供的信息将绝对保密,并且只做学术研究之用。谢谢您的合作和付出的宝贵时间。

第一部分　企业基本情况调查

　　1.贵公司的企业性质属于:(1)国有企业(含国有控股)(2)民营企业(含民营控股)(3)中外合资企业(4)外商独资企业(5)其他

　　2.贵公司所在地:_____　_____

　　3.贵公司的成立时间_____

　　4.贵公司经营的主导产品_____

　　5.企业规模(员工人数):(1)50 人以下(2)51—100 人(3)101—200 人(4)201—500 人(5)501—1000 人(6)1001—2000 人(7)2001 人以上

第二部分　企业智力资本、组织学习能力、
知识创新绩效的相关信息调查

说明:请根据所在企业的情况,在相应的数字下打√。

1	2	3	4	5	6	7
完全不同意	不同意	有点不同意	一般	有点同意	同意	完全同意

序号	题项	完全不同意						完全同意
	人力资本							
	A.知识经验和工作能力							
R1	公司拥有职业证照的比例在行业水准之上	1	2	3	4	5	6	7
R2	企业内技术专家和工程师等的数量比例在本行业内是很高的	1	2	3	4	5	6	7
R3	多数员工在本行业有多年从业经验	1	2	3	4	5	6	7
R4	员工的知识和技能足以解决工作上的问题	1	2	3	4	5	6	7
R5	员工的专业技能能做到自我更新	1	2	3	4	5	6	7
R6	员工能主动确保产品和服务符合标准	1	2	3	4	5	6	7
R7	管理者能妥善安排员工的工作内容及分配资源	1	2	3	4	5	6	7
R8	管理者能够具有帮助员工做好职业规划发展的能力	1	2	3	4	5	6	7
R9	高层管理者具有领导企业实现战略目标的能力	1	2	3	4	5	6	7
	B.员工对组织的承诺							
R10	公司整体员工的流动率很低	1	2	3	4	5	6	7

序号	题项	完全不同意					完全同意	
R11	员工对企业未来的发展规划表现出极大的精神关注和信心支持	1	2	3	4	5	6	7
R12	员工在团队合作中能够做到对团队目标理解、认同并做出全心投入	1	2	3	4	5	6	7
R13	员工能够乐意分享自己的知识和经验并协助他人工作	1	2	3	4	5	6	7
	C.员工的创新意识							
R14	员工具有独特性创意的水准	1	2	3	4	5	6	7
R15	员工能快速回应不确定的环境	1	2	3	4	5	6	7
R16	员工对创新活动表现出很高的积极性	1	2	3	4	5	6	7
R17	管理者主动对员工创新意识的引导和培训	1	2	3	4	5	6	7
R18	管理者主动为员工的创新活动全力提供协助	1	2	3	4	5	6	7
	结构资本							
	A.组织结构和运作流程							
J1	企业能因外界环境的变化而敏捷调整组织结构	1	2	3	4	5	6	7
J2	企业部门之间能快速相互支援	1	2	3	4	5	6	7
J3	企业的组织结构有利于员工间的信息交流	1	2	3	4	5	6	7
J4	企业整体的运作流程十分顺畅	1	2	3	4	5	6	7
J5	公司运营流程有助于产品的创新	1	2	3	4	5	6	7
	B.企业制度和信息技术系统							
J6	企业的责权利关系是非常明确的	1	2	3	4	5	6	7
J7	企业有明确的措施防止内部知识和信息被滥用或剽窃	1	2	3	4	5	6	7
J8	企业有明确的支持部门间及员工间知识共享的相关政策规定	1	2	3	4	5	6	7
J9	企业能有效快速落实各项制度或政策的执行	1	2	3	4	5	6	7
J10	企业通过信息科技紧密连接组织内部的工作流程	1	2	3	4	5	6	7
J11	企业的信息技术系统允许并容易存取资料	1	2	3	4	5	6	7

序号	题项	完全不同意						完全同意
J12	企业能够通过信息技术网络完成所有的工作任务	1	2	3	4	5	6	7
	C.企业文化环境							
J13	企业文化倡导不断学习创新	1	2	3	4	5	6	7
J14	企业文化营造的氛围是开放且彼此信任的	1	2	3	4	5	6	7
J15	企业文化提倡并鼓励促进员工相互合作	1	2	3	4	5	6	7
J16	企业能够营造知识共享与交流的环境	1	2	3	4	5	6	7
J17	企业应用信息技术(如建立数据库、内部网等)有效促进了员工间的知识共享与合作交流	1	2	3	4	5	6	7
	关系资本							
	A.与顾客的关系							
G1	企业产品或服务的市场占有率在行业内排名前列	1	2	3	4	5	6	7
G2	顾客的忠诚度很高	1	2	3	4	5	6	7
G3	顾客对本企业产品和服务满意度很高	1	2	3	4	5	6	7
G4	企业非常重视并经常搜集顾客的反馈和意见	1	2	3	4	5	6	7
	B.与供应商及其他合作伙伴关系							
G5	企业与多数供应商保持着长期信任的关系	1	2	3	4	5	6	7
G6	企业与合作伙伴能创造双赢的局面	1	2	3	4	5	6	7
G7	企业与供应商的互动交流频率很高	1	2	3	4	5	6	7
G8	企业创新活动能从供应商处获得许多信息支持	1	2	3	4	5	6	7
G9	企业与专家及研究机构有着频繁的交流互动与创新合作	1	2	3	4	5	6	7
	创新资本							
	A.创新活动投入							
C1	过去几年开发的创新产品非常多	1	2	3	4	5	6	7
C2	创新投入占销售收入的比例很高	1	2	3	4	5	6	7

序号	题项	完全不同意					完全同意	
C3	从事创新研究的员工数量和专业素质都很高	1	2	3	4	5	6	7
	B.创新知识管理							
C4	企业的每个工作流程（包括生产、销售、财务、研发等流程）都有完整明确的书面说明文件	1	2	3	4	5	6	7
C5	企业对于产品知识的记录和归档有明文规定	1	2	3	4	5	6	7
C6	企业对于工艺、流程知识的记录和归档有明文规定	1	2	3	4	5	6	7
C7	企业收集员工个人的成文知识归入资料库或数据库	1	2	3	4	5	6	7
C8	企业收集员工个人的工作经验归入资料库或数据库	1	2	3	4	5	6	7
	C.创新激励机制							
C9	企业为员工创新能力的培养提供一定的培训支持	1	2	3	4	5	6	7
C10	企业能够为员工的知识创新活动提供大量的信息技术支持	1	2	3	4	5	6	7
C11	企业拥有比较完善的创新绩效考核机制	1	2	3	4	5	6	7
C12	企业拥有比较完善的知识共享考核机制	1	2	3	4	5	6	7
	组织学习能力							
	A.知识吸收能力							
X1	企业拥有充足的渠道从外界获取大量的知识和信息	1	2	3	4	5	6	7
X2	企业经常进行市场调查研究，以了解顾客需要	1	2	3	4	5	6	7
X3	企业经常对本地其他同行企业的产品或技术进行详细分析	1	2	3	4	5	6	7
X4	企业经常去高等院校、科研院所等机构搜集技术信息，了解开发新产品的机会	1	2	3	4	5	6	7
X5	企业能够持续搜集行业发展的相关信息	1	2	3	4	5	6	7

序号	题项	完全不同意　　　　完全同意						
	B.知识共享能力							
X6	企业团队内部及团队相互间的知识学习与交流活动很频繁	1	2	3	4	5	6	7
X7	企业员工愿意将自己的经验和知识与同事共享,并提供一定的协助	1	2	3	4	5	6	7
X8	企业有专门的员工进行知识分享与交流的信息平台	1	2	3	4	5	6	7
X9	企业经常与合作伙伴进行定期或不定期的信息交流和共享	1	2	3	4	5	6	7
X10	企业能够与其他合作企业通过一定程度的知识共享进行协同创造	1	2	3	4	5	6	7
	C.知识整合能力							
X11	企业能够整合多个领域的专家知识使项目取得成功	1	2	3	4	5	6	7
X12	企业员工能够有效地将与目标任务相关的新知识和原先积累的知识结合起来	1	2	3	4	5	6	7
X13	企业员工能够将与目标任务相关的不同零散知识有效结合起来	1	2	3	4	5	6	7
	知识创新绩效							
	A.产品知识创新绩效							
Z1	整体而言,企业新产品开发的成功率是很高的	1	2	3	4	5	6	7
Z2	企业开发的新产品所收到的顾客满意程度都很高	1	2	3	4	5	6	7
Z3	企业开发的新产品都能达到预定的利润目标	1	2	3	4	5	6	7
Z4	企业开发的新产品都能达到预定的市场占有率	1	2	3	4	5	6	7
Z5	长久以来,企业新产品开发中的核心技术应用在行业内是很超前的	1	2	3	4	5	6	7
Z6	整体而言,企业产品生产工艺流程的改进取得显著的成效	1	2	3	4	5	6	7
	B.工艺知识创新绩效							
Z7	企业对生产工艺流程的改进有效推动了新产品上市的成功	1	2	3	4	5	6	7

续表

序号	题项	完全不同意　　　　　完全同意						
Z8	企业对产品生产流程的改进大大提高了产品的生产效率	1	2	3	4	5	6	7
Z9	企业对产品生产流程的改进大大降低了产品的生产成本	1	2	3	4	5	6	7

第三部分　问卷填写者个人信息

1. 您在企业内主要负责:(1)管理(2)技术(3)生产(4)销售(5)研发

2. 您在企业内的职位是或者相当于:

(1)高层管理者(2)中层管理者(3)基层管理者(4)普通员工

3. 您在现在企业的工作时间:

(1)1 年以下(2)1—2 年(3)2—3 年(4)3—5 年(5)5—7 年

(6)7—10 年(7)10 年以上

问卷到此结束,非常感谢您的合作!

附表3 小样本各变量测量题项
调查数据的描述性统计

测量题项	样本数	均值	标准差	偏度	偏度标准误差	峰度	峰度标准误差
R1	47	5.3212	1.0551	−1.012	.335	1.252	.698
R2	47	5.2544	1.1396	.457	.335	−.565	.698
R3	47	5.3263	1.1217	−.712	.335	.981	.698
R4	47	4.9321	.9690	.558	.335	.342	.698
R5	47	5.4130	.9987	−.446	.335	−.097	.698
R6	47	5.4069	1.3014	−.631	.335	.836	.698
R7	47	5.1573	1.1701	1.156	.335	2.168	.698
R8	47	5.4365	1.3112	−1.643	.335	4.148	.698
R9	47	4.9742	1.3331	−.867	.335	−.765	.698
R10	47	4.8390	1.3892	−.745	.335	.148	.698
R11	47	4.6732	1.1537	−.987	.335	1.827	.698
R12	47	5.1571	1.1632	.916	.335	.392	.698
R13	47	4.4523	1.0496	−.903	.335	.765	.698
R14	47	4.8154	1.1277	−.129	.335	.082	.698
R15	47	4.3963	1.2724	−.396	.335	2.232	.698
R16	47	4.7345	.9376	−.468	.335	−2.752	.698
R17	47	4.9563	.8289	.643	.335	2.850	.698
R18	47	5.1244	.8398	1.021	.335	−.785	.698
R19	47	5.0785	1.3727	.904	.335	.776	.698
R20	47	5.5124	1.2809	.365	.335	.215	.698
R21	47	5.0236	1.0673	.137	.335	.159	.698

测量题项	样本数	均值	标准差	偏度	偏度标准误差	峰度	峰度标准误差
R22	47	4.8953	1.3072	.958	.335	.036	.698
R23	47	4.6782	1.4321	.643	.335	-.828	.698
R24	47	5.1346	1.0956	.129	.335	3.165	.698
J1	47	4.9057	1.3124	-.083	.335	.046	.698
J2	47	5.3861	1.5083	-.554	.335	-.826	.698
J3	47	5.4094	1.1662	-1.133	.335	3.124	.698
J4	47	5.5728	1.0945	-.806	.335	.467	.698
J5	47	4.6791	1.1534	-.463	.335	.289	.698
J6	47	5.6115	.9927	.806	.335	.451	.698
J7	47	5.2662	.9152	.717	.335	.285	.698
J8	47	5.3773	1.0420	.182	.335	.480	.698
J9	47	5.1221	1.0958	.827	.335	1.067	.698
J10	47	4.0932	1.0584	-1.231	.335	.591	.698
J11	47	4.8677	1.0043	.747	.335	1.085	.698
J12	47	4.6415	1.0017	.928	.335	2.067	.698
J13	47	4.8112	1.0046	.954	.335	.254	.698
J14	47	5.1883	1.2647	-.816	.335	2.927	.698
J15	47	5.0943	1.2172	-.172	.335	.172	.698
J16	47	5.2452	.9547	-.828	.335	2.811	.698
J17	47	5.1113	1.1631	-.917	.335	.263	.698
J18	47	5.1887	.9896	-1.157	.335	.369	.698
J19	47	4.6415	1.1324	-.628	.335	3.712	.698
J20	47	5.2264	1.0637	-1.403	.335	1.734	.698
J21	47	4.9476	.9854	-.564	.335	.668	.698
G1	47	5.3277	1.1746	-.998	.335	.132	.698
G2	47	4.6524	1.1635	-.923	.335	-.724	.698
G3	47	4.6751	1.5823	-.912	.335	3.023	.698
G4	47	5.5234	1.1643	-.824	.335	.546	.698

测量题项	样本数	均值	标准差	偏度	偏度标准误差	峰度	峰度标准误差
G5	47	5.1756	1.1832	-.543	.335	-.284	.698
G6	47	4.9531	1.3521	-.901	.335	-.451	.698
G7	47	4.3517	1.0331	-1.013	.335	1.032	.698
G8	47	5.3234	1.0286	-.756	.335	.174	.698
G9	47	5.3125	1.014	-.715	.335	1.092	.698
G10	47	4.9765	.9791	-.129	.335	1.065	.698
G11	47	5.3517	.9989	-.161	.335	1.142	.698
C1	47	4.8196	1.2603	-.553	.335	2.053	.698
C2	47	5.0277	1.2422	-.995	.335	.264	.698
C3	47	5.2231	1.2532	-.921	.335	.243	.698
C4	47	5.6213	1.6883	-.767	.335	2.237	.698
C5	47	5.1751	1.0321	-.149	.335	.281	.698
C6	47	4.5569	1.1154	-.925	.335	3.631	.698
C7	47	4.7536	1.2143	-1.414	.335	1.273	.698
C8	47	5.4716	1.0283	-.179	.335	.667	.698
C9	47	5.2452	1.0731	-1.061	.335	1.168	.698
C10	47	5.1132	1.1783	-.764	.335	.534	.698
C11	47	5.1886	1.4504	-.518	.335	.474	.698
C12	47	5.3773	1.1465	-.807	.335	2.061	.698
C13	47	5.2075	1.7406	-.112	.335	.490	.698
C14	47	5.4716	1.0321	-.609	.335	3.119	.698
C15	47	5.0943	.8976	-1.051	.335	.028	.698
C16	47	5.1509	.9438	-.807	.335	-.387	.698
X1	47	4.8473	.9576	-.631	.335	1.377	.698
X2	47	4.9365	.9448	-.524	.335	1.046	.698
X3	47	5.0237	.9779	-.387	.335	.285	.698
X4	47	4.9576	1.1225	-.643	.335	2.534	.698
X5	47	5.0251	.9648	-1.110	.335	-.136	.698

续表

测量题项	样本数	均值	标准差	偏度	偏度标准误差	峰度	峰度标准误差
X6	47	5.3963	1.0543	−.923	.335	.420	.698
X7	47	5.3583	1.1236	−.351	.335	3.254	.698
X8	47	4.8679	1.0457	−.142	.335	.365	.698
X9	47	4.6226	.9938	−.959	.335	.248	.698
X10	47	5.2641	.9162	−.643	.335	−1.021	.698
X11	47	5.2264	1.0521	−.958	.335	−1.018	.698
X12	47	5.0337	1.0309	−1.241	.335	.258	.698
X13	47	5.2075	1.0058	−1.324	.335	.016	.698
X14	47	4.9581	1.0432	−.805	.335	.137	.698
X15	47	5.0726	1.1437	−.467	.335	.328	.698
X16	47	5.1832	1.2106	−.182	.335	.276	.698
X17	47	5.2431	1.2007	−.937	.335	−1.102	.698
X18	47	5.0065	1.1032	−1.154	.335	−1.231	.698
X19	47	5.0437	1.0428	−.556	.335	−.498	.698
Z1	47	4.8925	.9878	−.264	.335	.446	.698
Z2	47	5.3773	.9654	−.638	.335	.068	.698
Z3	47	5.7162	1.1832	−1.442	.335	.544	.698
Z4	47	5.4333	1.5364	−.541	.335	.492	.698
Z5	47	5.0564	1.6326	−.742	.335	.615	.698
Z6	47	4.8496	1.1227	−.208	.335	.362	.698
Z7	47	4.9507	.9693	−.445	.335	−1.026	.698
Z8	47	5.3206	.9987	−.809	.335	.362	.698
Z9	47	5.2263	1.1506	−.043	.335	.358	.698
Z10	47	5.1507	1.1702	−.867	.335	.567	.698

附表4 大样本各变量测量题项调查数据的描述性统计

测量题项	样本数	均值	标准差	偏度	偏度标准误差	峰度	峰度标准误差
R1	265	4.5546	1.30524	-.823	.104	-.482	.207
R2	265	5.2437	1.28143	-.734	.104	-.611	.207
R3	265	4.8982	1.22824	-.882	.104	-.734	.207
R4	265	5.4147	1.29763	-.786	.104	-.445	.207
R5	265	5.4115	1.41217	-.854	.104	.702	.207
R6	265	5.2132	1.24631	-1.102	.104	-.715	.207
R7	265	5.5574	1.14663	-.296	.104	-.802	.207
R8	265	5.2392	1.19231	-1.101	.104	-.746	.207
R9	265	5.2431	1.42537	-.789	.104	.552	.207
R10	265	4.8936	1.26343	-.927	.104	.019	.207
R11	265	4.8424	1.28726	-.901	.104	-.427	.207
R12	265	5.0134	1.24012	-.858	.104	-.438	.207
R13	265	4.9187	1.14668	-.732	.104	-.504	.207
R14	265	4.7569	1.29106	-.798	.104	.463	.207
R15	265	5.2572	1.34562	-.688	.104	.382	.207
R16	265	5.6317	1.26343	-.546	.104	-.539	.207
R17	265	5.4032	1.28745	-1.013	.104	-.332	.207
R18	265	5.3458	1.32403	-.956	.104	-.717	.207
J1	265	5.2783	1.26352	-.641	.104	-.264	.207
J2	265	5.1982	1.25716	-.673	.104	-.582	.207
J3	265	5.0476	1.32414	-.774	.104	-.347	.207
J4	265	5.1024	1.42052	-.678	.104	-.268	.207

测量题项	样本数	均值	标准差	偏度	偏度标准误差	峰度	峰度标准误差
J5	265	4.9678	1.29125	−.816	.104	−.482	.207
J6	265	5.0475	1.45233	−.692	.104	−.473	.207
J7	265	5.3906	1.49535	−.778	.104	−.628	.207
J8	265	5.4123	1.36237	−.613	.104	−.691	.207
J9	265	5.1062	1.31164	−.757	.104	−.712	.207
J10	265	5.3233	1.50156	−1.021	.104	−.734	.207
J11	265	5.3408	1.45523	−.646	.104	−.632	.207
J12	265	4.5536	1.23324	−.865	.104	−.257	.207
J13	265	4.4472	1.40147	−.843	.104	−.038	.207
J14	265	5.2679	1.45526	−1.014	.104	.126	.207
J15	265	5.3524	1.23425	−.843	.104	.702	.207
J16	265	4.8421	1.40137	−.832	.104	−1.104	.207
J17	265	5.1875	1.34424	−.745	.104	−1.023	.207
G1	265	5.1679	1.23798	−.598	.104	−1.105	.207
G2	265	5.2438	1.18637	−.734	.104	−1.092.	.207
G3	265	5.2174	1.14706	−.586	.104	−.293	.207
G4	265	4.9403	1.05648	−.967	.104	.027	.207
G5	265	5.1601	1.28412	−.716	.104	−.243	.207
G6	265	5.4021	1.24431	−.784	.104	.356	.207
G7	265	5.3122	1.40574	−1.103	.104	−.508	.207
G8	265	5.1324	1.41172	−.447	.104	−.575	.207
G9	265	4.8956	1.18973	−.625	.104	.468	.207
C1	265	4.8769	1.14626	−.458	.104	−.608	.207
C2	265	4.9876	1.25673	−.290	.104	−.564	.207
C3	265	5.0164	1.26742	−.187	.104	−.443	.207
C4	265	5.2643	1.25437	−.689	.104	−.803	.207
C5	265	5.1324	1.45146	−.634	.104	−.796	.207
C6	265	4.9768	1.31203	−.517	.104	−1.021	.207
C7	265	5.0156	1.26011	−.713	.104	−1.112	.207
C8	265	5.1043	1.30233	−.679	.104	−.382	.207
C9	265	4.9786	1.21024	−.574	.104	−.321	.207

测量题项	样本数	均值	标准差	偏度	偏度标准误差	峰度	峰度标准误差
C10	265	4.9397	1.10365	-.669	.104	-.347	.207
C11	265	5.0488	1.02059	-.478	.104	-.465	.207
C12	265	5.2494	1.18934	-.549	.104	-.437	.207
X1	265	5.3417	1.17293	-.828	.104	-1.023	.207
X2	265	5.2394	1.20436	-.753	.104	.308	.207
X3	265	4.8376	1.34207	-.786	.104	.161	.207
X4	265	4.8597	1.32762	-.860	.104	.597	.207
X5	265	5.1046	1.63774	-1.103	.104	.475	.207
X6	265	5.0124	1.60383	-1.034	.104	.638	.207
X7	265	4.8899	1.26528	-1.101	.104	1.010	.207
X8	265	4.9227	1.47553	-.793	.104	.475	.207
X9	265	4.9786	1.47025	-.931	.104	.632	.207
X10	265	5.0472	1.32638	-.897	.104	.045	.207
X11	265	5.1036	1.71424	-.868	.104	.498	.207
X12	265	5.1124	1.48673	-.786	.104	-.124	.207
X13	265	5.0436	1.57624	-.724	.104	.695	.207
Z1	265	5.1492	1.54230	-.362	.104	.589	.207
Z2	265	5.3201	1.42843	.311	.104	.423	.207
Z3	265	5.2516	1.40398	.502	.104	.876	.207
Z4	265	4.8899	1.44332	-.325	.104	.231	.207
Z5	265	4.9596	1.50661	-.424	.104	1.414.	.207
Z6	265	5.0124	1.24903	-.579	.104	.227	.207
Z7	265	5.1013	1.24508	-.842	.104	1.030	.207
Z8	265	4.9876	1.33097	-.913	.104	.767	.207
Z9	265	4.9524	1.24462	-.894	.104	.623	.207

策划编辑:崔继新

责任编辑:曹 歌

图书在版编目(CIP)数据

知识型企业智力资本对知识创新绩效的影响研究/闫 帅 陈月艳 著. —北京:
  人民出版社,2017.4
ISBN 978－7－01－017594－2

Ⅰ.①知… Ⅱ.①闫…②陈… Ⅲ.①知识型企业-智力资本-影响-知识创新-
  研究 Ⅳ.①F272.92②G302

中国版本图书馆 CIP 数据核字(2017)第 075005 号

知识型企业智力资本对知识创新绩效的影响研究

ZHISHIXING QIYE ZHILI ZIBEN DUI ZHISHI CHUANGXIN JIXIAO DE YINGXIANG YANJIU

闫 帅 陈月艳 著

人民出版社 出版发行

(100706 北京市东城区隆福寺街 99 号)

涿州市星河印刷有限公司印刷 新华书店经销

2017 年 4 月第 1 版 2017 年 4 月北京第 1 次印刷

开本:710 毫米×1000 毫米 1/16 印张:16.25

字数:249 千字

ISBN 978－7－01－017594－2 定价:40.00 元

邮购地址 100706 北京市东城区隆福寺街 99 号

人民东方图书销售中心 电话 (010)65250042 65289539